本书获四川省教育厅人文社科重点项目（13SA0014）、西华师范大学博士科研启动项目、教育部人文社会科学一般项目（20XJA790008）资助

中国财政分级治理结构演进的逻辑与趋向

杨小东　著

人民出版社

目　录

绪 论

一、研究背景

中国社会主义财政体系适从国家发展理念与发展路径，并映射出各级政府的行为，而呈现出独立性。在集中社会资源实施跨越发展时，社会主义财政体系汲取农村资源促成国家工业化并支持城镇的发展；在追求科学与和谐发展时，社会主义财政体系在提升要素生产率、促进社会协调发展中发挥着主导作用；在推进全面小康与落实新的发展理念时，社会主义财政体系转换收支方式及内容，保障公众发展、激发创新活力、建设宜居环境。体系作用的发挥、职能的实现：在计划为基础性配置机制时，行政指令为信号、货币为工具、物质调拨为途径，随着市场、社会的分化，则以政府、市场、社会间的互动为基础和途径。资源配置基础的变化，体系的价值趋向与职能也发生改变，与市场和社会的不断嵌入相适应，体系中不同层次主体间的关系即分级治理结构在价值与效率的追逐中发生着演变。

中国社会主义财政分级治理结构（以下简称为中国财政分级治理结构、财政分级治理结构或分级治理结构）反映国家发展的要求、践行国家发展的理念、激励各主体的行为，是中国社会主义财政体系的特征性组成。它的演进以各主体相互作用及均衡行为为基础，回应发展价值及实现价值方式的变化，成就整个财政体系的演进，并由此推动发展方式的转变。社会的全面发展、发展的新理念与新方式、国家治理的现代化也促使社会主义财政体系不断改进，也对财政分级治理结构的变革提出了方向，但结构变革的现实多有滞重或冒进的表现。为了使变革高效地、稳健可控地迈进，探究其演进的规律、揭示其演进的基本逻辑与趋向则显得很有必要。为此，中国财政分级治理结构演进的基本要求与演进生成的现实纠结构成了本书的研究背景，具体表现为：

（一）由"国家财政"[①]转向"公共财政"[②]，"公共财政"向全民覆盖

社会主义市场经济是中国经济改革的方向，虽然具体的

---

① 本书的"国家财政"不是取意于财政本质：以国家为主体的分配关系（许廷星，1956；邓子基，1962），"国家财政"与"公共财政"本质上都是一样的；而是指在公有经济占绝对地位的条件下，以计划体制为基础，国家的主体作用涵盖社会微观经济组织并实行阶层与地域区分的财政运行模式。

② 很多学者认为"公共财政"是体现社会主义市场经济体制要求的财政，

体制型式还存在不确定性，但市场作为一种资源配置方式在经济体系中发挥决定性作用是确定的，市场机制是人类有史以来创造财富最有效率的方式。犹如马克思在《共产党宣言》中所指出的："资产阶级在它的不到一百年的阶级统治中所创造的生产力，比过去一切世代创造的全部生产力还要多，还要大。"[①]撇开具体的阶级社会形态与价值判断，则可看成是对市场高效的评价。在现实世界中，实行市场经济而国家富裕的虽然是少数，但富裕的国家无不是实行市场体制的，即让市场在资源配置中发挥决定作用，当然具体的型式多样，并且还在不断修正中。在中国经济发展中，随着经济规模的扩大与发展动力的转变，政府指令性计划作为基础性资源配置方式的固有缺陷不断放大，以致难以为继，计划经济不得不向市场经济转轨，让市场在资源配置中发挥决定作用。与此相应，建立在计划体制上以国有企业收支为基础的无所不包的"国家财政"不得不进行调整：包括作用范围、

---

① 《马克思恩格斯选集》第 1 卷，人民出版社 2012 年版，第 405 页。

（接上页）是一种以民主、法治为基础的国家理财体系（张馨，1995；贾康，2008）。有的学者认为"公共性"是财政这一经济范畴与生俱来的本质属性，在学术意义上，"公共财政"与"财政"是两个相同的范畴。"公共财政"是与中国财政体制机制转轨相联系的一个范畴，是一种以公共性、规范性、非营利性为基本特征的财政制度（陈共，1999；高培勇，2008）。还有学者认为财政改革实际上是以公共风险为导向的，"公共财政"作为改革导向要么内涵不确定，要么为一种理论假说（刘尚希，2010）。本书认为"公共财政"作为财政制度阶段性改革的方向而存在，"公共性"为其基本属性即财政运行上的公共性和财政管理上的公共性，但具体的内涵与现实型式内生于社会经济政治改革与发展的现实需要。

收支方式与内容、运行及管理方式,为市场腾出空间、让出资源,给市场运行提供良好的体制与政策环境,专注于市场不能做的和做不好的,由"国家本位"的"国家财政",转向"以民为本"的"公共财政"(刘尚希,2010),即趋向财政宪政化、法治化、民主化,基本服务品均等化及预算的现代化。在这些公共要求的促进下,财政体系中的基本主体(各级政府和公众)之间的行为关系即:分级治理结构势必要进行调整,因为财政运行及体制机制的新要求最终体现在相关主体的行为规则及其均衡行为上。这些要求的实现以各主体相互作用为路径,向新要求的迈进是各主体行为模式改进的结果。由于经济体制转轨的实际需要,国家在 1998 年底把财政体制改革和发展的目标明确定位为构建公共财政框架,调整了财政收支的方式与内容,在 2003 年研判为该框架初步建立,此后公共财政体系在市场经济体制的不断完善中完善,实施了综合预算、"统一采购、集中收付"、收支两条线等管理新手段,与统筹发展和新农村建设的要求相适应,推动着"公共财政"向农村覆盖,在 2007 年末进一步提出"围绕推进基本公共服务均等化和主体功能区建设,完善公共财政体系"(胡锦涛,2007),"公共财政"的改革导向使中国财政运行格局及体制机制发生了显著的变化:由"国有制财政 + 城市财政 + 生产建设财政"跃升为"多种所有制财政 + 城乡一体化财政 + 公共服务财政"(高培勇,2008)。但财政体系回应公众需求迟缓，财政收支的规范性不全面，"缺位""越位""错位"还依然存在，财政资金的管理效率与配置效率较低，"公共财政"覆盖农村的范围与力度还不够且缺乏系统的制度支持（丁向东、张岩松，2007），这些都需要通过财政管理创新、制度创新及技术创新，改变各主体的行为模式，促成分级治理结构的演进来解决。

（二）规范与约束政府行为的需要

规范与约束政府行为是个永恒的话题，20世纪70年代以来更是表现为一种世界潮流，但在中国，规范和约束政府行为则尤为特殊，政府作为一个组织和制度体系，也作为一个行为主体既是变革的推动者又是被变革的对象，当行为的约束与规范对己有利时则有变革与推动的动力，不利时则表现迟缓、停顿甚至偏离应该的方向。从目前的现实情况看，对各方有利或至少没有一方受损的行为改进即"帕累托改进"可以说已不复存在了，渐进式改革陷入"胶着区"，通过政治性变革来重塑政府行为，缺乏可操作的现实方案，为了继续推进对各级政府的约束与规范，则须寻找那种不以正面的政治性激进方式为主但可以实质性深化政府与社会变革的空间，以"加强和改进管理"为主要内容的公共财政建设就是这样的作用面（贾康，2010）：通过财政管理方式和手段的创新，特别是预算管理与技术的创新，来推动财政制度的创新，实现政府理财的民主化和法治化，进而推动经济社会生活、公共事务决策的法治化、民主化、宪政化。从微观行为主体视角看，无论政府具有何种行为模式，他们的行为都以财政资金为保障，没有相应的资金他们便寸步难行，因此财政收支反映着政府的行为，人们则可以通过财政收支的信息准确地知晓政府已经、正在或将要进行的活动，相应地约束和规范政府行为的最好方法莫过于控制政府的资金了（马俊，2009），但只有政府的资金按照某种特殊的方式管理时，财政体系才能有效地控制政府的行为，这样的特殊方式就是现代公共预算（马俊，2010）。把与政府运行相伴的所有资金集中统一起来，纳入严肃、明确、全面、详细、科学、公开的预算控制之中，这样政府就能变成一个透明的可控的政府，当然为了使公共预算得以运行，政府内部各机构、各级政府及政府与公众间的关系就要重塑，在财政体系中，各主体间关系与分级治理结构也要进行相应的调整。

（三）改进财政分级治理结构的艰难性

财政分级治理结构[①]的改进实际上是相关权责利在各级政府及公众之间重新配置，通过每个主体权责利的重新组合，使他们的行为与财政体系的职能目标要求协调一致，但权责利在各主体间的重新调整是主体间相互作用的结果，当

---

① 本书后简称为分级治理结构。

调整属"帕累托改进"时，其能顺利进行；否则，由于存在预期权利受损主体的强力阻碍，调整迟缓，或在权责利重新组合后，主体选择新的均衡行为，偏离预期目标，公共品供求滋生出新的失衡，直至失衡压力积累不得不强制进行再调整。财政"全收全支"抑制了各级地方政府的活力，社会资源利用不充分，配置不合理，整个经济体系增长缓慢；财政分权把地方政府塑造成具有独立利益的主体，在晋升竞标赛[①]机制作用下，经济获取了高增长，但资源配置失衡，农民负担沉重、收入增长缓慢、农村发展滞后，威胁社会稳定；取消"三提""五统"[②]与农业税后，农村基层政府财政困难。分权调整过程中，上级政府特别是中央及省级政府掌控主导权，财政分级治理呈现"财权财力上移、事权下沉"，最后体现在基层财政收支缺口放大。虽能体现国家的发展意图，但基层财政支出严重依赖中央及省级政府，转移支付不规范及项目落地的经营性不仅使各地苦乐不均，还放大了基层公共品供求的结构性失衡，政府公共服务的效率与效益也较低（郁建兴、高翔，2009），于是财政部门推行财政支出资金的

[①]　在"经济分权，政治集权"时，上级政府对多个下级政府的行政长官设计的一种晋升竞赛，竞赛优胜者将获得晋升，而竞赛标准由上级政府决定，它可以是 GDP 增长率，也可以是其他可度量的指标（周黎安，2007）。

[②]　"三提"是指公积金、公益金、管理费的村提留；"五统"是指用于安排乡村两级的民办教育事业、计划生育、优抚、民兵训练、修建乡村道路等民办公助事业支出的乡统筹。

整合，一些地方开始探索公民参与预算的试点，如浙江温岭市泽国镇与新河镇的预算民主恳谈（马俊，2010），以求增强对政府行为的约束，提高财政资金的使用效果。

中国在不同的发展时期为了实现确定的发展战略并应对失衡累积的威胁，确立了不同的财政分级治理体系，但在不同的分级治理中，公共服务供给都存在碎片化现象，只不过形式不同而已，针对这一顽疾，有的学者提出整体性治理与自主性治理主张（张新文、詹国辉，2016；王亚华、高瑞、孟庆国，2016），但仅通过形式与组织的建构，而不涉及主体既有权、责、利的调整和理念的转变，治理主张没有预期绩效，马晓河、刘振中、郭军（2016）主张在中央、地方与农民间合理划分财政支农的权与责，强化与社会资本的合作，分步整合涉农部门的支农资金，促成财政支农资金结构的优化。在分权与合作中涉及原有权利结构的调整与合作过程的生成。以既有组织结构和惯有的行为逻辑为基础，通过管理技术与手段的改进，难能实现有效的整合与合作，旧有缺陷会以新的形式呈现。

（四）国家治理能力与治理体系现代化的要求

"财政是国家治理的基础与支柱"，财政体系以资金的筹措与流动一方面为政府行为提供支撑；另一方面也把各级政府、市场、社会与公众联在一起，并且在公共资金的筹措、分配、使用与流动中对不同的制度安排，各主体则有不同的行为选择。各主体行为的聚合则表现出国家的组织动员能力，公共物品、公共服务、公共规则的供给能力及其效率、效益与效果。通过各主体行为的改进才能完善主体结构、实现治国理政新理念、促成公序良俗。国家治理能力与治理体系现代化，必然要求财政体系现代化，并以财政体系治理现代化推动国家治理现代化。

财政体系是治国理政的重要抓手，财政体系的改革理应以治国理政为中心线索（高培勇，2015）。循着治国理政新理念，财政不再是政府独自的收支行为，财政体系的现代化不仅是管理技术与预算技术现代化，更是相关主体间权、责、利的重新安排，财政现代化应主要表现为财政分级治理结构的改进。技术的现代化、监管的完备与行政约束的硬化，能预期政府行为、降低行政成本，但也放大了原有制度安排的不适性，束缚了主体间的互动性与创造性。以分级治理结构为视角，以各主体间的相互关系为对象，既能体现发展新理念，又能实现重点突破与协同整体演进相结合，使现代化的推进、新理念的落实有微观基础和现实路径。

二、研究的问题与基本概念

（一）问题的提出

1. 问题的提出与界定

社会主义制度在中国大陆建立后，财政体系适从社会主义建设的理念及国家的发展战略，以国家政治动员、行政激励为基础，服务国家意图，筹措调拨资金满足政府推动发展的需要，促成了经济规模的扩张与社会事业框架的形成。但在理论上从现有的文献看：（1）探究模式的建构，忽略模式的演进，模式的转轨与运行缺乏实证性，财政体系职能目标的实现缺乏应有的微观基础与相应的现实主体结构；（2）从财政体系的"产出"：公共品的特性、供给现状及机制来探究公共品应有范围及供给机制的优化，以求公共品供求协调，但现实的供给是财政体系中各行为主体：各级政府与公众相互作用的结果，公共品供求均衡的实现需改进所有主体的行为规则，而改进的路径一方面是供求失衡的呼应，另一方面也内生于各主体原有的行为规则，它没有事先确定的路线图；（3）把财政分级局限于政府系统，通过对其有效性的分析，来勾画财政分级的应有模式，但各级地方财政仅是区域内财政，不是财政体系的全部，它的改进可能仅是改进整个财政体系的突破口。在实践中公共财政仍按传统的习惯定式运作，号召式、动员式为主要运行方式，各级财政事权与财权、支出责任与财力不匹配，下级财政投入依赖上级政府，公共需求者的主权地位也未在制度上实现，使得财政资金转移分配不规范，项目分散脱节，公共品重建设轻维护，财政投入在总量不足的同时还存在结构性失衡，这些弊端削弱了财政资金的管理效率和使用效率，使公共财政资源配置的效率与效益较低，居民的公共福利受损，降低了公共财政的效能；在财政分级模式的建构中当政者为主导，公众的权利体现不充分，影响分级治理的良性运行和善治①的实现。因此，为了提高公共财政资源的效率，最大程度地实现居民的公共福利，则需改进现有的分级治理结构，并使之良性运行，而现有文献重结构或模式的规范分析，并以此来探究建构的路径，使分级治理结构的改进缺乏实证基础，结果常是措施是好的，但预期效果却未出现，"淮南为橘，淮北为枳"。推动中国社会主义财政分级治理结构的改进，则需弄清一个基本问题：中国社会主义财政分级治理结构演进的逻辑是什么？如果把一种结构的出现看成是内生现象，则可把结构类型看成结果变量或因变量，那么促使其出现的外部因素或条件变量、自变量是什么？它们促成结果出现的机理是什么？换言之，对中国社会主义财政分级治理结构在不同结构间的演进是否存在一个统一的解释，在其演进的历程中是否存在规律，规律是什么？在现有的形势下，其演进的未来

---

①　它是一个制度伦理的范畴，是建构公权力和公权力运行的价值规范。它一般包含10个要素：（1）合法性或义理性（legitimacy）；（2）透明度（transparency）；（3）责任性（accoutablity）；（4）法治性（rule of law）；（5）回应性（responsiveness）；（6）有效性（effectiveness）；（7）公民参与（civil participation）；（8）政府廉洁（cleanness）；（9）社会公正（justice）；（10）社会稳定（stability）（俞可平，2000）。

趋势是什么？这就是本书所要探究的问题，其中对演进规律的探究是理论性的、求得证实的问题，对演进趋势的分析则是预测性的、政策性的问题。

中国社会主义财政体系既是国家治理体系的组成部分，又具有独立性，分级治理结构是其运行的基本骨架，依据先验的价值规范和标准来确定其应有的型式，以此为参照，来改造现有的结构，这可能存在一定的合理性，因为它毕竟确立了一种改进的方向，但分级治理结构的改进实际上是各行为主体行为规则的调整，具体表现在各自权责利组合的变化，它的展开是各主体相互作用的结果，在中国的政治结构中虽然中央政府具有超越其他主体的权威性，但各主体已有不同的利益和不同的利益诉求，调整是在"公共风险"①的"胁迫"下通过各主体的相互作用来推进的，如为了缓解国民经济的困难，释放地方发展经济的积极性，对"全收全支"进行调整；面对"两个比重"②下降，逼近分权的底线，对财政承包制进行调整；面对财政公共性③的渴求，调整财政支出结构并促使

---

① 它根源于社会现实对社会持续发展要求的偏离，是一种临界爆发才呈现的风险，其发生具有很强的外部性，是一种具有社会性影响的风险，它的防范和化解依赖政府的行为，也是财政应担的责任（刘尚希，2010）。

② 即财政收入占国民生产总值的比重，中央财政收入占整个财政收入的比重。

③ 即财政应以提供满足社会公共需要的公共品为重心；财政的决策与管理运行应以民主、法治、公开透明为基础并有责任与绩效的约束（贾康，2008）。

财政公开化、透明化等，因此中国财政分级治理结构的调整具有内生性的表现，是演进的。它演进的基本逻辑就是指在中国特有的政治结构（本书把它归结为中央政府在分级治理结构的演进中独享分级治理结构的选择权）中，选择新结构改进原结构如何受到结构自身因素和环境因素的影响（本书把环境归结为产权结构与生产组织、经济与收入增长、社会发展等三个表现），它们的作用机理是什么；针对环境因素的现实表现，依据结构的演进机理，现有分级治理结构正在进行和将要进行怎样的改进则是演进的基本趋势。

2. 研究视角

分级治理结构的演进是具有各自利益诉求的主体在共同压力作用下相互改进相互协调的结果，选择微观行为主体的视角来研究演进逻辑则具有合理性。微观行为主体在经济学中都表现为"经济理性"，即追求自身效用最大化，当然主体的性质不同其效用函数也就不同，如中央政府、政府部门和地方政府、社会公众，他们追求的目标与受到的制约因素不一样，效用函数就存在差异，同时同一主体在不同结构中由于行为规则不一样，制约因素与行为目标也不一样，效用函数也存在差异，在演进历程中的某一断面：规则决定着行为，行为制约着结果，对结构及主体行为模式的分析既有助于理解分级治理结构演进的微观基础，使演进的逻辑具有充分的实证性，同时又使结构的需求与改进有了现实缘由。因此本书尝试以微观行为主体为视角、从结构、行为、结果关系的角度来探究分级治理结构的演进逻辑，并结合现实环境来分析其演进的趋势。

（二）概念的界定

财政是政府履行职能、行使权力的工具与保障，一般认为财政是以国家为主体的、"以政控财，以财行政"的分配关系，而公共财政在中国语境中则被认为是与市场经济条件相匹配的财政形式，即财政资源分配的公共需要性，财政资源获取与支配的公共决策性，意蕴着政府提供公共品，与政府收入获取建立起广义的交换关系（贾康，2008）。以经济发展为追求、以经济体制改革为动力、以市场经济为取向，探究和明确财政与公共财政的经济属性，为财政转型明晰了方向，具有理论和实践意义。但财政转型不仅事关发展经济与完善市场，而且还与回应、引导政治社会的发展相联系，联动着国家治理形式的转变。"财政是国家治理的基础和重要支柱，科学的财税体制是优化资源配置、维护市场统一、促进社会公平、实现国家长治久安的制度保障。"[1] 财政制度现代化奠基、推动着国家治理现代化（高培勇，2018）。财政制度

---

[1]　参见《中共中央关于全面深化改革若干重大问题的决定》，人民出版社 2013 年版，第 19 页。

现代化实际上是各主体责、权、利的调整及行为模式与逻辑的改进，转型与发展过程表现出互动性、演进性、系统性与整体性。财政分析转向主体结构、体系、过程与现实则显得尤为必要。

1. 社会主义财政体系

我国社会主义制度建立后，财政适从社会主义国家的发展路径和发展战略，具有明显的工具性特征，在政府行为动机制约下筹措、分配、使用资金及资源。以资金流为视角财政运行表现为政府收入的筹措、分配、使用和流通的过程，但政府资金的融通只不过是各级政府、经济组织、社会组织及公众等主体的行为逻辑与制度基础的表现形式而已。社会主义财政体系就是政府资金融通中各主体与其行为规则的总和。现实表现为以社区为基础、以多级政权为骨架，分层级运行（如图1[①]）。中国式公共财政的推进与深化实际上是社会主义财政体系中主体结构的调整及其行为规则与制度基础的改进，形成以公众为中心的、以国家为主体的、以公共性为基本特征的理财体系，它是社会主义财政体系的一种具体型式。

[①]　图中地方政府包括省级与地市级两级政府，基层政府包括县乡两级政府。

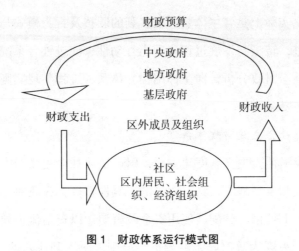

图 1　财政体系运行模式图

2. 财政分级治理结构

与财政分级治理结构密切相关的是财政分权与财政分级制度。财政分权与财政分级制度存在差异。财政分权是指财政运行管理中收入权、事权、支出权及预算的编制权、审批权与执行权向下级政府转移或赋予的过程，对它具体态势的分析主要以收入权、事权、支出权等基本权力为内容。如世界银行分权课题组（the World Bank Decentralizatlon Thematic Team）以这三项权力为标志列举了财政分权的 5 种具体形式 ①：（1）允许地方财政通过向使用者收费这一筹资形式，自筹提供地方公共产品与服务所需的开支或补偿其成本；（2）允许地方财政进行合作融资或合作生产，通过

———————
① 转引自凌岚：《论财政分级治理》，博士学位论文，厦门大学财金系，2003 年，第 7 页。

这样的安排让使用者能以提供资金或付出劳动的形式，参与公共服务的提供和基础设施的建设；（3）允许在地方层次上开征财产税、销售税或其他间接税，以充实地方提供公共产品与服务所需的财源；（4）应从中央政府一般性税收收入中提取一定的份额，作为中央对地方的转移支付，这笔资金既可用于地方一般性开支，也可用于满足特殊需要；（5）允许地方举债，在债务担保制度健全的条件下，募集全国性或地方性的财政资源。财政分级制度是以一国宪法和相关法律为依据并结合社会经济发展现实对财政的要求，所形成的财政运行管理中的权力在各级政府间的配置状态，是财政权力束在各级政府间的一种分配模式。它是静态的、具体的，也是刚性的，对各主体都产生约束作用。植根于社会经济发展要求的财政分权推动着其具体型式的改进，财政分权是一种过程或行为，财政分级制度则是其前提或结果，作为起始它设置了财政分权的约束条件，既是逻辑分析的起点又是实施的现实限制；作为结果它以规则形式固化财政分权的具体要求。随着民主需求的盛行、公民社会的崛起及对政府善治的要求，财政分权日益深化与广化，以至于财政分级制度呈现这样的基本规定性：各级政府都拥有自己的事权，是相对独立的一级预算主体，各自拥有一定的财政收支管理权限，各自编制、审批和执行本级次的政府预算。

　　财政分权与财政分级制度只涉及权力的配置，即权力主体的确定[①]及权力的分配，并且权力的主体仅局限于各级政府[②]，财政分级治理[③]则是财政分级制度与财政运行目标间的媒介，实际上就是一个社会运用政治权威和权力控制，在财政分级制度的约束下，通过对主体及主体间权力关系的设置与

---

　　①　确定权力主体的基本方式包括：选择、设立、重组。

　　②　政府是指广义的政府，包括行政机关和部门（狭义的政府）、人大、党委等国家机构。

　　③　就治理（governance）而言，学者罗茨（R.Rhodes）概括了6种不同含义：（1）作为最小的国家管理活动的治理：国家削减公共开支以最小的成本取得最大的效益；（2）作为公司管理的治理：指导、控制和监督企业运行的某种组织体制；（3）作为新公共管理的治理：将市场激励机制和私人部门的管理手段引入政府公共服务之中；（4）作为善治的治理：强调效率、法治、责任的公共服务体系；（5）作为社会—控制体系的治理：建立政府与民间、公共部门与私人部门之间的合作互动机制；（6）作为自主自治组织网络的治理：建立在信任与互利基础上的社会协调网络（转引自俞可平：《治理与善治》，社会科学出版社2000年版，第2—3页）。本书的治理是指中央政府运用公共权力，激励和协调公共部门、社会公众与组织的行为，以实现国家治理目标的活动，该界定使治理仅表现为协调主体行为以实现一定目标，剥离了治理的制度伦理范畴，不同于政治文化、管理文化、行政文化革新语境中的治理，与剥离伦理属性的"元治理"相近。作为全球性行政文化发展灵魂的治理是指使相互冲突的或不同的利益得以协调并采取联合行动的持续的过程，为此它是公私部门及个人间的持续互动，是彼此协调的一个过程，而不是一整套规则与正式的制度，也不是控制（全球治理委员会：《我们的全球伙伴关系》，牛津大学出版社1995年版，第23页），这样的治理表现为行动者网络的自主自治，其出自政府但又不限于政府的一套社会公共机构和行为者，涉及集体行为的各个社会公共机构在治理中彼此间存在权力依赖，各主体在为社会和经济问题寻求解答的过程中存在界线和责任的模糊点，解决问题的能力并不在于政府的权力，不在于政府下命令或运用其权威，政府可用新的工具和技术来控制和指引，这是政府责任和能力的仅有表现（[英] 格里·斯托克：《作为理论的治理：五个论点》，《国际社会科学》1998年第3期）。治理的这种界定是市民社会所诉求的、共同问题由不同集团成员通过集体选择来解决、治理目标由政府和社群间的互动来实现的"没有政府的治理"（[美] 詹姆斯·罗西瑙主编：《没有政府的治理》，张胜军等译，江西人民出版社2001年版，第5—6页）。

维持、主体行为的激励与协调，以实现社会经济发展对财政
的要求。它是制度运行的现实表现，动态的，有特定目标，具
有独立性，能使制度得以正确运行，纠正制度的偏差（奥利
弗·E.威廉姆森，2001）。财政分级治理结构则是分级治理活
动进行的支柱与前提，是承载分级治理运行机制的装置，表
现为分级治理的主体及各主体间的关系，其中主体间关系以
运行规则、激励与约束的安排为内容，它们的差异体现着结
构型式的差异。财政分级治理结构一方面受制于财政分级制度
的约束，另一方面体现着财政运行要求的导向，在适应要求
中滋生财政分权的需求，通过策略性行为来实施财政分权以
改进财政分级制度（如图2），推动分级治理结构进一步完善。

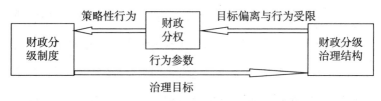

图2　财政分权、财政分级制度与财政分级治理结构关系图

对财政运行的要求决定着财政分级治理的目标，财政
运行的一个基本要求就是要优化财政资源效率，最大化居
民的公共福利，既有价值性又有效率性，分级治理结构以
相关主体为视角，使价值性目标一方面遵从社会价值取向，
另一方面又植根于社会现实，价值目标的实现具有现实基

础和效率支撑。财政分级治理结构能融合价值与效率的要求，实现价值追求与效率提升的统一。

3. 财政分级治理结构类型

财政分级治理结构作为塑造机制的装置，是"安装"在初始制度基础上的治理制度，具体体现为治理主体及主体的行为关系和行为规则，即主体与主体间行为的协调方式。随着治理环境及治理目标的改变，治理结构要作相应的改变（奥利弗·E. 威廉姆森，2001），即表现为主体间行为激励协调方式的调整，则结构型式的差异就体现在治理主体及其行为的激励和协调方式上，集中表现为财政收支的剩余控制权[①]配置。

依据主体间行为激励与协调方式的差异，以财政收支的激励与约束的安排为内容、以财政收支的剩余控制权、决策权、管理权[②]、执行权[③]、使用权的配置为基础和维度，可把财政分级治理结构分为政治全控型、有限控制型、技术治理型、有限参与型、完全参与型等型式（如图3[④]）。政治

---

① 在有关财政收支的法律法规，或习俗、约定中未明确规定的事项发生时，对这些事项的处置权。

② 是指一级财政收支的预算编制、组织、控制、协调等权力。

③ 是指一级财政的收入征缴、支出的实施或公共品的提供、供给等权力。

④ 图中为了分析与归纳的简洁将中央政府以外的主体按行为性质的差异分成了两类：地方政府与居民及其组织。地方政府包括了省县乡（镇）多级政府，即把各级地方政府统称为地方政府，实际上在现有的行政管理体制中上级政府与下一级政府间的关系与中央政府和省级政府间的关系具有相似性，这种简化不对分析结论产生影响。

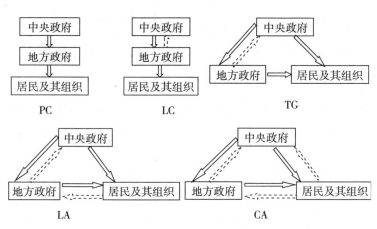

图3　财政分级治理结构型式图

全控型（图中用字母 PC 表示）中，中央政府代理财政收入的所有权，独自拥有各级财政收支的审批权、调控权，独享财政收支的剩余控制权，地方政府按指令行动，拥有收入与支出的管理权、执行权及服从中央发展政策下的有限决策权，地方政府作为中央指令或号召的行动者，仅是中央政府的代理者，居民及其组织为被动的执行者，全社会资源纳入政治全控体系中；有限控制型（图中用字母 LC 表示）中，地方政府与中央政府共享地方财政收支的决策权与地方财政收支的剩余控制权，但居民及组织仍是被动的执行者，收入的组织及支出的执行、公共品的供给仍通过地方政府来实施，不过地方政府不再是单纯的组织管理者、执行者及号召的行动者，能凭借信息优势削弱、制约中央政府所拥有的地方财政收支的决策权与剩余控制权，图中用虚线箭头来表示；技术治理型（图中用字母 TG 表示）中，地方政府拥有地方财政收支完全的决策权，与中央政府共享地方财政收支的剩余控制权，被塑造为地方利益的代理者，代行地方财政收入的所有权，作为中央政府的代理者与调控对象已有与中央政府讨价还价的能力，同时中央政府在财政收入中占有较大比例，具有直接组织收入的征收系统，并按社会意图，通过一定程序，以条件转移支付的方式直接作用于地方政府、居民及组织，但居民及组织依然是被动的执行者；有限参与型（图中用字母 LA 表示）中，居民及组织与地方政府共享地方财政收支的剩余控制权、地方财政收支的决策权、组织管理权与执行权，在地方财政收支的运行管理中，居民及组织不再是被动的执行者，地方政府代理中央政府的功能被弱化；完全参与型（图中用字母 CA 表示）中，居民及组织不仅能共享地方财政的决策权、组织管理权与执行权，还能分享中央财政收支的决策权、组织管理权与执行权，对中央、地方财政收支的剩余控制权居民及组织均能享有。

三、相关文献的综述

（一）国内外研究动态

第一，界定政府职责、明确财政职能、探究有效实现方式。对财政的系统论述起端于亚当·斯密，他以裕民富国为目标，从市场与政府间的关系来研究财政，认为政府应是"夜警"型政府，赋税的负担和征收应使社会损失最小化，财政支出仅局限于市场不能提供的国防、社会秩序等纯公共品。随着资本主义市场经济由自由竞争阶段发展到垄断阶段，社会矛盾突出，德国新历史学派的代表人物瓦格纳提出强制性的共同经济组织应位于个别经济组织之上，财政必须保障国家完成历史所赋予的任务，提出累进税制，阐述"国家经费膨胀规律"，强调通过国家"租税"政策干预投入和社会分配。凯恩斯革命兴起之后，理查德·马斯格雷夫和贝吉·马斯格雷夫提出财政在发挥稳定职能的同时，要兼顾资源配置职能和收入分配职能，以保持物价稳定、就业充分。萨缪尔森等人以边际分析为手段，以市场失灵为前提，建立了公共产品理论，展开了对财政收支效率和福利的理论分析。他们都是以市场组织与政府组织间的关系及财政的从属性、工具性为基础来研究财政。布坎南等人打开了政府这一黑箱，建立了公共选择理论，认为政府是由有着不同的具体利益内容并追求个人利益最大化的个人组成，公共决策包括财政收支决策是各利益集团力量对比的结果，决策的效率取决于外部成本与内部成本的比较，应通过制度约束来促成最优决策的实现。James M.Buchanan和 Gordon Tullock（1962）提出政府与民主失败论，主张限制政府规模、放松管制，公共服务供给应民营化、市场化，

Savas（1987）总结出服务供给民营化有三个途径：委托、撤资与替代。迈克尔·麦金尼斯（2000）主张以产业理念来改造公共部门，形成以自主治理为基础的多中心来供给公共服务。而 Michael Hammer（2000）、奥斯本和盖布勒（2006）等认为可用市场部门的管理方法与技术来提高政府服务供给的效率。为了应对政府改革中出现的碎片化现象，佩里·希克斯（2002）等提出整体性治理主张。

第二，以财政的多元利益联结为基础，分析财政变革的政治、社会效应，得出财政的适应模式。

熊皮特等人从现代国家的起源与本质来看财政，强调财政的政治作用及财政变革的社会性。North 和 Weingast（1989）以欧洲历史上新兴资产阶级逼迫封建国王建立国家预算制度的史实为依据，发现财政制度创新有助于推进政府善政或善治。霍夫曼、诺伯格（2008）提出西欧近代财政收入的调整促成了"代议制"的出现。王绍光（2003）、叶莉娟（2008）认为美国财政预算的改进实现了其行政体制的改变和政党政治制度的完善。中共十八届三中、四中全会文献把财政确定为国家治理的基础和重要支柱。高培勇（2014、2018）以此判断为基础，认为国家治理体系和治理能力的现代化要求和决定着财政制度的现代化，现代财政制度应具有公共性、非营利性、法治化三大特征。

第三，分析财政分权的效应机理，探究分权的应有模式。

　　蒂布特（Tiebout，1956）认为在居民完全自由流动等假设条件下，能触发地区政府间完全竞争，通过对地方政府分权，能实现政府税收、公共品供给与居民偏好相匹配，由此引发了对财政分权的研究。马斯格雷夫（Musgrave，1959）以萨缪尔森的公共品理论和阿罗的不可能定理为基础，认为财政职能表现为：稳定职能、分配职能、资源配置职能，其中资源配置职能属于微观职能应配给地方政府，而具有宏观性的稳定职能与分配职能应由中央政府行使；施蒂格勒（George Stigler，1957）、奥茨（Oates，1972）等人认为由于各地居民公共偏好存在差异性而中央政府对此知识缺乏，没有地方政府的信息优势，把公共品供给管理权和相应财权下放给地方政府，即使没有竞争也能增加社会福利，具有强的溢出效应的公共品除外。Ostrom（1989）和 Manor（1999）等认为，财政分权有利于公众参与政府的治理，有助于健全与完善民主监督的政治制度，能更有效地遏制政府机构中的腐败行为。Montinola，Qian 和 Weingast（1995）、Qian 和 Weingast（1997）等人把委托代理理论引入分权研究，通过经济分权和财政约束硬化，建立地区政府的激励机制，在竞争的作用下"地方政府反应更敏捷和更具效率"，由此促进经济的增长。Luiz de Mello 和 Matias Barenstein（2001）通过实证表明财政分权与财政治理绩效间存在相关关系，财政支出责任的下放可以改善治理绩效；非税收入以及来自上级政府的补助金、转移支付的比例越大，越有助于改进财政分权的治理绩效。但 Remy Prud'homme（1995）认为财政分权可能给经济发展带来多种风险。Humplick 和 Estache（1995）以实证为基础，认为财政分权能改善公共项目的建设绩效，但财政分权与绩效改善之间相关性不显著。Faguet（2004）通过实证发现分权有助于提高政府对居民需求的回应性。张军（2007）等认为财政分权促进了中国经济转型与经济的快速增长。Bardhan 和 Mookerjee（2002）通过对扶贫、基础设施项目的分析得出无论分权还是集权都有可能造成地方政府在公共品供给上的腐败和责任缺乏，分权机制只有在某些条件满足下才更有效。Oates（1999）、Luiz de Mello（2000）、Richard M.Bird 和 Michhael Smart（2002）、Sanguinetti 和 Tommasi（2004）等人提出在分权中为了实现地方政府行为的有效性，中央政府应通过财政纪律和转移支付手段来约束和调控地方政府的行为。Omar Azfar 等人（2001）以菲律宾和乌干达的实例为依据，认为财政分权要有良好的绩效，必须要硬化政府间的预算约束、实行地方支出自主、健全民主制度以建立与完善公民约束、政府间约束和公共部门管理约束等一系列制度约束环境。Besley 和 Ghatak（2001）、Besley 和 Coate（2003）分别以经济人偏好、政府偏好为基础分析了公共品供给效率问题，提出了如何决定最优的分权程

度。周业安（2000）、刘伦（2004）、宋文献（2004）、高黎
（2007）等人以分权理论为工具来分析乡镇财政，认为应
依据县乡政府的信息优势和激励约束机制来重构县乡财政。
席鹏辉、梁若冰（2014）以县级自留收入为指标分析福建
省省级以下财政分权对县域公共品供给的影响，发现在目
前财政体制下，财政分权能提高地方政府公共服务供给水
平，但也加剧了各县市之间供给水平的差距。匡小平、赵丹
（2015）认为在缺少"用手投票"和"用脚投票"的条件下，
中国式财政分权事实上制约着地方基本公共服务供给的合
理增长与均衡发展，主张转变政府职能、淡化 GDP 考核、
加强财政监督、探索多元化供给。

第四，以基层财政的"正当性""有效性"，建构基层财
政及财政分级的应有模式。

孙潭镇、朱钢（1993），樊纲（1995）等人分析了乡镇
政府收入的非规范性及其原因，孙潭镇、朱钢把乡镇收入
分为"预算内财政""预算外财政"和"制度外财政"3 个
部分，樊纲突出地分析了乡镇的非规范公共收入，认为体
制转轨时期乡镇公共财政制度空缺，市场化进程中的分权
化改革，以及经济发展过程中收入分配向个人倾斜都是助
长乡镇非规范公共收入膨胀的因素。贾康、白景明（2002），
贾康、阎坤（2005）从财政体制角度来分析基层财政的困境，
认为原因有三：财权划分模式与事权划分模式不对应；过

多的政府级次降低了分税制收入划分的可行性；财政支出标准决策权过度集中与规则紊乱并存，因此应通过制度创新，提高财政体制的效率，来使基层财政脱困，具体做法应是虚化乡镇财政，做实做强县财政。同时调整地市级财政，实施"县财省管"，由财政"中央—省（市、区）—地（市）—县（区、市）—乡镇（街道办）"五级重构为以"中央—省—县"为代表的三级设置。张军、何寒熙（1996），叶兴庆（1997），林万龙（2002），熊威（2002），陈晓梅（2004），尚长风（2004），马晓河、方松海（2005）等从不同角度分析了农村公共品供给的现状，提出：应变革行政管理体制，建立自下而上的公共决策机制，使公共品的供给反映农民的公共需求；建立城乡一体化的以政府为主体的多元供给体制，厘清各级政府、农村社区及农户农民自身的责任，依据公共品的性质及农村具体实际，并按效率要求，由政府直接供给或间接供给，由市场或社会供给。杜春林、张新文（2015）认为中国乡村公共服务供给碎片化明显，表现为制度隔离型、资源匮乏型和府际竞争型，导致缺乏协作的效率低下、疏于规范的胡乱摊派和政绩导向的供需不符，应确定各个主体的行为边界，实现乡村公共服务的整体性供给。

第五，财政分权与基层政治治理之间的交互效应。

张晏（2005）认为通过财政分权与政治集权，在地方政府间形成了一种基于上级政府评价而展开的"自上而下"的标尺竞争，李明、李慧中、苏晓馨（2011）以制度供给为视角，认为农村的经济治理与社会治理都内生于以财政收支为主线的国家建构中，证实了财政分权能促进农村基层政治治理的改善。刘荣（2008）以1987—2000年中国8省48个村的微观面板数据为依据，发现基层选举既减少了行政管理费又增加了有效的公共支出。沈艳、姚洋（2006），王淑娜、姚洋（2007）证实基层选举制对村庄上缴乡镇财政份额及村庄收入差距都有一定的抑制作用。李凡（2009）观察发现温岭民主恳谈既优化了财政的支出结构，又增加了财政支出。

第六，发展财政分权与预算的技术体系、法律体系，以增进财政体系的有效性与合法性。

在分权治理与预算实践中，以信息技术为支撑改造政府收支程序及管理方式，实施"集中收付、统一采购"，以指标、专家库、零基预算、绩效预算、标杆预算等方式改善、规范财政资金的转移与分配，并通过预算公开、预算体例的改进、第三方测评、问责制的实施，强化分权与预算中的技术效应，提升财政收支的效率与效果。周刚志（2014）以财政宪政为视角，论证财政分权与财政收支应以"宪政分权国家""税收国家""预算国家"为形态，主张通过建构财政宪法规范及其司法实践，来保障公民基本权利及其均等化、规范各级政府行为、调适公私法的冲突，促成预算法制的完善。

（二）简单评述

从已掌握的文献看，国内外相关的研究：1.以理论实证、经验实证为方法来探究财政分权、财政收支的经济、政治绩效及发生的机理；2.以规范分析为基础来论证、建构财政分级治理的制度、机制以及实现绩效的微观基础；3.以问题为导向，探究治理财政收支的应有举措；4.以财政现状为隐性的或显性的前提，以现代财政的一般性为标准，结合效率要求，对现代财政体系应有的模式进行理论上的建构，对财政分级治理结构的演进及演进的机理很少涉及。忽略财政治理结构及其演进规律的研究，使得模式建构缺乏完善的行动集团，模式运行没有健全的微观基础，使财政分级治理结构或现代财政体系的建立缺乏实证性。

四、本书特色

（一）主要创新点

从掌握的现有文献看，目前对中国财政分级治理结构演进逻辑的研究还未出现，参照相关研究文献，本书的创新之处主要表现在：

第一，财政分权研究的新视角。财政分权的已有研究主要集中于财政分权的有效性及有效的财政分权，缺乏财政分权的实现机理，本书从财政分级治理结构演进的角度来探究财政分权，增强了财政分权的微观基础，并呈现出分权的过程性影响。

第二，财政分级治理结构类型的归纳及演进分析框架的提出。本书以财政分级治理结构的界定为基础，依据与治理目标和治理环境的适应性，并结合中国社会主义财政分级治理结构演变的实际，对财政分级治理结构区分出五类型，即政治全控型、有限控制型、技术治理型、有限参与型、完全参与型；以方法论的个人主义、结构的人工制品及结构的开放性为假设前提，以制度分析理论和博弈论为基础，以治理主体的行为为中心，提出了"环境—行为—结构"分析框架。

第三，揭示出中国社会主义财政分级治理结构演进的基本逻辑与趋势。中国财政分级治理结构的演进既是适从目标、追求效率的结果，又是初始结构安排与治理环境变化的结果。结合中国特有的政治结构，结构演进的内部逻辑即效率逻辑，以中央政府的选择行为表现出来，并以不同结构产生的结果为依据。结构演进的外部逻辑体现在产权结构与生产组织、经济与收入增长、社会发展等外部环境因素对结构效果与结构选择的制约。以现存结构和环境特征为初始条件，利用已证实的演进规律揭示出结构演进的趋向，使趋向表现兼具科学基础和现实基础。

（二）拟解决的关键问题

第一，规则—行为—结果分析框架的构建，它是本书论证论题的逻辑工具。

第二，论证中国社会主义财政分级治理结构演进的结构型式逻辑与外部环境逻辑，这是本书的中心论题。

（三）研究目的

本书以财政的相对独立性为前提，以财政分级治理的存在为基础，结合中国社会主义财政分级治理结构演变的历史和现实，来探究中国社会主义财政分级治理结构演进的规律。通过该研究以期揭示中国社会主义财政分级治理结构演进的机理及演进的趋势，为健全完善分级治理机制，规范、约束政府行为，提高财政资源的效率，推进国家治理现代化，实现居民福利最大化，提供理论依据和现实途径，以资正在进行的财政现代化建设。具体分为：

一是如何选择结构以高效地实现治理目标；二是外部因素的变化如何促成结构的变化；三是中国社会主义财政分级治理结构将要如何演进。

（四）研究方法

1. 制度分析法

在公共资源的治理中，由中央权威机构实施统一管理或完全私有化由市场机制来协调不是实现公共资源有效管理的仅有选择，E.Ostrom 证明公共资源使用主体可通过合理的制度安排取得优于依据标准理论所预测的结果，如何设计和分析合理的制度呢？ E.Ostrom 以新古典微观经济学、公共选择理论、交易成本经济学、非合作博弈理论为基础构建了一个制度分析和发展框架，制度安排、应用规则、行动情境等为其基本范畴。该分析框架通过行为主体行为模型的构建，把主体的经济行为分解成若干相互制约的部分。由此既可对具体问题做单一分析，又可把所有问题联系起来做整体分析；以行动情境和行动主体的相互作用为界面既可分析具体的制度安排，又可分析制度安排的动态变化。

财政资源是一种特殊的公共资源，建立在初始制度基础上的财政分级治理结构直接影响行为主体的行为，其可视为行动情境，于是可用制度分析的方法来分析分级治理结构的演进机理。在本书中主要利用该方法来探究不同结构中主体的均衡行为及其结果表现，以此为基础来揭示结构演进的机理和规律。

2. 实证分析法

在经济研究中，实证分析法以经济行为和经济运行为分析对象，回答它们“是什么”的问题，不涉及好坏的价值判断。依据寻求“是什么”过程中所利用方法的差异可区分为：

（1）理论实证法：以前提性假设或构造的逻辑为基础，通过合理抽象或数学表征行为环境，设置主体行为模型，利用数理逻辑来演绎行为或运行的表现。与数学相结合使论证过程具有严密的逻辑，结论也有相应的科学基础，论证的语言也简洁，但现实的抽象与假设的前提使得演绎结论常与现实表现不一致，仅作为现实运行的参照或一般趋势。

（2）经验实证法：以一定的假设或逻辑构造为前提，得出行为或运行表现的理论假说，再用实际事实来验证，以证实假说是否是行为或运行内在的本质的稳定的表现。但经验证实是一种事后的模拟分析，实证方法的科学性不能保证实证结论的科学性，在"是什么"的揭示中，它仅起一种证实的作用，不能替代对问题的理论研究。

鉴于以上的分析，两种实证方法都存在固有的缺陷，在本书中两者将结合使用，先用理论实证的方法揭示了中国财政分级治理结构演进的内在逻辑与外部逻辑，然后利用中国财政分级治理结构演进的实践做经验实证分析，以检验理论结论，并验证其解释力。

3. 规范分析法

规范分析法以行为结果为分析对象，对结果的好坏及是否可以变得更好作出判断，回答"应该是什么"的问题。判断以主观持有的价值标准或尺度为依据，体现出主观偏好，隐含着行为和运行的目标要求，制约着主体的行为选择和运行的导向，因此把规范分析法与实证分析法结合起来更具科学性。在本书中分级治理结构的效果分析依靠实证分析法，但效果的价值判断则依靠规范分析法，以揭示结构演进的诉求与动力之源。

4. 案例分析法

案例分析法不同于一般的实证分析法，案例不仅能证实结论，而且还能发现结构现实演进的约束与问题。由案例得出的一般化结论缺乏一般性所具有的论证基础，但可利用案例发现结构演进的现实障碍与问题，以完善论题的论证，本书正是通过案例揭示的行为现实机制来分析结构演进的制约因素、方向与现实路径。

在具体的论证中本书还用到了比较静态分析法、系统分析法与图示分析法等方法。

五、研究思路及本书结构

（一）研究思路

本书以财政的相对独立性为前提，以财政分级治理结构为研究层面，采取了"提出问题→构建框架→理论演绎→经验实证→解决问题"的研究思路。发现问题与提出问题是研究的开始，它确定研究的方向，也产生研究的激励，在一定程度上决定了该研究的理论与实践的意义。研究的展开需要一定的平台即公理、定理与分析工具，构建框架就是构建这样的研究平台：以相应的公理、定理为基础，构建起研究问题的逻辑。一个分析框架体现了研究问题的视角，也决定了结论的"精确性、一致性、广泛性、简单性、有效性"①。理论演绎以分析框架提供的逻辑为基础，通过对研究现象的合理抽象与数学表征，利用数理逻辑来推演得出结论；它是结论的理论证明，使结论有相应的科学基础。经验实证则是通过事实来验证结论，利用理论来解释现实，使结论有相应的现实基础。解决问题是研究的归宿，运用经过理论证明、事实检验的结论，对相关现实问题提出解决方案。

（二）本书结构

按照上述研究思路本书分成六章来论述。文前的绪论：主要叙述了问题的研究背景、问题的理论与实践意义，对所提的问题、相关概念及研究视角进行了界定，归纳了分级治理结构的类型，梳理了与研究问题相关的文献并对其进行了简单的评述，列出了本书的创新点，确定了问题研究的方法与研究思路；第一章构建一个分析框架，为研究问题提供逻辑工具，主要包括框架构建的理论基础、假设前提及框架的具体模式；第二章以分析框架为基础，结合

---

　　① 精确性是指从理论导出的结论同现有观察实验的结论相符；一致性是指内部自我一致与现有公认的理论一致；广泛性是指理论的结论远远超出它最初所要解释的特殊观察；简单性是指理论应给现象以秩序；有效性是指理论应揭示新现象或已知现象之间的前所未知的关系（［美］菲利普·弗兰克：《科学的哲学》，许良英译，上海人民出版社 1985 年版，第 50 页）。

中国特殊的政治结构，来分析中央政府的结构选择，以揭示结构演进的型式制约即结构演进的内部逻辑；第三章以第二章所揭示的演进机理为基础，来论证外部因素对结构演进的影响，外部因素依据环境对治理结构的影响归结为：产权结构与生产经营组织、经济与收入增长、初始收入差距、租金收益等四要素；第四章以中国财政分级治理结构演进的实际对第三章与第四章的结论做经验实证分析，主要以"全收全支"与"承包制"的兴衰、"分税制"的建立与完善来验证结论的存在性与解释力；第五章是对经理论演绎、已被证实的结论的运用：以结构现状和环境现实为初始条件，利用已证实的演进规律来推断结构演进的基本趋向；第六章对研究进行了总结，并以此为基础，结合演进的实际，提出了相应的实践建议，以演进的现实为参照，分析了研究应拓展的方向。

第一章 "治理环境—主体行为—治理结构"：一个分析框架

分析框架是透视问题的理论工具，它明确了研究问题的视角、理论依据与方法。认识问题总是自觉或不自觉地以某一框架为依据，离开了分析框架、没有了理论依据，问题就是一团乱象，但分析框架由概念系统和分析方法构成，不同的分析框架意味着不同的分析视角、不同的理论依据和不同的分析方法，对同一问题就有不同的结论，为了使研究结论具有精确性、一致性和广泛性，选择或构建分析框架就要以已被证实的理论和不证自明的公理即先验的假设为依据。本章在阐述理论基础和假设前提后，提出了本书使用的分析工具：以治理环境—主体行为—治理结构为核心要素的分析框架。它不同于产业经济研究领域的经典范式："结构→行为→绩效"（SCP）范式。该范式反映的是存在于特定产业内部的市场结构、市场行为和市场绩效间的一种秩序即结构决定行为、行为决定绩效，以之为基础有相应的研究方法和政策建议，但随着技术的进步、产业组织形态的变化及假设前提的改变，该秩序也被改造，有"绩效主义"[①]"行为主义"[②]之说，研究方法和政策建议由"结构"转向"绩效"再转向"行为"，表现出"组织与行为主体间的复杂关系成为关注的焦点"[③]。研究领域不同，分析框架的内涵也就不同，但从研究范式的转变及相应的政策建议中得出一个启示：规则是影响主体行为的重要变量，它服从于外在的绩效目标，但规则促成目标的实现不应通过外在的中介目标或直接与绩效目标相联，而应作用于主体行为、直接以主体行为为媒介来实现。由此得知结构的改进或制度的安排本原工具性，不应成为追求的目标，也不应定向于外在的中介目标，而应以主体的行为为依皈，以主体行为的改进来实现目标。

第一节　理论基础

分析框架的构建以已被证实的理论为基础，分级治理结构演进的分析框架也不例外。在构建分级治理结构

---

① 该学派以"可竞争市场理论"（contestable market theory）为依据，认为企业规模的扩大或集中程度的提高并不意味垄断程度的提高，垄断企业的判断应以企业绩效好坏为标准。

② 该学派认为一个企业规模的大小是技术因素、交易费用、组织费用等因素共同作用的结果，唯有企业行为才是判断企业垄断程度的依据。

③ 转引自［英］杰瑞·斯托克：《地方治理研究：范式、理论与启示》，《浙江大学学报》（人文社会科学版）2007年第2期。

演进的分析框架中主要的理论渊源是制度分析基本理论（E.Ostrom,2005）和序贯博弈论。

一、制度分析理论

制度分析理论以行动情境为基本范畴和中介变量，来分析制度安排对治理结果的影响以及结果改善的需求对制度安排的影响（如图 1-1）。

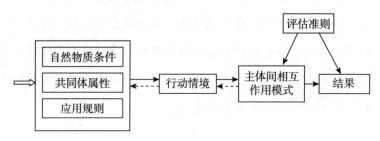

图 1-1　制度分析与发展框架

（一）行动情境、应用规则、行动模型

行动情境是直接影响参与者（既可是个人也可是组织）行为过程的结构，可由 7 组变量来表征：参与者集合、参与者的身份、行为集合及其与结果的关联、与个体行为相关联的潜在结果、每个参与者对决策的控制力、参与者可获得的关于情境结构的信息、结果的净收益。它们受到应用规则直接或间接的影响，应用规则是得到参与者普遍认可的、具有可执行力的对何种行为或结果是被要求、禁止、许可的陈述，在行动情境中还可具体表现为建立行动情境的指令、架构行动情境的策略、维持情境秩序的努力，对参与者在重复情境下的决策产生约束作用，是制度安排的范畴。依据其直接作用的范围，应用规则可分为：身份规则、边界规则、选择规则、聚合规则、范围规则、信息规则、偿付规则。身份规则确定身份的种类与数量；边界规则确立个体获取或退出某种身份的程序、要求和费用；选择规则界定出行为者行动集合；聚合规则通过赋予身份以选择权，使不同身份的个体对结果有不同的控制力；范围规则确定行为者能影响的范围和事件，规定行为的结果变量；信息规则决定着有关情境结构和行为个体信息的可获性；偿付规则明确由行为选择产生的结果所能带来的收益。应用规则是行动情境结构的核心，行动情境规定和表现着制度安排之间的不同。行为者作为行动情境中的参与者，处在具体的行动情境结构中，以其所拥有的信息处理能力、行为集合、资源占有程度及决策控制力并结合其偏好假设，可构建其行为模型，以此来推测其行为与相应结果。

（二）规则影响行动情境、制约主体的行为

没有任何规则的行动情境将滑入霍布斯自然状态，处于其间的行为者呈现出非理性的行为，整个秩序会混乱不堪，并且任何一类或多类规则的缺失都会使情境结构中的相应变量处于没有规则直接约束的默认状态，进而牵扯到其他变量，使整个情境结构受到影响，行为者的行为也随之改变（如图1-2）。如一个城市为了缓解交通的拥堵欲减少私车的使用数量，可能会对私车的运行条件进行限制，任何个体只有在条件满足的情况下才能运行。如此一来，行为者出行的时间可能会增加，乘车费可能会上涨，出租车出车的时间可能会增长。在此案例中，边界规则的改变使整个行动情境都发生了变化。规则塑造情境不是孤立地起作用，而是在相互配合中构建或改变情境，E.Ostrom为此强调规则应看成一个整体。

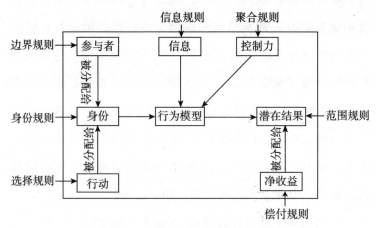

图1-2　行动情境结构及规则的作用

E.Ostrom在分析大量案例的基础上得出这样的结论：公共资源的治理是复杂的，但在确立并执行行为规则的前提下，通过集体行动引入或合理修改行为规则，可使治理绩

效得以改进。主观能动地改变规则必然使行动情境中的各个
变量发生改变，如通过边界规则可使资源使用者的性质与
构成发生变化；通过身份规则可确立监督体制；通过选择
规则能改变行为者的行为集合；通过偿付规则与身份规则
的结合可使结果表现发生改变；信息规则、范围规则及聚
合规则作为补充性规则也可使结果发生改变，规则的改变
实际上就是治理制度的改变。

（三）规则的变迁既受制于内生的需要又受制于外
部因素

E.Ostrom 认为应用规则通常产生于处在不断重复情境中
的个体为了改善结果而有意改变情境结构的过程之中，它
的制定、推行与修改需要付出时间、人力与资金，但新规
则的运行能带来预期收益，可能来自增量性收益，也可能
来自存量收益的调整。当预期贴现收益超过付出的成本时，
个体有规则变迁的动机，但能否实现取决于其在行动情境
中的控制力。事实表明规则的变迁还与行为者所处共同体的
属性有关，如果共同体中有丰厚的组织资本：成员间互信
互惠、价值观一致、交流成本低，则有相当的可能性构建
和维持一个相对成功的治理制度或规则，当然这不能偏离
大环境的法律规范，离不开司法机构的保护与支持，也离
不开大环境中技术与信息的支持。

二、序贯博弈论

博弈论由 von Neumann 和 Morgenstern（1944）提出，经 Nash、Selten 和 Harsanyi 等人的发展，用于分析具有各自利益的个体在交互过程中追求自身利益所能采取策略的理论，它对策略的分析一般都通过博弈结构模型来进行，其中最能描述博弈局势结构的是展开（extensive）型，即表现为由一个有限结点集和一个枝集构成的博弈树，通常用字母 Γ^e 表示。在一个博弈模型中存在三个基本要素：局中人集 N、策略集 $(C_i)_{i \in N}$ 及支付函数 $(u_i)_{i \in N}$，其中局中人集与策略集一般都为有限集。在博弈的进行中有合作博弈与非合作博弈之分，这源于局中人在交互作用的过程能否达成并恪守一个具有约束力的协议；从博弈的支付结构看，博弈可分为常和博弈与非常和博弈，在常和博弈中无论结果如何，所有局中人获得的支付之和是一个常数，而非常和博弈中，针对不同结果局中人的支付之和可能会变化。

（一）参与个体的理性与智性假设

参与个体的实际形态千差万别，但作为博弈模型中的局中人，依据经验表现与博弈分析的需要，都被模式化为理性和智性的人格表现。

理性假设要求局中人在博弈进行中始终如一地追逐其目标，并以此来作出决策，每个局中人的目标都是追求自身期望支付值最大化。支付值的大小可通过某个效用尺度来度量，von Neumann 和 Morgenstern（1947）以替代性公理[①]为关键假设证明：任一理性的决策者对其所关心的各种可能结果一定存在某种方式赋予它们效用数值，以选择最大化自身的期望效用。但期望效用的数值不一定表现为货币数量，例如一个决策者是风险厌恶者，对他来说，在不同收入水平下同样的货币数量产生的效用是不一样的，货币带来的边际效用是递减的，于是可设其从一定数量的货币 x 获得的效用支付值为 $u(x)=1-e^{rx}$，其中 r 表示该决策者的风险厌恶指数（Pratt，1964）[②]，一个个体的效用支付值除了受制于自身的货币收入量外，还受到货币分配及其公平的体现等变量的影响，若仅考虑货币收入的影响，当决策者是风险中性者时，其期望效用值可能与货币表现值一致，即有 $u(x)=x$。当存在不确定性时，计算期望效用以获得所有相关的不确定事件的发生概率为前提。概率量化了不确定性事件发生的可能性，Ramsey（1926）、Savage（1954）证明：即使不能获得某些不确定事件的客观概率，但理性的决策者能确定它们的主观概率。期望效用的计算对理性决策者而言，不会受制于概率确定之困。

---

① 替代性公理可描述为：如果一个决策者在某事件发生时偏好结果 a 胜于结果 b，在该事件不发生时也偏好结果 a 胜于结果 b，则有无论该事件发生与否，这个决策者都偏好结果 a 胜于结果 b。

② 转引自 Roger B.Myerson，"Game Theory :Analysis of Conflict"，Havard University Press,1991。

局中人的智性假设是指局中人就像博弈行为的分析者一样，知道分析者所知道的关于博弈的知识，并能作出与分析者一样的关于博弈局势的一切推断。在该假设下，博弈中的每个局中人都知道有关该博弈的理论及其预测。

兼具完美理性和智性的参与个体在现实中是不存在的，博弈模型是脱离现实的简化，由此获得的理论及预测也难与现实表现一致，但通过对复杂现实的简化，抽象掉现实中一些不重要的细枝末节，更能发现冲突与合作中的一些基本问题，使得研究结论具有一般性与趋势性。

（二）序贯均衡

展开型博弈是博弈进行的动态化，它突破了静态博弈的时间假设，经由 Selten（1975）、Kreps 和 Wilson（1982）的发展，得出了一般解概念：序贯均衡（seqential equilibria），揭示了动态博弈中局中人的均衡行为策略组合出现的前提和应满足的特征。

1. 序贯理性与完全一致

用 $\Delta(D_s)$ 表示局中人 i 对信息状态 s 下可能采取的全部行动确定的概率分布的集合，其中 $s \in S_i$，S_i 表示局中人 i 在博弈中可能信息状态的集合，$\underset{s \in S_i}{\times} \Delta(D_s)$ 表示局中人 i 在所有信息状态下能采取行为策略组合的全部，σ_i 为其中的一个元素，表示局中人 i 的一个行为策略组合，则 $\underset{i \in N}{\times} \underset{s \in S_i}{\times} \Delta(D_s)$ 表示博弈 Γ^e 中所有的行为策略组合，σ 为其中的一个元素，表

示博弈中的一个行为策略组合，由所有局中人在各自不同结点的一个行为策略组合构成，代表由相应结点、枝及其机会概率与行动概率 $\sigma_{i,s}$ 组成的一个局路径（scenario），$\sigma_{i,s}$ 表示局路径进行到局中人 i 所控制的信息状态 s 时其确定的枝所代表行动发生的条件概率，它是 $\Delta(D_s)$ 的一个元素。假设局路径 σ 中有任意两结点 m、n，如果 n 跟随 m，可用 $\overline{P}(n\,|\,\sigma,m)$ 表示在路径 σ 中通过结点 m 后再经过结点 n 的条件概率，由路径 σ 中所确定的链接结点 m 与 n 间各枝的机会概率与行动概率相乘而得，当 n 为终点时，$w_i(n)$ 表示局中人 i 在终点 n 所得的支付，Ω 为博弈 Γ^e 中所有终点构成的集合，$U_i(\sigma_{-i,s},\varphi_s\,|\,m) = \sum_{n\in\Omega}\overline{P}(n\,|\,\sigma,m)w_i(n)$ 表示当博弈从 m 开始时，局路径 σ 对局中人 i 的期望支付。

当结点 m 为信息状态 s 的唯一结点时，当且仅当有：$\sigma_{i,s} \in \underset{\varphi_s\in\Delta(D_s)}{\arg\max}\, U_i(\sigma_{-i,s},\varphi_s\,|\,m)$ 时，则称行为策略组合 σ 对局中人 i 在信息状态 s 是序贯理性的（sequentially rational）；当信息状态 s 存在多个结点、m 只是其中之一时，当且仅当：$\sigma_{i,s} \in \underset{\varphi_s\in\Delta(D_s)}{\arg\max}\sum_{m\in I_s}\rho_{i,s}(m)U_i(\sigma_{-i,s},\varphi_s\,|\,m)$ 时，才有行为策略组合 σ 对局中人 i 在信息状态 s 下以信念概率 $\rho_{i,s}$ 序贯理性的，其中 I_s 为信息状态 s 的结点集，$\rho_{i,s}(m)$ 为局中人 i 在信息状态 s 下所确定的在结点 m 要采取行动的条件概率，$\rho_{i,s}$ 则为局中人 i 所确定的在信息状态 s 的结点集 I_s 上的一个信

念概率分布，ΔI_s 表示由 $\rho_{i,s}$ 构成的集合。信念向量 ρ 为集 $\times_{i\in N}\times_{s\in S_i}\Delta I_s$ 中的任一元素，给定一个信念向量也就确定了局中人 i 在信息状态 $s\in S_i$ 中的一个信念概率分 $\rho_{i,s}$。

用 S^* 表示所有局中人信息状态集 S_i 的并集，即 $S^*=\bigcup_{i\in N}S_i$，用 $\Delta^o(D_s)$ 表示在信息状态 s 下对每一行动都确定为正概率的概率分布的集合，当且仅当有某个序列：$\left\{\hat{\sigma}^k\right\}_{k=1}^{\infty}$ 使得：

i. $\hat{\sigma}^k\in\underset{s\in S^*}{\times}\Delta^o(D_s),\forall k\in\{1,2,3,\cdots\}$

ii. $\sigma_{i,s}=\lim_{k\to\infty}\hat{\sigma}_{i,s}^k,\ \forall i\in N,\forall s\in S_i$

iii. $\rho_s(m)=\lim_{k\to\infty}\dfrac{\overline{P}(m\mid\hat{\sigma}^k)}{\sum_{n\in I_s}\overline{P}(n\mid\hat{\sigma}^k)},\ \forall s\in S^*,\forall m\in I_s$

才有 σ 与 ρ 的完全一致（fully consistent），即一个行为策略组合与一个信念变量的完全一致，当且仅当存在任意接近该策略组合且每个行动都确定为正的行动概率的策略组合序列，满足贝叶斯公式的信念向量任意接近 ρ。

2. 序贯均衡

一个信念变量 ρ 与一个行为策略组合 σ，若使得信念变量 ρ 与策略组合 σ 是完全一致的，并且作为局方案的策略组合 σ 使每个局中人在每个信息状态都处于序贯理性，则行为策略组合 σ 就是博弈 Γ^e 的一个序贯均衡。对于任何一个有限的展开型博弈，都必然存在序贯均衡。对其求解可通过后向归纳和前向归纳法来求得。后向归纳法求解时，要求局中人在博弈初期能预料到在博弈结束时局中人的行为。

在一个展开型博弈 Γ^e 中，若每个局中人 i 在其 S_i 中的每个信息状态下都只有一个结点，则该博弈为完美信息（perfect information）博弈。在一个完美信息的展开博弈中，每个局中人一次一个行动，其信念概率 $\rho_s(m)=1$，信念变量 ρ 唯一且分量皆为 1，并且局中人具有完美记忆即在他在行动时，知道此前每个结点所做的和所观察的，在这样的博弈中，至少存在一个纯策略序贯均衡，并且每个子博弈完美均衡就是一个序贯均衡局方案，而对所有具有完美信息的生成博弈[①]，恰好只有一个序贯均衡。

第二节 假设前提

一、方法论的个体主义假设

个体主义作为一个伦理体系包含诸多含义，如个人的抽象含义、人的尊严、自由与自主、自我发展与隐私等，以及以此为内核对社会构建"公平正义"的具体要求。这些先验的价值标准作用于社会的各个领域，使个体主义存在多个表现

---

① 通过变换博弈 Γ^e 的支付函数而形成的博弈，它们与博弈 Γ^e 只在支付函数上不同。

形式：政治的个体主义、宗教的个体主义、经济的个体主义、方法论的个体主义等（卢克斯，2001）。方法论的个体主义既是研究中的一种价值取向，也是研究问题的假设前提和视角。

就价值取向而言，结合社会主义价值观，要求分级治理结构的演进以每个人自由全面发展为宗旨，但每个人自由全面地发展离不开个人的自由与权利。个人的自由与权利来自对专制及阶级控制的理性反抗，也源于对人类解放的渴求，其具体内涵萌发于对现实的批判中、完善于对人类生活美好秩序的寻求中，与"伪个人主义"①的价值取向有着本质的不同，它不排斥集体主义的价值取向，但集体主义不是以"抽象的"或"虚假的"共同体的价值为依皈的集体主义，这些集体主义认为自发的社会产物在逻辑上是不可能的，只要人类理性地控制社会过程，就能够实现人类目标。②除非人类理性符合完全且完善假设，否则这种忽略个体价值的集体主义在逻辑上一定会滑向专制。集体主义应体现"真正共同体"③的价值，秉承"每个人的自由发

---

① 哈耶克把其归结为放任自流的个人主义与道德上的个人主义，它们把人设定为"原子式"行动者，以此来解释社会现象，忽略人的社会性；强调道德个体的价值本原，否认道德共同体的价值。

② 哈耶克称之为"伪集体主义"。

③ 即"自由人的联合体"，个人的发展在共同体中实现，通过共同体个人才能拥有自己自由全面发展的手段，但个人是以个人的身份而不是以阶级成员的身份加入共同体，在其中"个人以整体的生活为乐事，整体则以个人的信念为乐事"（叶汝贤，2006）。

展是一切人自由发展的条件"①，在不同的发展阶段集体主义有不同的要求，其具体含义也会存在不同，但无不体现"每个人的自由发展"，以之为终极价值和最高目标，"每个人的自由发展"也是社会主义的本质特征，因为社会主义不过是集体主义的高级形式。那些在某一阶段的具体的历史的特征只不过是实现这一终极价值的手段（叶汝贤2006），仅具有工具性价值的意义。分级治理结构作为社会主义财政运行的制度装置，它适从于具体的职能目标，服务于国家或集体的利益，但应以"每个人的自由发展"为内在的价值取向，以实现好、维护好每个人的权益为基本定位。

方法论个体主义以相互作用的个体活动为视角研究社会现象。它笃信任何行为都是由一些个体做出来的，某一行为的性质取决于行为的个体和受该行为影响的各个个体对于这一行为所赋予的意义；任何社会过程都发生在个体与个体之间，以个体行为为基础、以个体行为为表现；集体是无法被具体化的，集体被认识，总是由于那些行为的个人赋予它的意义（Mises，1949）②。方法论个体主义虽坚守个体行为为分析界面，但不排斥个体行为的关系制约，实际上个体行动不是孤立的，总是受到嵌入个体之间的关

---

① 《马克思恩格斯选集》第1卷，人民出版社1995年版，第294页。
② 转引自马珺：《公共财政的多维思考》，博士学位论文，中国社会科学院，2000年。

系网络的影响。个体行动过度社会化和不充分社会化是相对立的极端概念，它们忽略人们之间具体的现实的社会关系，都会导致将个体作为原子化的行动者来处理（刘世定，1994）。

在现实中由于认识对象的多样性与不确定性、社会知识的大量性与分散性及私人知识的存在，人类有限的认知能力使个体理性呈现出有限性与局部性，以表现为具体的特殊的个体理性的人类理性不是完美的，凭借有限的知识，人类理性是不可能建构社会的发展框架的。理性应存在于一种个体与个体间相互作用的过程中，彼此间检验与纠正，在该过程中每个人都能尝试和发现他能够做的事情，个人的私利也获得自然的协调，合理的制度就在这种个体关系的互动中自发形成。

以个体行为为视角，在财政分级治理结构的形成与演进中，依据个体性质的不同可分为三类个体：公众及其组织、中央政府、地方政府与基层政府。受经济与社会制度及传统文化的制约，公众既以某种经济或社会组织为单位展开社会活动，又以个体形式表达诉求，在社会层面上呈现出不同利益诉求的集团形式；各级政府由具有自身利益的个人组成，他们聚合成具有独立品格的、具有私利行为和公利行为的特殊个体，地方政府与基层政府具有相似性，受控于上级政府又代表某一辖区，这样在分级治理结构中有：

公众集团、中央政府、地方政府三类个体，中央政府是唯一的，公众集团与地方政府多个。个体的行为紧密嵌入在彼此的网络关系中，财政收支与预算行为受到嵌入其间的其他关系的影响，在分级治理结构中他们不是原子化的行动者，他们的行动嵌入在具体的结构关系中。

二、分级治理结构的人工制品[①] 假设

分级治理结构无论构建或演进都直接以个体[②]的活动为基础，是个体相互作用的结果，分级治理结构具有人工制品的属性。在理论上这一属性也是方法论个体主义逻辑演绎的必然结果，更是方法论个体主义的深化与实现的路径，它规范着这一人工制品的"工艺流程"与"效用内涵"，要求分级治理结构的成型或演进过程是个体间互动的、内生的、诱致性的过程，是问政于民、问计于民的过程，以民治促民享，保障和实现每个人的权益。

分级治理结构的人工制品属性意味着不同的设计理念、不同的理论逻辑，分级治理结构就会随之出现不同的型式

---

① 借用人工制品的意旨为组织形态与治理模式是人类设计与创造的产品，其本身是可以改变的（文森特·奥斯特罗姆），该思想虽有契约主义论渊源，但本文主旨为分级治理结构的成型过程是人或组织的活动过程。

② 包括个人与组织。

与不同的效果。面对公共品 ① 的需求，如何才能实现供求均衡呢？分级治理结构作为提供公共品的制度装置本身就是平衡机制，实现供求均衡（包括总量与结构均衡）为其基本要求。不同的发展时期供求均衡的内容也不相同，如果现行的分级治理结构不能促成供求的匹配，就需要改进或重塑治理结构。为了使新的结构型式能产生预期的效果，则须选择或确定相宜的设计理念和理论依据，以此推进结构型式的转变，选择或确定的过程既是一个试错与学习的过程，也是一个验证和运用演进规律或逻辑的过程，这使得研究分级治理结构的演进逻辑具有重要的现实意义。

分级治理结构的人工制品属性意味着治理环境不同、治理目标不同，则治理结构也会随之不同。治理环境主要体现在已有的基础制度、组织存量以及经济发展的阶段，治理目标则体现公众的公共需求，它既受制于公共品的非市场特性（如非排他性、非竞争性与效用的不可分性及其不同的组合），具有这些特性的产品，居民即使有能力购买或

---

① 经典公共品理论以市场体制为基础，依据产品的消费特性来界定公共品，在消费上具有非排他性和非竞争性、效用上不可分的物品在价格上不具有排他性（Samuelson,1954；Musgrave,1959），市场供给不足或不愿供给，转由政府供给而成为公共品，以此实现社会福利最大化。本书的公共品是指相关主体经过"公共形式"决定并由各级集体组织来提供的产品，"公共形式"确定的公共品实际上是成员公共需求的现实表现，它既体现单个主体通过自我或市场实现合理需求的局限性，又体现社会价值的要求。当然由于个体需求、个体能力及各地发展水平的差异与变化，公众的公共需求会呈现出地区性及时间性。

生产，也不能在市场上实现，也不愿意足额生产，除此之外，还取决于区域的特性与社会发展、社会主义的价值取向，是工具性目标与终极目标的融合。

三、分级治理结构的开放性假设

财政分级治理结构就存在形式而言既是规则也是行动的秩序，嵌套在整个社会网络中，各主体在该制度装置中的行为无不受制于个体间其他的社会关系，如"跑部向钱"、"项目公关"、争戴贫穷帽、潜规则等就是现实表现。那些嵌入在财政运行中的其他社会关系是如何影响财政治理关系的呢？个体间的其他社会关系是多种多样的，如亲属关系、朋友关系、同乡关系、老上下级关系等，它们复杂地交织在一起，制约着财政关系的运行，影响情形可作如下的简化分析。

如果把分级治理结构中主体间的治理关系按剩余控制权的配置方式分为：权威治理与双边治理，前者中当未明事项出现时，由其中一方作出处置，后者则由双方协商解决。与此相应个体间的社会关系也可分为不对称关系与对称关系，前者中个体间的关系是不平等的，彼此间的影响力是不对称的，如先天的长辈后辈关系、后天的上下级关系等；后者中个体间彼此认同是平等的，影响力是相互对称的，如单纯的朋友关系。治理关系与其他社会关系以主体为结点交织在一起，依据它们嵌入的差异可分为四种组合（如表1-1）。进一步可设在治理关系有主体：C 与 D，权威治理可表示为 $C > D$，双边治理则可表示为 $C = D$；在嵌入其间的其他关系中有个体 c 与 d，分别属于 C 与 D，是它们行为的代理者，按照 c 与 d 之间关系的区分有：$c > d$ 或 $c < d$（不对称关系），$c = d$（对称关系）。在组合中依据治理关系和其他社会关系的对应情形可分为同构与异构两大类，同构是指两者间的关系是对应的有：$C > D$ 与 $c > d$、$C = D$ 与 $c = d$；异构则是两者间互不对应如：$C > D$ 与 $c > d$、$C = D$ 与 $c > d$、$C = D$ 与 $c < d$、$C > D$ 与 $c = d$。就它们对财政运行中未确定事项的影响差异而言[1]，异构中可能存在结构性摩擦[2]，影响对剩余事项的处置，使治理效果偏离预期。在同构中，若代理者权责不对称、存在私人信息且问责机制不健全，使其行为缺乏约束机制，社会关系依然会对不明确事项的处置产生影响。代理者社会关系的嵌入的影响不仅表现在不明确事项的处置上，也表现在对治理结构中明

---

[1]　仅就不同组合间对未明确事项影响的比较，未考虑嵌入与不嵌入间的比较。

[2]　当治理结构与社会关系不对应时如权威治理中嵌入平等关系或不平等关系（$C > D$ 与 $c = d$、$C > D$ 与 $c < d$），社会关系可能对权威主体处置未明确事项产生制约作用，该制约作用是否有效及有效的程度取决于对权威主体的代理者 c 的监督、约束与激励及实际影响力的大小。

确的硬规范的软化上。由于社会关系嵌入所带来的影响，治理结构的实际效果常常偏离预期效果。从治理结构中剥离、阻止社会关系，或通过激励约束兼容来协调治理结构与社会关系都需要成本，成本的大小主要受预算现代化的程度与问责机制健全与否的影响，因为它们能硬化代理者的行为约束。

表 1-1　治理结构与社会关系的嵌入情形

	权威治理		双边治理	
不对称关系	$C > D$ $c = d$	$C > D$ $c < d$	$C = D$ $c > d$	$C = D$ $c < d$
对称关系	$C > D$ $c > d$		$C = D$ $c = d$	

资料来源：刘世定：《嵌入性与关系合同》，《社会学研究》1999 年第 4 期。

　　财政分级治理结构的开放性除表现在其他社会关系对治理结构的影响外，还意味着分级治理结构与管理技术、预算技术及治理环境间存在互动关系。零基预算、绩效预算、标杆预算、预算表形式的变革，并与问责相结合，硬化了对政府行为的约束，增强了政府财政行为的责任性、回应性与有效性，管理手段与技术的更新如预算编制、审批与执行的制衡、预算的公开透明、集中收付与统一采购、综合预算等规范着政府的理财行为，它们与预算技术相结合，重塑政府的理财行为，使治理结构有良好的"微观基础"，但它们不与治理结构的改进相结合，难能发挥应有的效率，因为效率的提高是要通过改进主体的行为来实现的，没有来自治理结构的行为激励与约束的改进，技术和手段的使用就会发生扭曲，预期的效果也就不会出现，行为激励与约束的改进还能增进主体加强效率能力建设的主动性与创造性。财政分级治理结构作为财政运营的制度装置存在于治理环境之中，诸如政治经济制度、财政基本制度（财政控权、分权与平衡制度）、财产基本制度、社会秩序、文化价值理念及自然条件等，具体而言如政治民主化的程度、问责制、财产登记与现金使用制度、官员财产公示制度、经济与社会组织的发育程度、民众的公民认知与参与欲望、收入水平及分配结构、聚落形态与自然环境等。分级治理结构作为环境中的存在，由环境中滋生出来，受制于环境的基本秩序，体现环境的基本特征，它的建立与运行一方面维护着环境秩序；另一方面也促使环境的改变，包括环境中组织制度存量、技术、收入水平与分配、生态环境、民众的心态与感受等；这些变化叠加外生的变化与外来的输入使社会公共需求发生变化，要求改进治理结构，以使体系的"产出"适应变化了的公共需求，在治理结构改进中若技术性改进不能实现预期效果，面对供求偏差愈演愈烈，在环境压力下各主体策略性地改进社会的基本秩序如政治民主化、财政立宪、预算现代化等，以此来推进治理结构的完善，使治理结构适应制度变迁的需求，这样治理结构和治理环境在互动中适应和推动社会的进步，当然其中以个体或集团的行动为媒介。

第三节 分析框架

三个假设从不同的视角，以层层递进的方式确定了研究分级治理结构演进的公理性前提：个体主义方法论确立了治理结构演进的价值趋向和路径；人工制品假设是个体主义方法论的具体化与深化，赋予治理结构选择性；开放性假设奠定了结构演进的现实基础。当然这三个假设是以经验事实为基础，不是抽象的本质假定，它们也形成了有关治理结构演进逻辑的基础。

一、分析框架的模式与含义

以三个公理性前提为基础，可提出一个研究分级治理结构演进的框架（如图1-3），该框架的核心含义是治理结构作为构建的行动情境确立主体的激励性行为[①]，但受到治理环境已有的社会关系嵌入的影响，日常性行为[②]与激励性

———————

① 在满足激励兼容约束的安排下，主体以其目标函数为基础而应采取的行为，有时表现为一个行为集。

② 主体在激励约束与其他社会关系的综合权衡下选择的行为。

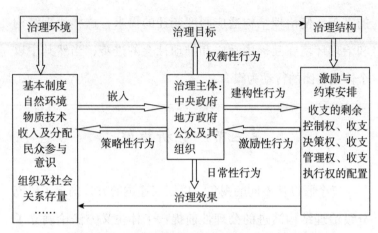

图 1-3　一个财政分级治理结构演进的分析框架

行为可能不一致，使治理效果和目标与激励预期发生偏离，治理环境的内生变化、外在变化及外来输入加剧了偏离，在偏差压力下，主体通过策略性行为①改进治理环境，再以建构性行为求得治理结构的进一步改善和治理目标的实现。治理目标是对治理结构效应的要求，它一方面遵从社会价值取向；另一方面植根于现实的治理环境，通过治理主体的权衡性行为来确定，其可分为应然目标与实然目标，应然目标是财政运行的价值趋向和终极目标，它是实然目标的内在取向，实然目标是与治理环境现实相结合的并蕴含

---

① 变革基本制度和社会基础秩序的行为，由于可能影响所有社会成员的权益，变革的行为实际上是各成员和利益集团博弈的结果，如财政立宪行为。

应然目标的能够实现的目标。该分析框架以治理主体的行为为中心，治理主体的行为在结构演进中发挥着重要作用，它们既是治理环境的塑造者，又是治理结构的构建者；既是结构演进的动力，又是结构演进的阻力，治理的主体在财政运行中主要有中央政府、地方各级政府、社会与经济组织、居民，依据行为的差异可归结为：中央政府、地方政府、公众集团三类基本主体。这些主体间的相互激励约束与利益博弈决定着治理结构的效果及其演进的路径与趋势，但依据制度分析理论，主体的行为无不根源于规则和环境，主体行为不过是结构演进的中介变量，规则包含在治理结构中，因此结构的演进既受制于结构自身，也受制于环境，演进中既有结构自身逻辑的表现，又有外部环境逻辑的表现。结构自身逻辑是结构演进中所遵循的有关结构的理念、功能、目标及方向，表现为在一定治理目标下结构型式的选择，是治理效率的追求。外部环境逻辑是治理环境所赋予的对治理结构的要求，具体表现为治理目标的变化和社会基础性秩序的转型对治理结构演进的制约，是治理价值的追求。治理环境不仅包括无形的基本政治经济制度、习俗、民众的社会心理等，还包括有形的自然物质技术条件及收入水平和分配，它们影响治理主体对治理目标的选择，嵌入主体行为中，以行为参数的方式制约主体的构建性行为与激励性行为，使结构型式和治理效果偏离预期。同时治理环境还受到来自治理主体策略性行为和日常性行为的影响（称之为内生变化），除此之外还有来自该系统外的外生变化或直接输入。治理结构通过各级财政收支的剩余控制权与决策权、收支组织管理权、收支执行权、收支使用权的配置与激励约束的安排，提供治理中的应用规则，规范和激励各主体的行为，使之符合治理目标。

该分析框架意味着分级治理结构的演进存在结构自身逻辑与外部环境逻辑，两种逻辑是相互嵌套在一起的，结构自身逻辑是外部环境逻辑实现的手段，外部逻辑制约着自身逻辑作用的发挥，但也有不一致的时候，当自身演进不适应外部逻辑时，结构的演进不利于治理环境的转型，影响价值目标的实现，社会可能会产生摩擦，为此应当探究结构选择与治理环境转型、治理环境转型与日常性行为间的关系，使自身逻辑主动适应外部逻辑，通过结构演进推动治理环境的转变，实现两种逻辑相互适应、相互促进，结构与环境共同演化，以推动社会和谐与"每个人自由全面地发展"。

二、分析框架的分析局限

分析框架是以一定理论为基础构建的理论模型，它通过概念系统及其现实定义构造出有关现象的逻辑，提供研究问题的视角和分析工具。但由于逻辑构造中的简化与选择、概念及现实定义的不完备，使框架在分析问题时不可避免地存在局限，由此得出的结论可能与现实存在误差，如何来甄别和抑制这种缺陷与误差呢？唯有通过实证的方法来探究结论和观察到的现象间是否存在相互的和内在的共生关系。

实证有"证实"与"证伪"之分。"证伪"以时空重复、结论重复为准则，只要发现某一事实与结论存在偏差，则结论就是伪命题，严苛的要求使这一方法多用于自然科学的证明中，以使结论具有唯一性。而"证实"则是在用事实验证结论的过程中，只要有事实与结论一致，就可认为结论成立，这种方法根源于辩证性的概念，多用于百花齐放的社会科学证明中。基于研究领域的社会科学属性，本书采用"证实"之法来论证分级治理结构演进中的逻辑。为了使研究的结论在经验事实中具有极大的内在一致性，表现为经验事实中一种不变的基本结构，书中以分析框架为依据，用数学模型来表征其基础，通过数理逻辑来演绎其结论，使结论建立在科学的、严密的逻辑之上，具有逻辑上的自洽性，再通过经验事实来验证结论的存在性与解释力，使分析框架有理、有论、有据，其中经验事实的来源立足于中国社会主义财政的建设实践。

第二章 分级治理结构演进的结构逻辑

    分级治理结构的演进在时间序列上表现为一种型式的改进相伴另一种型式的显现或一种结构新型式的生成，相邻两种结构型式间不存在间断式的突变。演进的逻辑是此演变序列背后一般规律，即制约演变的因素有哪些？它们是如何作用于演变的？为了便于分析的展开，把制约演变的因素分为结构自身因素与外部环境因素，虽然这两类因素在相互作用中共同促成结构的转变，但外部环境因素是通过影响结构型式的选择而发挥作用，同时不同的结构型式会产生不同的效果。本章以理论实证为方法来探讨结构自身因素对演进的制约。参照中国政治结构的实际情况，中央政府享有绝对的权威，其拥有并行使财政收支的剩余控制权，这一初始的制度安排决定了分级治理结构的演进以中央政府结构型式的选择为起点，通过强制性的改进行为实施结构型式的转变。结构演进的自身逻辑表现为：在一定的治理环境和治理目标下，结构中的均衡行为对中央政府结构选择的制约。

以财政收支的剩余控制权、决策权、管理权、执行权的配置为特征和维度，并结合中国财政分级治理结构演进的现实，把财政分级治理结构的可能型式区分为政治全控型（PC）、有限控制型（LC）、技术治理型（TG）、有限参与型（LA）、完全参与型（CA）等型式，它们是结构演进序列中的断面表现。其中的权力配置预设了各主体的行为集合，具体的激励与约束安排决定了各主体行为的选择。在政治全控型（PC）中，中央政府拥有本级财政收支的支配权，以政治及意识形态、行政指令为手段间接支配地方政府的财政收支，地方政府享有财政收支的管理权与执行权，仅作为中央政府的代理机构，依照中央政府的指令行事，公众是被动的执行者，在此结构中中央政府独享财政的剩余控制权；在有限控制型（LC）中，中央政府让渡地方财政收支的决策权于地方政府，地方政府享有地方财政的自主支配权，被塑造成地方利益的代理者，在政绩的考核与竞争中选择收支行为，公众是被动的执行者；在技术治理型（TG）中，中央财政收入占有明显优势，以直接提供公共品的方式纠正、弥补地方财政在公共品供给中的收支行为，或直接体现中央的发展意图，公众仍是被动的接受者；在有限参与型（LA）中，公众及其组织与地方政府共享财政收支的决策权，地方政府在政绩考核与公众利益诉求的交互作用中选择财政收支行为；在完全参与型（CA）中，公众及组织分享各级财政收支的决策权，政绩考核与公众利益诉求具有一致性，地方政府的财政收支行为以公众的公共需求为依据。

第一节　分析环境的设置

分析环境作为理论实证分析的基础和前提，是以经验事实为依据，对现实环境的合理抽象与假设，它主要包括行为主体及行为模式，以及运行的基本规则即治理环境。

一、参与个体的设置

依据前面的分析与财政运行的实际，在模型中设置四类参与个体（players）：中央政府（CG）、地方政府（LG）、工薪集团（FS）、利得集团（BP），其中工薪集团内各成员职业而言存在差异，但就他们所享的收入而言主要来自自己或家庭成员的劳动交易，即他们的核心利益在于自身及家庭成员的劳动力或劳动成果、劳动服务的市场交易；利得集团内各成员就职业而言也存在差别，而他们所享的收入主要来自经营盈利、资产溢价或租金利息，即他们的核心利益在于资本的生产与经营。假设在社会层面上各集团内部利益是一致的，并且每一集团内各单位是均质同一的，其中工薪集团所占人口比为 γ，利得集团所占人口比为 $1-\gamma$，依据中国社会的现实可假设 $\frac{1}{2}<\gamma\leqslant 1$，即工薪人口占大多数。假设地方政府的数量为 n，用 i 表示其中的任一个[①]，当然中央政府是唯一的，中央政府与地方政府具有独立的拟人品格，追逐公利与私利。假设财政收入来源于利得集团的生产经营收入，并将财政支出分为竞争性的两类：工薪集团财政支出与利得集团财政支出，政府在这两类支出中选择。对工薪集团的支出为 G_r，对利得集团的支出为 G_u。工薪财政支出以民生支出为主体，包括用于就业、住房、教育、医疗、养老、文化、救济救助等方面的支出，为了分析的简洁，把这类支出归化为民生性支出，它们进入工薪集团的收入函数[②]，这类支出形成的直接或间接收益主要用于消费，没有资本增长的直接贡献，至少短期内没有，可认为是消费性公共品 r；把改善生产经条件、与利得集团收入相关的财政支出归化为生产性支出，它们进入利得集团的生产函数，这类支出能直接或间接带来资本的增长，可

---

① 在后边的分析中涉及地方政府的变量若不用角标 i 区分（其中 $i\in\{1,2,...,n\}$），则表示地方政府在该方面的表现是彼此相同的，若存在差异则用角标区分。

② 对就业、教育、医疗、住房、养老支出属于直接性消费支出，变相地增加了工薪者的收益，但工薪收入水平不高，储蓄率低，经济增长的直接和间接贡献少；科技支出、基本建设支出、生产性补贴等改善了资本的生产经营环境，能降低利得集团的成本支出，直接影响资本的收益，能提高储蓄率、投资额与生产水平，增长贡献明显。

认为是生产性公共品 u。

在某一地区，就公共品的资金来源看公共品供给的主体主要有三类：一类是政府，包括中央政府和各级地方政府，其依行政管理者和国有资产所有者的身份取得收入；二类是民间组织，主要为居民集体组织，除此之外可能还有社会组织、自利组织与合作组织，合作组织兼有社会组织与自利组织的功能，集体组织以集体资产所有者身份或以成员会费取得收入，其他组织或依靠捐赠或依靠经营取得收入；三类是工薪集团成员自身，他们的收入来自工资、劳动成果、劳动服务等劳动直接交易。就任一公共品而言，其所需资金无不来自这三类主体，只不过所承担的份额有所不同（如图 2-1），有的由政府独自承担（如图 2-1 中 G 点），有的由工薪独自承担（如图 2-1 中 F 点），有的由民间组织独自承担（如图 2-1 中 N 点），有的则是共同承担（如图 2-1 中边界上各点由两者共担，内点则表示由三者共担）。现实中任何公共品依据其资金来源的份额总可找到图中的一点与之对应，图中每一点表示分担份额相同的公共品集合，G 点如义务教育、发展战略、发展规划、政府的行政服务、基础科学研究、环境保护及大江大河大湖的治理、疾病的防控、重大灾害的防治等；N 点如一些扶贫、救助项目等；F 点如自来水、通讯、天然气等。边界点与内点如公共卫生、社会保障与救济、小流域的治理及水利设施、农田防

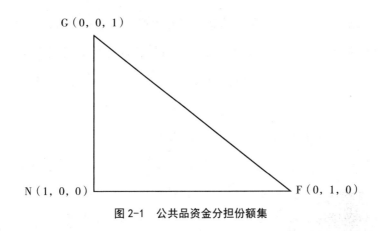

图 2-1　公共品资金分担份额集

护林及病虫害的防治、科技的推广及信息系统建设，医疗、非义务教育、文体设施、农村水利灌排系统、中低产田的改造、道路及电网的建设等，因此对任一公共品 x 的资金来源构成可设为 gx、fx、mx，其中 gx、fx、mx 分别表示政府、工薪、民间组织承担的份额，gx 还可分解为 gcx 与 glx，gcx 表示中央政府承担的份额，glx 表示各级地方政府承担的份额，它们体现着某些事权在不同主体间的配置，若不考虑各主体及其收入来源的性质，单纯就公共品资金供给的角度，可把 gx、fx、mx 分别看作政府、工薪成员、民间组织对公共品 x 支付的林达尔价格，且满足：$gx+fx+mx=1$（$0 \leqslant gx \leqslant 1, 0 \leqslant fx \leqslant 1, 0 \leqslant mx \leqslant 0$）。

在各种主体中社会组织收入来源不稳定且数量有限，公共品供给范围狭窄、种类少、但能契合公共需求，不存在供求失衡，并且目前发育还不完善，影响力弱，为了分析的便利，有意将这种主体忽略。对生产经营组织而言，若以捐赠或援建方式提供公共品，其行为特性与社会组织无异，并且供给动机源于自身发展的需要，公共品供给范围更为狭小；若以公共品的供给为获利手段，则以政府和工薪成员的支付收回成本并获取相应利润。自治组织依据成员的共同需要提供公共品，但资金来源于成员收入的提留或成员认缴的份额。因此就公共品供给的资金来源看，公共品的供给主体可简化为三类：中央政府、地方政府与工薪集团，他们以不同的方式筹措各自承担的份额（工薪集团的份额 fi 集中体现了工薪集团的财政负担），于是对消费性公共品 r 而言有：$gcr+glr+fr=1$（$0 \leqslant gcr \leqslant 1, 0 \leqslant glr \leqslant 1, 0 \leqslant fr \leqslant 1$）。

利得集团依据前述假设承担财政负担，但在公共品供给中不负支出责任，即其财政负担集中体现在生产税净额中，则与利得集团相关公共品 u 的财政支出中有：

$gcu+glu=1$（$0 \leqslant gcu \leqslant 1, 0 \leqslant glu \leqslant 1$），其中 gcu、glu 分别表示中央政府、地方政府在公共品 u 的财政支出中承担的份额。

（一）工薪集团（FS）

工薪集团是在一个地方政府的辖区内，以工薪者为成员构成的群体，他们以自身劳动作为谋生的手段，在同质工薪成员的假设下，该群体的行为可由单个代表性工薪成员的行为来表征，总体的表现为所有工薪成员表现的简单叠

加，个体与总体的表现具有同一性。设各工薪成员满足智性
与经济理性假设，并为风险中性者，为了简化分析设其只投
入劳力要素[1]，生产技术满足柯布-道格拉斯要求，则他们的
效用函数（即目标函数或收入函数）可定为$U_F = A_r L^\theta G_r^\phi$ [2]，
其中$\phi \in [0,1]$，为公共品的产出弹性；$\theta \in [0,1]$为劳力的产出
弹性，工薪成员劳力的边际收入为$\theta A_r L^{\theta-1} G_r^\phi$，即主要取决
于表征技术进步成果分享的比例参数A_r、工薪劳力的投入L
量及其产出弹性θ、公共品的支出G_r及其产出弹性ϕ。产
出弹性θ的大小还能反映工薪成员获取收入的生产经营组
织的形态：当$\theta = 0$时，工薪成员感受不到自身劳力对产出
的影响，可认为此状态下生产形式是集体生产形式[3]，工薪
成员的收入取决于外在的技术条件和国家的分配政策，实
行不受劳动投入影响的固定工资；当$\theta = 1$时，可认为是企
业化的生产经营，工薪成员取得体现劳动投入的工资收益；
$0 < \theta < 1$可认为工薪成员以传统家庭或个体劳动为生产形
式取得收入。依据前面假设工薪成员的收入不存在转移，劳
动量的投入在家庭或个体劳动生产形式中工薪成员能自主

---

① 在现实中自身劳力为工薪成员的主要投入要素，在劳力转移受阻的条
件下工薪成员追求纯收入最大化即不考虑劳动成本。

② 在模型中两个集团的收益及财政收支的数量均采用同一计价物计量。

③ 依据奥尔森的经典理论，在集体生产中当成员较多时，理性的个体会
认为自身的贡献或努力对整体的绩效影响微弱，且各自贡献不可测量，收益与
努力程度不一致。

决策，在有限参与型及完全参与型的治理结构中能决定有利于工薪集团的财政支出 G_r（在参与模式中假设按简单多数原则决定财政支出），依据前述的设定可把某地工薪集团的行为模式描述为：

$$\max_{L,G_r} U_F = A_r L^\theta G_r^\phi$$
$$s.t. L \leq L_o , \; f G_r \leq R_F \tag{1}$$

其中 G_o 为工薪集团的劳动总量，对工薪成员整体而言，由于不存在劳力转移的外在途径，可认为 $L=L_o$；f 为工薪在获取公共品 G_r 时自己应承担份额的比例，R_F 为工薪集团的初始收入。

（二）利得集团（BP）

利得集团在一个地方政府的辖区内，表现为依靠资本生产经营而获取收入的成员总体，其中代表性单位的生产经营技术可用柯布 - 道格拉斯函数形式来描述，即满足 $A_u K^\alpha G_u^\beta$ [1]，其中 $\alpha \in [0,1]$ 为资本产出弹性，$\beta \in [0,1]$ 为公共品的产出弹性；A_u 为收入比例参数，表征技术进步及生产经营努力成果的分享程度。代表性单位的生产经营行为除受制于生产技术外，还服从于生产经营目标，在国有国营的产权结构中，生产单位以实现计划产值为目标，在公司制

---

[1] 由于不考虑集团内部的收入分配，在函数形式中把劳力因素的作用归化在收入比例参数中，在现实中由于劳力资源丰富，生产受劳力因素影响微弱，投资的地区趋向主要受制于各地的有形与无形公共品带来的收益。

或私有的生产经营组织中则追求利润最大化。对利得集团的财政支出 G_u，受人口设定的限制，利得集团在所有的治理结构均不能起决定作用，但在企业化的生产组织中其能决定资本的投入量 K，则可把某地利得集团的行为模式设定为：

$$\max_{K} U_B = (1-\tau)A_u K^{\alpha} G_u^{\beta}$$
$$s.t.\,K \leqslant R_B \tag{2}$$

其中 R_B 为利得集团的初始收入，τ 为对政府转移的比例[①]，包括财政征收的显性比例 τ_g 与耗散在对政府公关中的比例 τ_s（$\tau = \tau_g + \tau_s$），并且有 $0 < \tau_g \leqslant 1, 0 < \tau_s < 1, 0 < \tau_g + \tau_s \leqslant 1$；$\alpha$ 为代表性单位的资本产出弹性，反映着治理环境中的产权结构情形：当 $\alpha=0$ 时，收益与资本投入间缺乏弹性，收益的实现不受资金投入影响，可认为代表性单位是国有国营的产权结构，在该结构下单位追求计划产值的实现，资金投入来自财政资金，生产主体没有投资决策权，其不能决定资本的配置，资本投入也就不受集团初始收入的影响，资本投入也与集团的收益无关；当 $0 < \alpha \leqslant 1$ 时，代表性单位的收益受到资本配置的影响，具有生产经营的激励约束机

---

① 对政府的转移无论是税费方式的转移还是俘获政府官员的支出，无论是商品税还是收入税即无论税费种类如何，都表现为生产收益的减少，从核算角度看它们的支出都可转化为生产收益的比例，文中 τ 是对政府转移的支出占生产收益的比例。

制，可认为其追求利润最大化，是独立的市场主体，由此可认为 $0 < \alpha \leqslant 1$ 表征治理环境中公司制或私有性产权占主体。

（三）地方政府（LG）

地方政府在不同的治理结构中都具有财政执行权，进行财政资源的微观配置，确定公共品的具体供给即种类与数量，依据其信息优势决定财政的具体支出，其收益由两部分组成：政绩收益与地方收益[①]。政绩收益在设置的环境中表现为工薪集团的收入 U_F 与利得集团的收入 V_B 对地方政府带来的效用 $U_{LG}(U_F, V_B)$，假设地方政府为风险中性者，则其政绩收益主要受制于中央政府的激励与约束安排所带来的收益，设为 $I(U_F, V_B)$；地方收益则是地方政府在财政资源的配置中获取的隐形收益与分享的财政收益，假设工薪不具有俘获地方政府的条件，则地方政府的私人收益来自利得集团为了求得有利的生产经营条件而实施的贿赂，归地方官员私人所有，依据前面的设置，可得其为 $U_{LG}(\tau_s A_u K^\alpha G_u^\beta)$，$\tau_g$ 与地方政府廉洁高效的程度相关，可度量其设租、寻租的能力，$\tau_g \to 0$ 可认为是个廉洁

[①]　这些行为假设与中央政府部门的行为类似，中央各部门执行本部门的项目支出与项目补助支出，既有直接支出权又有财政资源的二次分配权，可认为模型中的地方政府泛指中央政策的执行机构，在社会阶层上体现为官僚阶层，中央政府可认为由政治领袖组成，中央政府与地方政府的关系从社会阶层的角度体现为政治领袖与官僚阶层的关系。

高效的政府。由于地方政府被假设为风险中性者，设在
财政收入的初始分配中享有的比例为 ε，则其效用函数为：
$U_{LG}=I\left(U_F,U_B\right)+\left(\varepsilon\tau_g+\tau_s\right)A_uK^{\alpha}G_u^{\beta}$，由于在所有的分级治理
结构中，地方政府进行财政资源的微观配置，于是可把地
方政府的行为模式设定为：

$$\max_{G_r,G_u} U_{LG}=I\left(U_F,U_B\right)+\left(\varepsilon\tau_g+\tau_s\right)A_uK^{\alpha}G_u^{\beta}+Z$$
$$s.t.\,glrG_r+gluG_u\leqslant R_L \tag{3}$$

其中 R_L 为地方政府的可支配收入；glr、glu 分别表示地方
政府在 G_r、G_u 中承担的份额；Z 为中央政府对地方政府的
转移支付，可设为：$Z=\sigma\left(T-\varepsilon\tau_gA_uK^{\alpha}G_u^{\beta}\right)$[①]，$T$ 为中央政府
希望各地达到的财政收入的目标水平，可认为是中央政府
均衡各地财力的调控目标，假设 $T=\overline{\tau_g}A_uK^{\alpha}G_u^{\beta}$，$\overline{\tau_g}$ 为目标税
率，依据设置可认为 σ 度量着地方财政对中央财政的依赖程
度，也刻画中央政府对地方政府财政收入的控制能力，该
值越高表示地方财政对中央财政依赖程度越高，中央政府
的控制力越强，地方政府实施平衡预算。

（四）中央政府（CG）

在本书的分析环境里中央政府被赋予财政安排的剩余
控制权与剩余立法权，选择分级治理结构，确定并实施激

---

① 该假设参考了李永友、沈玉萍（2010）对转移支付的设定形式。

励与约束的具体安排，不进行财政资源的微观配置，但依据其收益实施地区间的转移支付，确定并承担公共品供给中的相应份额，中央政府作为拟人化组织，实施这些行为要服从其相应目标即收益最大化，其收益与地方政府一样，也可分政绩收益与私人收益两部分。中央政府作为全社会的代表性组织，其政绩收益不仅与社会的总收益有关，而且还受制于社会收益分配的差距，差距越大社会不稳定的风险就越大，由此可能引致抗议、游行示威等不满行为，甚至出现暴力冲突等社会动荡，中央政府的合法性会受到削弱，维持既有的自然秩序与社会秩序就会增加额外的成本，其最终收益受到影响。从长治久安与社会持续发展考虑，应把收入差距纳入中央政府的效用函数。依据前面的假设两个集团的收入差距在模型中的表现为：$(1-\tau)A_uK^\alpha G_u^\beta - A_rL^\theta G_r^\phi + R_B - R_F$，其社会影响的考量还应与各自的人口数量相结合，因此收入差距的社会度量为：$d=(2\gamma-1)\left[(1-\tau)A_uK^\alpha G_u^\beta - A_rL^\theta G_r^\phi + R_B - R_F\right]$ 且 $d \geqslant 0$，由此产生的维稳支出为：$H(d)$，$H'(d)$ 为消除社会不满产生的边际成本，对应于收入社会差距，其满足：$H'(d) \geqslant 0$，$H(0)=0$，当然在不同的治理结构中其有不同的形式，$H'(d)$ 也不同[1]，

_____

① 为了分析的简洁，后文假设在不同的治理结构中维稳支出与社会收入差距之间都具有线性函数的形式。

于是可得中央政府的政绩收益为：$A_u K^\alpha G_u^\beta + A_r L^\theta G_r^\phi - H(d)$。进一步假设中央政府的私人收益来自地方政府的已获取私人收益的一部分，它发生于地方政府为了获得更多的项目支出而转移部分已有的私人收益，设其为 $\eta \tau_s A_u K^\alpha G_u^\beta$，其中 $0 \leqslant \eta \leqslant 1$ 为转移给中央政府的比例，在有限参与型治理结构中地方财政收支受到民众制衡，有 $\eta = 1$ 即地方政府把全部私人收益转移给中央政府，既是地方政府缺乏获取私人收益的制度安排，又是为了获取中央政府最大程度的支持。在完全参与型中央财政及地方财政收支均受民众制衡有 $\eta = \tau_s = 0$。设中央政府为风险中性者，于是中央政府的行为模式可描述为：

$$\max_{\varepsilon, \sigma, gcu, gcr} U_{CG} = n \Big[\kappa_C \Big(A_u K^\alpha G_u^\beta + A_r L^\theta G_r^\phi - H(d) \Big) + \Big((1-\varepsilon) \tau_g + \eta \tau_s \Big) A_u K^\alpha G_u^\beta - Z \Big]$$
$$s.t. gcr G_r + gcu G_u \leqslant R_C$$

（4）

式中 κ_C 为中央政府在社会发展与收益支配间偏好的度量，当 $\kappa_C > 1$ 时表示中央政府更偏向整个社会的发展，当 $\kappa_C \to 0$ 时表示中央政府着力收入的控制或攫取；R_C 为中央政府的可支配收入，gcu，gcr 为中央政府在财政支出 G_u、G_r 中承担的份额，并假设了中央预算为平衡预算，在分级治理结构的演变中 ε、σ、gcu、gcr 均为变量，表征结构的收支特征，如在政治全控型中有 $\varepsilon = 0, \sigma = 0, gcu = 1, gcr = 1$，且满足 $0 \leqslant \varepsilon \leqslant 1, \sigma \geqslant 0, 0 \leqslant gcu \leqslant 1, 0 \leqslant gcr \leqslant 1$。

二、运行的基本安排

在各主体智性与理性假设条件下，参与各方在财政运行中追逐各自收益最大化，但在收益的追逐中各主体不是相互孤立的，而是相互影响、相互制约，以策略互动和序贯的方式进行着，策略互动不是同时发生的而是具有先后顺序，于是结合各参与者行为的前述设定，可把财政的运行模式化为一个二阶段的序贯博弈（如图2-2），设其为 Γ^e，作为运行的基本安排，各主体在其间选择自己的行为。具体博弈顺序为：

1. 中央政府权衡、建构分级治理结构，以此为基础确定对地方政府的激励与约束安排，决定 ε、σ、gcu、gcr 的大小。[①]

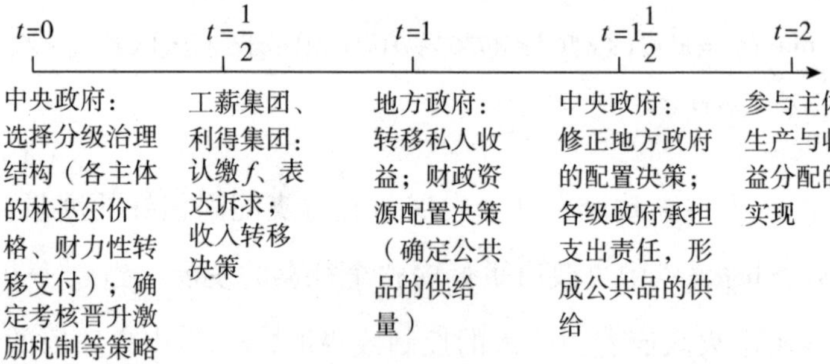

$t=0$	$t=\frac{1}{2}$	$t=1$	$t=1\frac{1}{2}$	$t=2$
中央政府：选择分级治理结构（各主体的林达尔价格、财力性转移支付）；确定考核晋升激励机制等策略	工薪集团、利得集团：认缴 f、表达诉求；收入转移决策	地方政府：转移私人收益；财政资源配置决策（确定公共品的供给量）	中央政府：修正地方政府的配置决策；各级政府承担支出责任，形成公共品的供给	参与主体：生产与收益分配的实现

图 2-2 财政体系中各参与主体互动序贯图

---

① 本书以分级治理为研究层面，根据研究问题的需要，假设税率 τ_g 由中央政府在模型外决定，即 τ_g 为模型中的外生变量，书后地方政府获得的目标税率 $\overline{\tau_g}$ 也具有同样的性质。分级治理结构和激励约束机制的安排在序贯博弈中分成两个节点：结构的选择作为机会点，结构类型为其行动集，激励机制的安排作为决策点跟随而为枝的结构类型，该节点不是完美信息决策点，其后跟随的行动集是激励约束机制的具体安排。

2.利得集团选择对地方政府官员私人转移份额 τ_s 的大小；工薪集团认缴自己的份额，或通过正常非正常的渠道表达自己的需求。

3.在政治全控、有限控制及技术治理结构中地方政府进行财政资源配置的决策，表现为公共品供给的种类与数量即 G_r、G_u 的大小；而在有限参与及完全参与中由工薪集团决定；地方政府向中央政府转移私人收益。

4.中央政府与地方政府依据支出份额承担支出责任，实现财政资源的配置，形成公共品的供给；在控制型中对地方政府的配置决策实施再决策，并拨付全部款项。

5.利得集团与工薪集团对财政资源配置做出反应，包括生产经营决策及不满的反应；中央政府按照激励安排兑现地方政府的激励收益；利得集团按确定的份额转移其收益给地方政府或官员，参与各方实现收益。

第二节　不同分级治理结构下的均衡行为分析

在不同的分级治理结构中，各主体遵守不同的行为规则，置身不同的行动情境，具有不同的支付结构。与其相匹配，参与主体具有不同的行为选择，但都满足各自的行为均衡，形成各自的均衡行为集，即服从一定约束条件下的收益最大化目标，各参与主体的行为选择具体表现如下。

对工薪集团而言，当公共品的获得受其收入限制即 $fG_r = R_F$ 时，依据其行为的设定和拉格朗日定理，其对公共品的需求应满足：$\phi A_r L_o^\theta G_r^{\phi-1} = \lambda f$，其中 λ 为拉格朗日乘子，可理解为工薪成员初始收入的机会成本即其收入的边际效用，当然不同的收入水平边际效用不一样，依据均质假设可认为 $\lambda = \rho$，ρ 为资金的机会成本，也可理解为资金价格，于是工薪集团对公共品即财政支出的需求函数 [①] 为：

$$G_r^{\phi-1} = \frac{\rho f}{\phi A_r L^\theta} \qquad (1')$$

在针对工薪阶层的财政支出现实中，工薪成员对财政支出的诉求是剩余的公共需求，表现为：工薪自治组织、社会性组织、经营性组织与工薪成员作为公共品的供给主体由于各自的供给局限，不愿或无力实现的公共需求。工薪自治组织作为当地工薪成员联合自主的集体组织，为成员的共同事务服务，以追求成员共同需要为最大满足，其没有独立和稳定的收入来源，其所需资金来自其成员缴纳的份额，如在公共品供给中的"一事一议"形式。该组织置身工薪成员，在公共品的供给中信息充分且具有供给的主动性与灵活性，在社区性公共品供给中效率高，但由于存在协调成本、财力弱小，时常有"议而不决""决而不行"，并且对

---

① 文后的分析中假设有 $\phi A_r L^\theta G_r^{\phi-1} \geq \rho f$，即工薪集团渴求公共品的供给。

收益外溢、排他成本高的公共品供给不足。工薪成员作为社区公共品的供给主体，由于公共品消费的排他性和竞争性不强，不会有偏好显示，而有"搭便车"的动机，因此其参与公共品的供给，或公共品接近私人品，或结合适宜的动员机制，同时还受其财力制约，因此工薪成员参与公共品的供给或通过市场支付或通过自治组织，自身的财力决定着其能否享有或参与公共品供给的机会。社会组织或个人也可能成为供给主体，他们秉承某种价值或理念，在非盈利约束下，以公共需要为依据，志愿供给公共品，但其财力有限，公共品的供给也有限，且有明确的选项。合作组织在合作理念的制约下，为了成员的利益，依其财力和成员的共同需要也会无偿供给有利成员及社区发展的公共品。经营组织为了发展需要，志愿地捐赠或援建某些公共品，其行为模式具有社会组织性质，有的经营组织以供给公共品为获利手段，公共品生产效率高，但要求公共品的排他成本低，并有收益内部化的产权安排，并且在逐利动机驱使下，若信息不对称或存在垄断，公共品价格可能虚高，在价格管制下可能出现公共品质量低劣，对此政府可通过进入的规制和主体的选择来确定生产主体，同时还可使用购买、补助、参股等方式来进行日常管理，在这种"公私合作"的供给安排中实现了公共品资金的提供和公共品生产的分离，经营组织通过获取政府的明补或暗补与交易价格收回成本并获取利润，在交易的另一极工薪成员在获得政府的明补或暗补时通过实际的价格支付来承担份额，在这种供给安排中政府通过对生产主体或需求主体的补贴来承担份额。

对利得集团而言，在所有的分级治理结构中实施资本的生产与经营，在政治全控型及有限控制型中选择 τ_s，其行为应满足：

$$K^{\alpha-1} = \frac{\rho}{\alpha(1-\tau)A_u G_u^{\beta}}$$

$$\frac{\partial G_u}{\partial \tau_s} = \frac{A_u K^{\alpha} G_u^{\beta}}{\beta(1-\tau_s-\tau_g)A_u K^{\alpha} G_u^{\beta-1}} \quad (2')$$

在生产资金 K 的配置决策中，当 $\alpha=0$ 时，资金的配置不受成本制约，集团内代表性单位表现为投资饥渴，体现了国有国营产权结构下生产单位的行为；当 $0 < \alpha \leqslant 1$ 时，对生产资金的配置受成本与边际收益约束。

地方政府一方面是中央政府或上级政府决策的执行者；另一方面是一个地方的代理者，面向辖区的利得集团与工薪集团提供公共品，承担着财政资源配置的功能：依据其承担的份额、所能支配的资源及行为目标确定公共品供给顺序及数量，选择资源配置方式，实现公共品的供给。在针对工薪集团财政支出 G_r 的现实中，地方政府在政绩激励与可动员财力制约下确定公共品的供给。在目前的预算管理体制下，地方政府作为地方的代理者受到委托人的制约弱，而政绩的表现、上级政府偏好的满足与地方官员的前程息息相关，地区收入既体现着政绩，又实现着地区共同体的利益，其带来的可支配收入也是官员职务消费的来源，同时由于垄断与资源配置相关的权力，地方政府官员还可从投资品 G_u 支出中获得租金收益。随着预算约束的硬化，地方政府的行为主要以地区收入与可支配收入最大化为取向，在所有的分级治理结构中制约着财政资源的具体配置，其行为应满足：

$$\frac{\phi A_r L^\theta G_r^{\phi-1}\dfrac{\partial I}{\partial U_F}}{\beta A_u K^\alpha G_u^{\beta-1}\left[t_L+t_B\dfrac{\partial I}{\partial U_B}\right]}=\frac{glr}{glu} \qquad (3')$$

$$glrG_r+gluG_u=R_C$$

其中 $t_L=\varepsilon\tau_g+(1-\eta)\tau_s+\sigma\overline{\tau_g}-\sigma\varepsilon\tau_g$ 为地方政府的分配系数，$t_B=1-\tau_s-\tau_g$ 为利得集团的分配系数，则 $t_C=(1-\varepsilon+\sigma\varepsilon)\tau_g-\sigma\overline{\tau_g}+\eta\tau_s$ 为中央政府的分配系数。

对中央政府而言，在财政支出的现实中，依据国家发展和稳定的需要来确定公共品的供给，并受中央财政收入的制约。中央政府是整个国家的代表，其着眼整个国家的发展和自身的政治利益即政治稳定来提供公共品。结合中国的政治特色，其政权的合法性以实现好维护好最广大人民的根本利益为基础，因此中央政府提供公共品着眼于促进生产发展、增强综合国力、提高社会福利、实现社会公平，并依据不同的社会现实对这些取向进行不同的组合，由此决策向公众提供的公共品。在社会资源主要由国家掌握、意识形态由国家控制以及集权式的行政管理体制条件下，中央政府在公共品的供给中起主导作用。依据发展的需要和能使用的收入，确定财政支出及支出的地区分配和对地区的财力性转移，并规定中央政府、地方政府与社会成员在公共品供给中应承担的责任，选择分级治理结构和相应的考核激励机制，控制着结构参数，以实现自身的目标收益，在地方政府均质假设条件下，其行为选择满足：

$$\frac{\partial U_{CG}}{\partial \varepsilon} \bigg/ \frac{\partial U_{CG}}{\partial \sigma} = \left(gcr \frac{\partial G_r}{\partial \varepsilon} - gcu \frac{\partial G_u}{\partial \varepsilon} \right) \bigg/ \left(gcr \frac{\partial G_r}{\partial \sigma} - gcu \frac{\partial G_u}{\partial \sigma} \right)$$

$$\frac{\partial U_{CG}}{\partial gcr} \bigg/ \frac{\partial U_{CG}}{\partial gcu} = \left(gcr \frac{\partial G_r}{\partial gcr} - gcu \frac{\partial G_u}{\partial gcr} - G_r \right) \bigg/ \left(gcr \frac{\partial G_r}{\partial gcu} - gcu \frac{\partial G_u}{\partial gcu} - G_u \right)$$

$$gcrG_r + gcuG_u = R_C$$

$$(4')$$

上述（1'）（2'）（3'）（4'）式，以各参与主体的行为模式为基础刻画了他们行为选择的基本要求，建立了他们的行动函数，也描述了他们的行动策略集[①]：$\Delta(DSj)$，$j \in \{$工薪集团 FS，利得集团 BP，地方政府 LG，中央政府 CG$\}$，即在不同的信息状态下参与主体 j 应如何进行行为选择，其中 S_j 为参与主体 j 的信息状态集，但不是每个行为策略组合：

---

① 参与主体的行动策略中不仅包括纯策略也包括混合策略，混合策略表现为主体在不同行为趋向间组合，即策略行为具有多重偏好。

σ（其中 $\sigma \in \times\limits_{j \in \{FS,BP,LG,CG\}} \Delta(D_j)$）都可以纳什实施，他们之间存在相对稳定的、能实现自身收益最大化的均衡行为策略组合。他们的序贯均衡行为策略的分析，采用后向归纳法分两步进行：首先在不同的结构类型中对地方政府及工薪集团、利得集团的行为均衡策略分别做具体分析，然后以此为基础再分析中央政府的均衡选择。为了便于分析，依据中国政治结构特色假定中央政府对地方政府官员采用晋升激励的方式，即以考核为基础，选择对中央政府效用贡献最大的地方官员到中央任职，若贡献相同，则有均等的晋升机会[1]，由此形成地方官员对晋升的收益预期，并假设各参与主体均满足参与约束，且预期收益的贴现率为 1 即不考虑贴现问题，这与执政集团对长治久安的偏好一致。

一、政治全控型（PC）

在政治全控型中，地方政府仅有财政资源配置的执行权，生产单位为财政体系的附属，财政收支表现为中央政府能支配的全收全支，即有

$\varepsilon=0$，$\sigma=0$，$gcu=1$，$gcr+f=1$，$R_L=0$，$glu=0$，$glr=0$。由此得到如下的命题：

命题 2-1：在政治全控型中，地方政府对财政资金的

---

[1] 本书假设效用贡献为唯一晋升依据。

配置、工薪集团得到的财政支出完全取决于中央政府实施的激励安排，利得集团为了获得财政支出即公共品的供给会把留存收益全部转移给地方政府，而地方政府会把得到的收益全部转移给中央政府，即 $\tau_s=1-\tau_g-t_B$，$\eta=1$ 为子博弈完美均衡，也为序贯均衡。

证明：在政治全控型中，生产单位没有收益的决策权，中央政府决定收益在政府与生产单位间的分配，并对财政支出拥有再决策权，地方政府不享有政府的收益，结合前述的设定可得各参与主体（风险中性者）的支付函数分别为：

工薪集团：$U_{FS}=\max(A_rL^\theta G_r^\phi,\ (\rho+1)R_F)$

利得集团：$V_{BP}=\max\left[(1-\tau_s-\tau_g)A_uK^\alpha G_u^\beta,\ \rho R_B\right]$

地方政府：$U_{LG}=\mathrm{I}(U_{FS},\ U_{BP})+(1-\eta)\tau_sA_uK^\alpha G_u^\beta$

中央政府：$U_{CG}=n\left[\kappa_C(A_uK^\alpha G_u^\beta+A_rL^\theta G_r^\phi-H^{PC}(d))+(\tau_g+\eta\tau_s)A_uK^\alpha G_u^\beta\right]$

对工薪集团而言 $f=0$，由（1′）式可得其对财政支出的需求 $G_r\to\infty$，生产的纯收入为 $U_{FS}=A_rL^\theta G_r^\phi$。由（2′）式可得：利得集团把自有收益 R_B 投入生产经营要求资金的边际收益能抵补资金的机会成本，对财政资金的需求满足：$(1-\tau_s-\tau_g)A_uK^\alpha G_u^\beta=V_{BP}$，其中 V_{BP} 为一个定值，可认为是利得集团的目标效用。当利得集团为风险中性者时，V_{BP} 为其目标收益，在政治全控型中则可认为是利得集团获得的分配额[①]，设 $V_{BP}=t_BA_uK^{\alpha}G_u^{\beta}$，$t_B$ 表征利得集团应得分配的系数。在分配系数 τ_g 确定后，$V_{BP}=t_BA_uK^{\alpha}G_u^{\beta}$，$t_B$ 为利得集团的留存收益，对财政支出 G_u 的需求有：$G_u^{\beta}=V_{BP}/\left[(1-\tau_g-\tau_s)A_uK^{\alpha}\right]$，于是可得利得集团对财政资金的诉求与激励收益单调递增，与俘获支出也是单调递增。但在财政资金的竞争性分配中[②]工薪集团能否获得财政支出或公共品的供给、利得集团支付 τ_s 能否得到相应的 G_u，还受制于地方政府的收益权衡。依据支付函数，地方政府的收益不仅包括私人收益还有来自中央政府的激励收益，在晋升激励安排下地方政府的激励收益来自预期升迁到中央政府能获得的效用，在风险中性假设条件下可表述为：$p_cn\left[\kappa_L(A_uK^{\alpha}G_u^{\beta}+A_rL^{\theta}G_r^{\phi}-H^{PC}(d))+(\tau_g+\eta\tau_s)A_uK^{\alpha}G_u^{\beta}\right]$[③]，其中 $0\leqslant p_c\leqslant1$，$c\in\{(\overline{G_u},\ 0),\ (0,\overline{G_r})\}$[④]，$p_c$ 为实施配置策略 c 的升迁概率，于是可把地方政府的支付函数具体化为：$U_{LG}=p_cn\left[\kappa_L(A_uK^{\alpha}G_u^{\beta}+A_rL^{\theta}G_r^{\phi}-H^{PC}(d))+(\tau_g+\eta\tau_s)\right.$

----

① 这种认定符合全收全支时个人分配制度：各行业各地区实行统一的固定的低工资制（地差补贴除外）。

② 为了分析的简洁，假设在一定的财政资金约束下地方政府财政资源的配置决策在 G_r、G_u 中选择，要么支付 G_r、要么支付 G_u，相当于以两者在现实分配中的差额为分析对象，并假定地方政府能够支配财政资金的数量由外在因素决定。

③ 未考虑贴现率的影响，并假定地方政府的继任者与前任有相同的行为模式。

④ 依据分配假设在一定的财政资金约束下有 $\overline{G_u}=\overline{G_r}$，若中央政府平均分配资金有 $\overline{G_u}=\overline{G_r}=R_C/n$。

$A_u K^\alpha G_u^\beta]+(1-\eta)\tau_s A_u K^\alpha G_u^\beta$，其中 $\kappa_L \geqslant 0$ 为地方政府对"名"（意为声誉，后同）的偏好，当中央政府实施（$\overline{G_u}$，0）晋升策略时，地方政府实施一致决策时晋升的概率为 $\frac{1}{n}$，即实施财政资金配置，（$\overline{G_u}$，0）至少有 $\frac{1}{n}$ 的晋升可能性，于是可得其预期收益至少为：$\kappa_L(A_u K^\alpha G_u^\beta + A_r L^\theta G_r^\phi - H^{PC}(d))+(\tau_g+\eta\tau_s)$ $A_u K^\alpha G_u^\beta+(1-\eta)\tau_s A_u K^\alpha G_u^\beta$，大于采取其他策略（晋升概率为 0）的机会收益 $\tau_s A_u K^\alpha G_u^\beta$，因此地方政府实施一致决策（$\overline{G_u}$，0）为纳什均衡；当 κ_L 与 $(\tau_g+\eta\tau_s)A_u K^\alpha G_u^\beta - H^{PC}(d)$ 充分小时，依据中央政府的支付函数，其目标收益有：$U_{CG}(\overline{G_u}$，0$)<U_{CG}(0$，$\overline{G_r})$，中央政府实施 (0，$\overline{G_r}$) 晋升激励，但晋升激励可能会失去效应，因为地方政府实施（$\overline{G_u}$，0）会有更多的收益，此时中央政府会以再调整和拨付资金为手段进行纠正。由此可得在政治全控型中工薪集团获得的财政支出完全受制于中央政府的激励安排，地方政府的选择完全与中央政府的激励趋向一致。

在政治全控型中若 $U_{CG}(\overline{G_u}$，0$)>U_{CG}(0$，$\overline{G_r})$，中央政府确定 ($\overline{G_u}$，0) 激励，即地方政府实施 $\overline{G_u}$ 才能获得晋升。在此情境中，地方政府私人收益转移的均衡策略为 $\eta=1$，即地方政府把全部私人收益转移给中央政府为子博弈完美纳什均衡。虽然各地方政府都实施不转移或实施部分收益的转移可获得更多的预期收益，但该策略不能纳什实施，因为任一地方政府只要转移比其他单位稍多的量就可获得更多的预期收益,因此这些策略都不是纳什均衡,在 $\eta \in [0, 1]$ 的支撑中唯有 $\eta=1$ 才是纳什均衡,也为子博弈 $\Gamma^e_{G_u}$ 的完美纳什均衡。

在财政资金的分配竞争中利得集团对地方政府私人收益转移的均衡为:$\tau_s = 1 - \tau_g - \overline{t_B}$ 这一策略既符合局部均衡,也符合序贯均衡。依据利得集团对财政资金的需求函数有:

$$G_u^\beta = \frac{t_B A_u K^\alpha G_u^\beta}{\left(1 - \tau_g - \tau_s\right) A_u K^\alpha}$$

即可得 $\tau_s = 1 - \tau_g - t_B$;虽然各集团都实施小于留存收益的转移可获得更多的预期收益,但该策略不能纳什实施,因为在晋升激励制约下,地方政府把获得的私人收益 $\tau_s A_u K^\alpha G_u^\beta$ 全部转移给中央政府即 $\eta=1$ 才是均衡策略,若中央政府实施 $(\overline{G_u}, 0)$ 激励,在财政分配的地区间竞争中,任一个集团只要转移比其他单位稍多的量就可获得更多的预期收益,因此利得集团的行为策略为:以全部留存收益俘获地方政府即有 $\tau_s = 1 - \tau_g - \overline{t_B}$。结合以上分析有 $\tau_s = 1 - \tau_g - \overline{t_B}$,$\eta=1$ 为子博弈完美均衡。

在 t_B 由中央政府确定的条件下,为了实现自有收益最大化对利得集团实施的分配激励满足 $\overline{V_{BP}} = \rho R_B$,即生产单位获得的收益与机会收益相等,依据利得主体生产资金的配置方程可得 $\overline{V_{BP}} = \alpha A_u R_B^\alpha G_u^\beta$,于是可得 $t_B=\alpha$,中央政府索取全部投资剩余。结合上述分析有：

命题 2-2：在政治全控型中：

当 $U_{CG}(\overline{G_u},\ 0) \geqslant U_{CG}(0,\ \overline{G_r})$ 时，中央政府实施激励策略 $(\overline{G_u},\ 0)$，其收益为：

$$U_{CG}=n\left[\kappa_C(A_u K^\alpha \overline{G_u}^\beta - H^{PC}(d^{\overline{G_u}}))+(1-\alpha)A_u K^\alpha \overline{G_u}^\beta\right];$$

当 $U_{CG}(\overline{G_u},\ 0)<U_{CG}(0,\ \overline{G_r})$ 时，中央政府实施 $(0,\ \overline{G_r})$ 策略，其收益为：

$$U_{CG}=n\kappa_C(A_r L^\theta \overline{G_r}^\phi - H^{PC}(d^{\overline{G_r}}));$$

其中 $d^{\overline{G_u}}=(2\gamma-1)(\rho+1)(R_B-R_F)$，$d^{\overline{G_r}}=(2\gamma-1)\left[(\rho+1)R_B-A_r L^\theta \overline{G_r}^\phi\right]$[①]，$K=R_B$。

二、有限控制型（LC）

在有限控制型中，地方政府一方面是中央政府或上级政府决策的执行者；另一方面是其辖区的代理者，地方政府被塑造成具有独立利益的主体，面向一个个工薪成员，在公共品的提供中承担着资源配置的功能，依据其承担的份额、所能支配的资源及行为目标确定公共品的种类及数量，选择财政资源配置及公共品供给的方式，实现公共品的供给，于是在有限控制型中有：$0<\varepsilon<\frac{1}{2}$，$\sigma=0,glu=1,glr+f=1,R_C=0$，$gcu=0,gcr=0$，在如此的行动情境中有：

---

① 依据现实假设有 $(\rho+1)R_B>A_r L^\theta \overline{G_r}^\phi$。

命题 2-3：在有限控制型中，若中央政府实施 $(\overline{G_u}，0)$ 配置策略的晋升激励，地方政府则会进行服务利得集团的财政资金配置，地方政府会把得到的收益全部转移给中央政府，利得集团为了获得财政支出即公共品的供给，会使转移给政府的收益保持在：让中央政府通过不同财政资金分配获取的效用相等的水平，即有：$\tau_s \in aug\kappa_C(A_uK^\alpha\overline{G_u}^\beta - H^{LC}(d^{\overline{G_u}})) + (\tau_g+\eta\tau_s)A_uK^\alpha\overline{G_u}^\beta = \kappa_C(A_rL^\theta\overline{G_r}^\phi - H^{LC}(d^{\overline{G_r}}))$，$\eta=1$ 为子博弈完美均衡，也为序贯均衡。

证明：在有限控制型中，生产经营单位自主经营、自负盈亏，拥有生产经营决策权与收益分配权，地方政府是地方财政收支的组织者、执行者与决策者，辖区财政收支完全由地方政府控制，结合前述的设定可得各参与主体（风险中性者）的支付函数分别为：

工薪集团：$U_{FS}=\max(A_rL^\theta G_r^\phi，(\rho+1)R_F)$①

利得集团：$V_{BP}=\max\left[(1-\tau_s-\tau_g)A_uK^\alpha G_u^\beta，\rho R_B\right]$

地方政府：$U_{LG}=I(U_{FS}，U_{BP})+((1-\eta)\tau_s+\varepsilon\tau_g)A_uK^\alpha G_u^\beta$

中央政府：$U_{CG}=n\left[\kappa_C(A_uK^\alpha G_u^\beta+A_rL^\theta G_r^\phi-H^{LC}(d))+(\eta\tau_s+(1-\varepsilon)\tau_g)A_uK^\alpha G_u^\beta\right]$

当中央政府践行 $(\overline{G_u}，0)$ 财政资源配置晋升激励时，地

---

① 文中假设 $A_rL^\theta\overline{G_r}^\phi>(\rho+1)R_F$，即工薪集团对农村公共品或农村财政支出具有强烈的需求欲望。

方政府的激励收益可表述为：实施 $(0, \overline{G}_r)$ 配置晋升的概率为 0[①]，依据地方政府的支付函数可得：地方政府实施 $(0, \overline{G}_r)$ 配置的支付收益为 0；实施 $(0, \overline{G}_r)$ 时，其支付收益为：$p_c n \left[\kappa_L (A_u K^\alpha \overline{G}_u{}^\beta - H^{LC}(d^{\overline{G}_u})) + \eta(\tau_s + \tau_g) A_u K^\alpha \overline{G}_u{}^\beta \right] + (1+\eta)(\tau_s + \tau_g) A_u K^\alpha \overline{G}_u{}^\beta$，当地方政府实施一致行动时晋升概率 $p_c = \dfrac{1}{n}$，有 $U_{LG}(\overline{G}_u, 0) > U_{LG}(0, \overline{G}_r)$，于是可得 $(\overline{G}_u, 0)$ 具有激励效应。在 η 的决策集合中，虽然 $\eta=0$ 为集体理性决策，但不能纳什实施，因为任意地方政府实施 $\eta > 0$，就会获得晋升，就有比 $\eta=0$ 时更多的支付收益。以此递推，只有当地方政府实施 $\eta=1$ 时，才是纳什解。

当中央政府践行 $(0, \overline{G}_r)$ 配置晋升激励时，地方政府实施配置 $(\overline{G}_u, 0)$ 的晋升概率为 $p_u=0$，其支付收益为：$U_{LG}(\overline{G}_u, 0) = (\tau_s + \tau_g) A_u K^\alpha \overline{G}_u{}^\beta$；实施配置 $(0, \overline{G}_r)$ 的晋升概率 $p_r \geq \dfrac{1}{n}$，其支付收益为：$U_{LG}(0, \overline{G}_r) = p_r n \kappa_L (A_r L^\theta G_r^\phi - H^{LC}(d^{\overline{G}_r}))$。当 $U_{LG}(\overline{G}_u, 0) > U_{LG}(0, \overline{G}_r)$ 时，晋升激励 $(0, \overline{G}_r)$ 可能失效，为此中央政府会配之问责，通过惩戒措施，降低支付收益 $U_{LG}(\overline{G}_u, 0)$，如通过撤职使其不能支配 $\tau_g A_u K^\alpha \overline{G}_u{}^\beta$；实施财产公示降低收益 $\tau_g A_u K^\alpha \overline{G}_u{}^\beta$，提升 κ_L 即对"名"的追逐。因此晋升激励 $(0, \overline{G}_r)$ 与问责相结合，才能使地方政府实施配置

---

① 在 $(\overline{G}_u, 0)$ 晋升激励下，地方政府都实施配置 $(0, \overline{G}_r)$ 不是纳什均衡。

$(0, \overline{G}_r)$ 为子博弈完美均衡。

在利得集团拥有分配自主权的条件下，面对财政资金的需求行为：$(1-\tau_s-\tau_g)A_uK^{\alpha}G_u^{\beta}=\overline{V}_{BP}$，利得集团掌控自己的目标收益 $\overline{V}_{BP}$，并选择私人转移 τ_s。在 τ_g 归地方政府征收，可讨价还价的条件下利得集团对 τ_s 的均衡选择以选择集 [0,1] 为支撑，在财政支出 $(\overline{G}_u, 0)$ 与中央政府的激励安排具有一致性及地方政府全部转移其私人收益的后向条件下，利得集团依据中央政府的支付函数确定均衡选择，以实现自己的目标收益最大化。依据各参与者的支付函数有 τ_s 越小利得集团的目标收益越大，但与之相应的是政府收益降低，当政府的收益 $U_{CG}(\overline{G}_u, 0) \leqslant U_{CG}(0, \overline{G}_r)$ 时，中央政府就会转变激励策略，于是可得利得集团的均衡选择：$\tau_s \in augU_{CG}(\overline{G}_u, 0)=U_{CG}(0, \overline{G}_r)$，即均衡的 τ_s 满足：$\kappa_C(A_uK^{\alpha}\overline{G}_u^{\beta}-H^{LC}(d^{\overline{G}_u}))+(\tau_g+\eta\tau_s)A_uK^{\alpha}\overline{G}_u^{\beta}=\kappa_C(A_rL^{\theta}\overline{G}_r^{\phi}-H^{LC}(d^{\overline{G}_r}))$，

其中 $d^{\overline{G}_u}=(2\gamma-1)[R_B-R_F+(1-\tau_s-\tau_g)A_uK^{\alpha}\overline{G}_u^{\beta}-\rho R_F]$，

$d^{\overline{G}_r}=(2\gamma-1)[(\rho+1)R_B-A_rL^{\theta}\overline{G}_r^{\phi}]$，$K=R_B$

于是可得：$\underline{\tau}_s \in augU_{CG}(\overline{G}_u, 0)=U_{CG}(0, \overline{G}_r)$，$\eta=1$ 为子博弈完美均衡。

虽然 $\underline{\tau}_s$ 使政府收益在财政分配决策选择中无差异，但在利得集团拥有收益分配主动权的条件下其总可以通过稍高于 $\underline{\tau}_s$ 的选择影响中央政府的激励决策，并且中央政府下放配

置权也是为了提高整个社会的收益，即增加政府和公众的可支配收入。

因此结合以上分析可得出：

命题 2-4：在有限控制型中：

当 $\kappa_C(A_u K^\alpha \overline{G}_u^\beta - H^{LC}(d^{\overline{G}_u})) + (1-\alpha)A_u K^\alpha \overline{G}_u^\beta \geq \kappa_C(A_r L^\theta \overline{G}_r^\phi - H^{LC}(d^{\overline{G}_r}))$

时，中央政府选择 $(\overline{G}_u, 0)$ 为晋升策略；地方政府实施配置 $(\overline{G}_u, 0)$ 为子博弈均衡；

当 $\kappa_C(A_u K^\alpha \overline{G}_u^\beta - H^{LC}(d^{\overline{G}_r})) + (1-\alpha)A_u K^\alpha \overline{G}_u^\beta \geq \kappa_C(A_r L^\theta \overline{G}_r^\phi - H^{LC}(d^{\overline{G}_r}))$

时，中央政府选择 $(0, \overline{G}_r)$ 为晋升策略，并与问责相结合，地方政府实施配置 $(0, \overline{G}_r)$ 才为子博弈完美均衡。

中央政府获取的支付收益在配置 $(\overline{G}_u, 0)$ 与配置 $(0, \overline{G}_r)$ 无差异，都为：$n\kappa_C(A_r L^\theta \overline{G}_r^\phi - H^{LC}(d^{\overline{G}_r}))$。

三、技术治理型（TG）

在技术治理型中，利得集团与工薪集团为生产经营与分配的主体，地方政府具有双重身份：既是执行者又是决策者，既是上级政府的代理者又是某一辖区利益的代表，中央政府独立组织收入并掌控多数的财政资源，依据社会发展的要求与相应目标分配财政资源，因此不妨设在技术治理型中有：$0 < \varepsilon < \dfrac{1}{2}, R_L = 0, \sigma \geq 0$, $glu=0$, $glr=0$, $gcu=1$,

$gcr+f=1$，地方政府以地方收入和考核指标为目标，中央政府在经济发展中兼顾各地区各阶层均衡发展，由此情境可得出各主体（风险中性者）的支付函数为：

工薪集团：$U_{FS}=\max(A_rL^\theta G_r^\phi, (\rho+1)R_F)$

利得集团：$V_{BP}=\max\left[(1-\tau_s-\tau_g)A_uK^\alpha G_u^\beta, \rho R_B\right]$

地方政府：$U_{LG}=I(U_F, U_B)+\left[(1-\eta)\tau_s+\sigma\bar{\tau}_g+(1-\sigma)\varepsilon\tau_g\right]A_uK^\alpha G_u^\beta$

中央政府：$U_{CG}=n\left[\kappa_C(A_uK^\alpha G_u^\beta+A_rL^\theta G_r^\phi-H^{TG}(d))+((1-\varepsilon+\sigma\varepsilon)\tau_g-\sigma\bar{\tau}_g+\eta\tau_s)A_uK^\alpha G_u^\beta\right]$

其中 σ 作为转移支付系数，表征着地方财政依赖中央财政的程度，调节着地方与中央财政间的初次分配，影响他们间的最终分配。当 $\sigma=0$ 时没有转移支付，地方财政收入依赖初次分配；当 $\sigma=1$ 时地方财政获得均等的目标收入，文中以 $\sigma=1$ 为例进行分析，即有：

地方政府的支付函数：$U_{LG}=I(U_F, U_B)+\left[(1-\eta)\tau_s+\bar{\tau}_g\right]A_uK^\alpha G_u^\beta$；

中央政府的支付函数：$U_{CG}=n\left[\kappa_C(A_uK^\alpha G_u^\beta+A_rL^\theta G_r^\phi-H^{TG}(d))+(\tau_g-\bar{\tau}_g+\eta\tau_s)A_uK^\alpha G_u^\beta\right]$。

在上述行动情景中，针对中央政府晋升激励的子博弈有：

命题 2-5：在技术治理型中，若中央政府实施 $(\bar{G}_u, 0)$ 配置的晋升激励，地方政府则会把财政资金配置给利得集团，为了获得转移支付，其会把得到的私人收益全部转移给中央政府，并保证利得集团至少获得机会收益 $\rho R_B=\alpha A_u R_B^\alpha G_u^\beta$，

利得集团选择 $\tau_s=(1-\alpha)(1-\tau_g)$ 以获取公共品的供给，即有 $\tau_s=(1-\alpha)(1-\tau_g)$，$\eta=1$ 为子博弈完美均衡，也为序贯均衡。

证明：当中央政府实施 $(\bar{G}_u, 0)$ 配置的晋升激励时，依据上节论证该晋升策略与地方政府内在激励具有一致性，此时地方政府的财政支出安排与转移支付目的一致[1]，地方政府获得的支付收益为：$p_c n\left[\kappa_L(A_u K^\alpha \bar{G}_u^\beta - H^{TG}(d^{\bar{G}_u})) + (\eta\tau_s + \tau_g - \bar{\tau}_g) A_u K^\alpha \bar{G}_u^\beta\right] + \left[(1-\eta)\tau_s + \bar{\tau}_g\right] A_u K^\alpha \bar{G}_u^\beta$，为了分析的简便，假设其中存在 $(n-1)\kappa_L(A_u K^\alpha \bar{G}_u^\beta - H^{TG}(d^{\bar{G}_u})) + n(\tau_g - \bar{\tau}_g) A_u K^\alpha \bar{G}_u^\beta > \tau_s A_u K^\alpha \bar{G}_u^\beta$，即晋升激励 $(\bar{G}_u, 0)$ 对地方政府具有充分的激励效应，当地方政府选择 $\eta=1$ 时有 $p_c \geq \dfrac{1}{n}$，有 $U_{LG}(1, \eta_{-i}) \geq U_{LG}(\eta, \eta_{-i})$，于是可得 $\eta=1$ 为占优策略。在 τ_g 刚性约束的条件下，依据（2′）式设定的利得集团生产资本的配置行为，若 $(1-\tau_g)A_u R_B^\alpha G_u^\beta < \rho R_B$，利得集团则会撤回资金，地方政府的支付收益为负，此时地方政府会调整 ε 或其他手段[2]以增加利得集团的投资收益，最终使利得集团实现 $(1-\tau_g)A_u R_B^\alpha G_u^\beta \geq \rho R_B$，在此条件满足的前提下，依据（2′）式设定的投资行为，对利得集团和地方政府而言有：$\alpha(1-\tau_g)A_u R_B^{\alpha-1} G_u^\beta = \rho$，于是可得

---

[1] 本书中假设政府的初始收入在不同的治理结构中是一个常数，只不过在不同结构中，它在地方政府与中央政府间分配的结构不同而已。

[2] 在现实中地区间为了招商引资，通过变相降低税率、低价出让土地、降低环保要求等手段以使投资获得更多的收益。税收大检查、收取排污费也成为治理企业的手段。

利得集团的机会收益为 $\alpha(1-\tau_g)A_uR_B^\alpha G_u^\beta$。在初始分配系数 $1-\tau_g$ 确定后，利得集团对 τ_s 的均衡选择以选择集 $[0, (1-\tau_g)]$ 为支撑，面对 $\eta=1$ 和至少获得机会收益的后向条件，在晋升竞争及转移支付的分配竞争中，利得集团唯有转移出全部投资剩余才是占优策略，即在纳什均衡中利得集团获得机会收益，有 $\tau_s=(1-\alpha)(1-\tau_g)$，由此结论得证。

当中央政府采用 $(0, \overline{G_r})$ 晋升激励时，地方政府实施配置决策 $(\overline{G_u}, 0)$ 可获得支付收益：$\overline{\tau_g}A_uK^\alpha\overline{G_u}^\beta$；地方政府实施配置决策 $(0, \overline{G_r})$ 可获得支付收益：$p_cn\kappa_L(A_rL^\theta\overline{G_r}^\phi-H^{TG}(d^{\overline{G_r}}))$。

当 $\overline{\tau_g}A_uK^\alpha\overline{G_u}^\beta>p_cn\kappa_L(A_rL^\theta\overline{G_r}^\phi-H^{TG}(d^{\overline{G_r}}))$ 时，晋升激励约束不一致，当 $\kappa_L=0$ 时，即地方政府只追逐收益，$(0, \overline{G_r})$ 晋升激励完全失效，此情形下，中央政府唯有通过资金拨付的约束，将财政资金直接分配予工薪集团，以使地方政府选择配置决策 $(\overline{G_u}, 0)$ 的支付收益为 0。

结合以上分析可得出：

命题 2-6：在技术治理型中：当 $\kappa_C(A_uK^\alpha\overline{G_u}^\beta-H^{TG}(d^{\overline{G_u}}))+(1-\alpha+\alpha\tau_g-\overline{\tau_g})A_uK^\alpha\overline{G_u}^\beta \geqslant \kappa_C(A_rL^\theta\overline{G_r}^\phi-H^{TG}(d^{\overline{G_r}}))$ 时，中央政府实施 $(\overline{G_u}, 0)$ 晋升策略，地方政府以决策 $(\overline{G_u}, 0)$ 为均衡策略。中央政府的收益为：$n[\kappa_C(A_uK^\alpha\overline{G_u}^\beta-H^{TG}(d^{\overline{G_u}}))+(1-\alpha+\alpha\tau_g-\tau_t)A_uK^\alpha\overline{G_u}^\beta]$。当 $\kappa_C(A_uK^\alpha\overline{G_u}^\beta-H^{TG}(d^{\overline{G_u}}))+(1-\alpha+\alpha\tau_g-\overline{\tau_g})A_uK^\alpha\overline{G_u}^\beta<\kappa_C(A_rL^\theta\overline{G_r}^\phi-H^{TG}(d^{\overline{G_r}}))$ 时，中央政府实施策略：$(0, \overline{G_r})$ 晋升激励与资金直接拨付，地方政府以决策 $(0, \overline{G_r})$ 为均衡策略，即 $\{(0, \overline{G_r}), (0, \overline{G_r}), (直接$

拨付)} 为子博弈完美均衡，中央政府的收益为：$n\kappa_C(A_rL^\theta\overline{G_r}^\phi - H^{TG}(d^{\overline{G_r}}))$。其中 $K=R_B$，$d^{\overline{G_u}}=(2\gamma-1)\left[R_b-R_F+\alpha(1-\tau_g)A_uK^\alpha\overline{G_u}^\beta-\rho R_F\right]$ $=(2\gamma-1)(\rho+1)(R_B-R_F)$，$d^{\overline{G_r}}=(2\gamma-1)\left[(\rho+1)R_B-A_rL^\theta\overline{G_r}^\phi\right]$。

四、有限参与型（LA）

在有限参与型中，地方财政以参与型模式进行治理，实现了民主理财，财政支出的安排由公众按照简单多数原则来决定，依据分析环境的假设，表现为由工薪集团来决定。与此同时中央政府依然拥有晋升激励的实施条件，独立组织收入，占有收入的主体，在发展中兼顾各地区各集团的均衡分配，通过转移支付实现各地区的目标收益，并以此获得寻租的条件。地方政府仅是决策的执行者，既受收益目标的激励又受公众决策的约束，由此可设在有限参与型中有 $0<\varepsilon<\dfrac{1}{2}, R_L=0$，$\sigma=1$，$glu=1$，$glr+f=1$，$gcu=0$，$gcr=0$。由上述情境可得各主体的支付函数为：

工薪集团：$U_{FS}\in\left[(\rho+1)R_F,\ A_rL^\theta\overline{G_r}^\phi\right]$

利得集团：$V_{BP}\in\left[\rho R_B,\ (1-\tau_s-\overline{\tau_g})A_uK^\alpha G_u^\beta\right]$

地方政府：$U_{LG}=I(U_F,\ U_B)+\left[(1-\eta)\tau_s+\overline{\tau_g}\right]A_uK^\alpha G_u^\beta$；

中央政府：$U_{CG}=n\left[\kappa_C(A_uK^\alpha G_u^\beta+A_rL^\theta\overline{G_r}^\phi-H^{LA}(d))+(\tau_g-\overline{\tau_g}+\eta\tau_s)A_uK^\alpha G_u^\beta\right]$。

在上述情境中，对中央政府的晋升激励而言有：

命题 2-7：在有限参与型治理结构中，当中央政府实

施 $(0, \overline{G_r})$ 晋升激励时，工薪集团及地方政府以策略 $(0, \overline{G_r})$ 为子博弈纳什均衡；当中央政府实施 $(\overline{G_u}, 0)$ 晋升激励时，地方政府以混合策略为均衡策略：以概率 γ 选择配置 $(\overline{G_u}, 0)$，以概率 $1-\gamma$ 选择配置 $(0, \overline{G_r})$，其中 $\gamma \in \Big\{ p \mid \kappa_C \left(A_u K^\alpha p^\beta \overline{G_u}^\beta - H^{LA} (d^{\overline{G_u}}) \right) +$

$\left(1 - \alpha + \alpha \tau_g - \overline{\tau_g}\right) p^\beta A_u K^\alpha \overline{G_u}^\beta = \kappa_C \left((1-p)^\phi A_r L^\theta \overline{G_r}^\phi - H^{LA} \left(d^{\overline{G_r}} \right) \right) \Big\}$

证明：当中央政府实施晋升激励 $(0, \overline{G_r})$ 时，与有限参与型中地方政府财政支出的内生安排具有一致性，满足激励约束，中央政府的激励策略 $(0, \overline{G_r})$ 无需与其他行动选择组合，此行动情境中地方政府获得的支付收益为：$\kappa_L (A_r L^\theta \overline{G_r}^\phi - H^{LA} (d^{\overline{G_r}}))$，其中 $d^{\overline{G_r}} = (2\gamma - 1) \left[(\rho+1) R_B - A_r L^\theta \overline{G_r}^\phi \right]$。当中央政府实施晋升激励 $(\overline{G_u}, 0)$ 时，地方政府执行财政安排 $(\overline{G_u}, 0)$ 时的支付函数为：$p_c n \left[\kappa_L (A_u K^\alpha \overline{G_u}^\beta - H^{LA} (d^{\overline{G_u}})) + (\eta \tau_s + \tau_g - \overline{\tau_g}) A_u K^\alpha \overline{G_u}^\beta \right] + \left[(1-\eta) \tau_s + \overline{\tau_g} \right] A_u K^\alpha \overline{G_u}^\beta$，在晋升激励 $(\overline{G_u}, 0)$ 具有充分吸引力的假定下，依据上节的论证地方政府以 $\eta = 1$ 为占优策略，并且有：$\kappa_L (A_u K^\alpha \overline{G_u}^\beta - H^{LA} (d^{\overline{G_u}})) + (\tau_s + \tau_g) A_u K^\alpha \overline{G_u}^\beta \geq \kappa_L (A_r L^\theta \overline{G_r}^\phi - H^{LA} (d^{\overline{G_r}}))$，即外在激励与地方政府的内在冲动相适应，但在有限参与型的治理结构中财政安排 $(\overline{G_u}, 0)$ 能否实现还取决于工薪集团的利益诉求、利得集团的生产经营决策：$\max \left[(1 - \tau_s - \tau_g) A_u K^\alpha G_u^\beta, \rho R_B \right]$ 及中央政府的行为选择。当地方政府作为预算的制定者与执行者，坚持地方财政安排实施 $(0, \overline{G_r})$ 时，不会有激励收益，支付收益为 0，工薪集团、利得集团及中

央政府获得最低支付收益，是劣策略；当地方政府坚持地方财政安排 $(\overline{G}_u, 0)$ 时，地方政府会获得激励收益与私人收益，但工薪集团获得最低支付收益，与劣策略支付收益相同，其不会通过该预算，地方政府的支付收益也为 0，地方政府没有占优的纯策略，为此均衡策略表现为混合策略。设以概率 φ 选择配置 $(\overline{G}_u, 0)$，则配置 $(0, \overline{G}_r)$ 的选择概率为 $1-\varphi$，并且概率 γ 满足中央政府的支付收益在两种配置 $(\overline{G}_u, 0)$、$(0, \overline{G}_r)$ 间无差异。按照技术治理型中的分析利得集团通过配置 $(\overline{G}_u, 0)$ 的支付收益为 $\alpha(1-\tau_g)A_uK^\alpha\overline{G}_u^\beta$，与机会收益相等；工薪集团实施配置 $(\overline{G}_u, 0)$ 的支付收益为：$(\rho+1)R_F$，而实施配置 $(0, \overline{G}_r)$ 的支付收益为：$A_rL^\theta\overline{G}_r^\phi$；中央政府实施配置 $(\overline{G}_u, 0)$ 的支付收益为：$n\left[\kappa_C(A_uK^\alpha\overline{G}_u^\beta-H^{LA}(d^{\overline{G}_u}))+(1-\alpha+\alpha\tau_g-\tau_g)A_uK^\alpha\overline{G}_u^\beta\right]$，而实施配置 $(0, \overline{G}_r)$ 的收 $n\kappa_C(A_rL^\theta\overline{G}_r^\phi-H^{LA}(d^{\overline{G}_r}))$。在配置决策受制于中央政府的后向条件下，行动概率 φ 应使中央政府两种选择的支付收益相等，即 $\varphi \ni\left\{\left[\kappa_C(A_uK^\alpha\beta\overline{G}_u^\beta-H^{LA}(d^{\overline{G}_u}))+(1+\alpha+\alpha\tau_g-\tau_g)A_uK^\alpha\overline{G}_u^\beta\right]=\kappa_C(A_rL^\theta(1-\varphi)^\phi\overline{G}_r^\phi-H^{LA}(d^{\overline{G}_r}))\right\}$，由此可认为地方政府的均衡选择为 $\{\varphi\overline{G}_u, (1-\varphi)\overline{G}_r\}$，即财政支出以 γ 为比例配置在利得集团，以 $1-\varphi$ 为比例配置在工薪集团。

结合以上分析可得出：

命题 2-8：在有限参与型中：

当 $\kappa_C(A_uK^\alpha\overline{G}_u^\beta-H^{LA}(d^{\overline{G}_u}))+(1-\alpha+\alpha\tau_g-\tau_g)A_uK^\alpha\overline{G}_u^\beta<\kappa_C(A_rL^\theta\overline{G}_r^\phi-H^{LA}(d^{\overline{G}_r}))$ 时，中央政府践行 $(0, \overline{G}_r)$ 晋升激励，获得的支付

收益为 $n\kappa_C(A_rL^\theta\overline{G}_r^\phi - H^{LA}(d^{\overline{G}_r}))$ ；

当 $\kappa_C(A_uK^\alpha\overline{G}_u^\beta - H^{LA}(d^{\overline{G}_u})) + (1-\alpha+\alpha\tau_g-\overline{\tau}_g)A_uK^\alpha\overline{G}_u^\beta \geqslant \kappa_C(A_rL^\theta\overline{G}_r^\phi - H^{LA}(d^{\overline{G}_r}))$ 时，中央政府践行晋升激励 $(\overline{G}_u, 0)$，获得的支付收益为：

$$2n\left[\kappa_C(\varphi^\beta A_uK^\alpha\overline{G}_u^\beta - H^{LA}(d^{\overline{G}_u})) + (1-\alpha+\alpha\tau_g-\overline{\tau}_g)\varphi^\beta A_uK^\alpha\overline{G}_u^\beta\right],$$

其中 $d^{\overline{G}_u} = (2\gamma-1)\left[R_B + \alpha(1-\tau_g)\phi^\beta A_uK^\alpha\overline{G}_u^\beta - (\rho+1)R_F\right]$。

五、完全参与型（CA）

在完全参与型中，中央政府享有的财政权力与地方政府在有限参与型中一样，只有财政预算的制定权与执行权，决策权交与公众实施，并按简单多数原则进行，由此一来，不同范围的公众分别享有各级财政的决策权，依照前定的假设，在完全参与型中各级财政的实际决策最终由工薪集团决定，但中央政府仍独立组织收入，在政府收入中占据主体，与有限参与型不同的是在财政转移支付中不再具有相机决策权，财政转移依据客观标准均等支付，即转移支付受到刚性约束，不再是竞争性分配，并且中央政府依然具有实施晋升激励的条件，因此地方政府在编制与执行地方财政预算时，既受制于中央政府的激励又受制于辖区公众的利益诉求，其在两者中寻求权衡，于是完全参与型的结构参数可设为：$0 < \varepsilon < \dfrac{1}{2}, R_C = 0$，$\sigma=1$，$glu=1$，$glr+f=1$，$gcu=0$，$gcr=0$；各主体的支付函数表现为：

工薪集团：$U_{FS}=A_rL^{\theta}G_r^{\phi}$

利得集团：$V_{BP}=\max\left[(1-\tau_s-\tau_g)A_uK^{\alpha}G_u^{\beta},\ \rho R_B\right]$

地方政府：$U_{LG}=I(U_{FS},\ U_{BP})+\left[(1-\eta)\tau_s+\bar{\tau}_g\right]A_uK^{\alpha}G_u^{\beta}$

中央政府：$U_{CG}=n\left[\kappa_C(A_uK^{\alpha}G_u^{\beta}+A_rL^{\theta}G_r^{\phi}-H^{CA}(d))+(\tau_g-\bar{\tau}_g+\eta\tau_s)A_uK^{\alpha}G_u^{\beta}\right]$

在上述的情境中，虽中央政府仍能实施晋升激励，但受财政分配的刚性约束，由此获得的租金收益大量减少，并且在完全参与治理中，社会不满充分体现，维稳的边际成本增加，于是对中央政府的晋升激励有：

命题 2-9：在完全参与型中，当中央政府实施 $(0,\ \bar{G}_r)$ 晋升激励时，地方政府或选择 $(0,\ \bar{G}_r)$ 或选择 $(\bar{G}_u,\ 0)$，但工薪集团以配置 $(0,\ \bar{G}_r)$ 为均衡策略，并获取支付收益 $A_rL^{\theta}\bar{G}_r^{\phi}$；当中央政府实施 $(\bar{G}_u,\ 0)$ 晋升激励时，地方政府以 $(\bar{G}_u,\ 0)$ 和转变增量收益分配为均衡策略，工薪集团始终坚持 $(0,\ \bar{G}_r)$，并获得固定的支付收益 $A_rL^{\theta}\bar{G}_r^{\phi}$。

证明：当中央政府实施 $(0,\ \bar{G}_r)$ 晋升激励时，依据支付函数地方政府实施配置 $(0,\ \bar{G}_r)$ 的支付收益来自晋升激励收益，其至少为：$U_{LG}=\kappa_L(A_rL^{\theta}\bar{G}_r^{\phi}-H^{CA}(d^{\bar{G}_r}))$，其中 $d^{\bar{G}_r}=(\rho+1)R_B-A_rL^{\theta}\bar{G}_r^{\phi}$；若能实施 $(\bar{G}_u,\ 0)$，则其支付收益为：$U_{LG}=\left[(1-\eta)\tau_s+\bar{\tau}_g\right]A_uK^{\alpha}\bar{G}_u^{\beta}$，与配置 $(0,\ \bar{G}_r)$ 相比，地方政府能获得更多的可支配收入，其实施配置 $(\bar{G}_u,\ 0)$ 的动机，但在财政分配刚性约束及财政支出最终由工薪集团决定的后向条件下，

除非地方政府能让工薪集团获取与实施配置 $(0, \overline{G_r})$ 的相同收益，否则配置 $(\overline{G_u}, 0)$ 不会实现，因此当 $\overline{\tau_g}A_uK^\alpha\overline{G_u}^\beta \geqslant A_rL^\theta\overline{G_r}^\phi$ 时，地方政府将财政收益增量中的 $A_rL^\theta\overline{G_r}^\phi$ 数值大小分配给农户集团，使其获得与配置 $(0, \overline{G_r})$ 相同的收益，在晋升竞争及资源配置约束下，利得集团获得功能性分配收益 $\alpha(1-\tau_g)A_uK^\alpha\varphi^\beta\overline{G_u}^\beta$，与其机会收益 $(\rho+1)R_B$ 相等，中央政府获得的支付收益为：$\kappa_C(A_uK^\alpha\overline{G_u}^\beta-H^{CA}(d^{\overline{G_u}}))+(1-\alpha+\alpha\tau_g-\overline{\tau_g})A_uK^\alpha\overline{G_u}^\beta$，大于配置 $(0, \overline{G_r})$ 的支付收益 $\kappa_C(A_rL^\theta\overline{G_r}^\phi - H^{CA}(d^{\overline{G_r}}))$，中央政府的激励选择会发生改变，财政安排 $(\overline{G_u}, 0)$ 就有可能实现。此时表现为利得集团、工薪集团及地方政府共同分享地方配置的效率收益，并通过收入差距的缩小与配置的改进使中央政府的支付收益发生改变，中央政府的晋升激励失效；当 $\overline{\tau_g}A_uK^\alpha\overline{G_u}^\beta<A_rL^\theta\overline{G_r}^\phi$ 时，地方政府不具有调节分配的财力，提出实施配置 $(0, \overline{G_r})$，与农户的决策选择及中央政府的激励一致，满足激励约束，中央政府的激励策略 $(0, \overline{G_r})$ 具有充分的有效性。

当中央政府实施晋升激励 $(\overline{G_u}, 0)$ 时，地方政府执行财政安排 $(\overline{G_u}, 0)$ 时的支付函数为：$p_c n\big[\kappa_L(A_uK^\alpha\overline{G_u}^\beta-H^{CA}(d^{\overline{G_u}}))+(\eta\tau_s+\tau_g-\overline{\tau_g})A_uK^\alpha\overline{G_u}^\beta\big]+\big[(1-\eta)\tau_s+\overline{\tau_g}\big]A_uK^\alpha\overline{G_u}^\beta$，在晋升激励 $(\overline{G_u}, 0)$ 具有充分吸引力的假定下，依据前面的论证地方政府以 $\eta=1$ 为占优策略，并且有：$\kappa_L(A_uK^\alpha\overline{G_u}^\beta-H^{CA}(d^{\overline{G_u}}))+(\tau_s+\tau_g)A_uK^\alpha\overline{G_u}^\beta \geqslant \kappa_L(A_rL^\theta\overline{G_r}^\phi - H^{CA}(d^{\overline{G_r}}))$，即外在激励与地方政府的内在冲动相

一致，但在完全参与型的治理结构中财政安排 $(\overline{G_u},\ 0)$ 能否实现还取决于工薪集团的最终决策及利得集团的生产经营决策：$\max \left[(1-\tau_s-\tau_g)A_u K^\alpha G_u^\beta,\ \rho R_B \right]$。对工薪集团而言，不同配置的期望支付有：$EU_F(\overline{G_u},\ 0) \leqslant EU_F(0,\ \overline{G_r})$，因此工薪集团的均衡选择为 $(0,\ \overline{G_r})$，即始终坚持财政安排方案 $(0,\ \overline{G_r})$。地方政府作为预算的制定者与执行者，当坚持地方财政安排实施 $(0,\ \overline{G_r})$ 配置时，农户集团会通过该预算，但其不会有晋升收益，地方政府的支付收益为 0，同时利得集团及中央政府也获得最低支付收益；当地方政府坚持地方财政安排 $(\overline{G_u},\ 0)$ 配置时，地方政府可以获得晋升收益与私人收益，但工薪集团获得的支付收益低于配置 $(0,\ \overline{G_r})$ 获得的支付收益，其不会通过该预算，地方政府的实际支付收益为 0，面对晋升的充分吸引力，地方政府唯有改变财政增量收益的分配，使工薪集团的收益不低于配置 $(0,\ \overline{G_r})$ 获得的收益，但这以 $\overline{\tau_g}A_u K^\alpha \overline{G_u}^\beta \geqslant A_r L^\theta \overline{G_r}^\phi$ 为前提。在财政配置 $(\overline{G_u},\ 0)$ 实施时，在晋升竞争的作用下利得集团也只获得功能性收益 $\alpha(1-\tau_g)A_u K^\alpha \overline{G_u}^\beta$。当 $\overline{\tau_g}A_u K^\alpha \overline{G_u}^\beta < A_r L^\theta \overline{G_r}^\phi$ 时，财政配置 $(\overline{G_u},\ 0)$ 不能通过，中央政府的晋升激励 $(\overline{G_u},\ 0)$ 失效，并且有 $U_{CG}(0,\ \overline{G_r}) > U_{CG}(\overline{G_u},\ 0)$，此时中央政府唯有转变晋升激励的选择。

结合以上分析可得出：

命题 2-10：在完全参与型中：

当 $\overline{\tau_g}A_u K^\alpha \overline{G_u}^\beta < A_r L^\theta \overline{G_r}^\phi$ 时，中央政府实施晋升激励 $(0,\ \overline{G_r})$

有效，能获得的支付收益为 $n\kappa_C(A_rL^\theta\overline{G}_r^\phi - H^{CA}(d^{\overline{G}_r}))$；

当 $\overline{\tau}_gA_uK^\alpha\overline{G}_u^\beta \geq A_rL^\theta\overline{G}_r^\phi$ 时，中央政府实施晋升激励 $(0,$ $\overline{G}_r)$ 有效，能获得的支付收益为：$n[\kappa_C(A_uK^\alpha\overline{G}_u^\beta - H^{CA}(d^{\overline{G}_r})) + (1-\alpha+\alpha\tau_g - \overline{\tau}_g)A_uK^\alpha\overline{G}_u^\beta]$。

其中 $d^{\overline{G}_u} = (2\gamma-1)[R_B + \alpha(1-\tau_g)A_uK^\alpha\overline{G}_u^\beta - A_rL^\theta\overline{G}_r^\phi] = (2\gamma-1)[(\rho+1)R_B - A_rL^\theta\overline{G}_r^\phi]$。

第三节　中央政府对分级治理结构的选择

在不同的治理结构中，各参与主体具有不同的行为规则和行为集合，内生出不同的均衡策略和治理效果，对中央政府而言，就是以剩余控制权和剩余立法权为基础，以治理结构的不同表现为依据，选择有利于自己的分级治理型式，最大程度地实现农村财政体系的既定职能。

一、激励策略选择及治理效果

对中央政府而言，其支付收益包含了整个社会的利益诉求，其在治理结构中获得的支付即结构能被纳什实施时的收益，则可认为是治理结构的治理效果。依据上节的假定与分析，在五类结构型式中中央政府有相同的激励策略和不同的约束，由此获得不同的支付收益，具体表现如下：

（一）政治全控型（PC）

由命题 2-2 可得在政治全控型中：

中央政府激励策略的选择以 $\kappa_C(A_u K^\alpha \overline{G}_u^\beta - H^{PC}(d^{\overline{G}_u})) + (1-\alpha) A_u K^\alpha \overline{G}_u^\beta = \kappa_C(A_r L^\theta \overline{G}_r^\phi - H^{PC}(d^{\overline{G}_r}))$ 为界，实施激励策略 $(\overline{G}_u, 0)$ 时中央政府的支付收益：$U_{CG}^{PC}(\overline{G}_u, 0) = n[\kappa_C(A_u K^\alpha \overline{G}_u^\beta - H^{PC}(d^{\overline{G}_u})) + (1-\alpha) A_u K^\alpha \overline{G}_u^\beta]$；实施激励策略 $(0, \overline{G}_r)$ 时中央政府的支付收益：$U_{CG}^{PC}(0, \overline{G}_r) = n\kappa_C(A_r L^\theta \overline{G}_r^\phi - H^{PC}(d^{\overline{G}_r}))$；其中 $d^{\overline{G}_u} = (2\gamma-1)(\rho+1)(R_B-R_F)$，$d^{\overline{G}_r} = (2\gamma-1)[(\rho+1)R_B - A_r L^\theta \overline{G}_r^\phi]$，$K=R_B$，$L=L_O$；在中国分级治理结构的演变实践中，政治全控型是以产权公有为基础的，依据前面的论证有 $\alpha=0$，$\theta=0$，于是在政治全控型中：支付收益表现为：实施激励策略 $(\overline{G}_u, 0)$ 有：$U_{CG}^{PC}(\overline{G}_u, 0) = n[\kappa_C(A_u \overline{G}_u^\beta - H^{PC}(d^{\overline{G}_u})) + A_u \overline{G}_u^\beta]$；实施激励策略 $(0, \overline{G}_r)$ 有：$U_{CG}^{PC}(0, \overline{G}_r) = n\kappa_C(A_r \overline{G}_r^\phi - H^{PC}(d^{\overline{G}_r}))$；其中 $d^{\overline{G}_r} = (2\gamma-1)[(\rho+1)R_B - A_r \overline{G}_r]$，但 $d^{\overline{G}_u}$ 不变。

（二）有限控制型（LC）

由命题 2-4 可得在有限控制型中：

中央政府激励策略选择的界线为：$\kappa_C(A_u K^\alpha \overline{G}_u^\beta - H^{LC}(d^{\overline{G}_u})) + (1-\alpha) A_u K^\alpha \overline{G}_u^\beta = \kappa_C(A_r L^\theta \overline{G}_r^\phi - H^{LC}(d^{\overline{G}_r}))$；

支付收益表现为：实施激励策略 $(\overline{G}_u, 0)$ 与 $(0, \overline{G}_r)$ 无差异，都有：$U_{CG}^{LC}(0, \overline{G}_r) = n\kappa_C(A_r L^\theta \overline{G}_r^\phi - H^{LC}(d^{\overline{G}_r}))$。

（三）技术治理型（TG）

依据命题 2-6 可得在技术治理型中：

中央政府的激励策略选择界线为：$\kappa_C(A_uK^\alpha\overline{G_u}^\beta-H^{TG}(d^{\overline{G_u}}))+$
$(1-\alpha+\alpha\tau_g-\overline{\tau_g})A_uK^\alpha\overline{G_u}^\beta=\kappa_C(A_rL^\theta\overline{G_r}^\phi-H^{TG}(d^{\overline{G_r}}))$；

支付收益表现为：

实施激励策略 $(\overline{G_u}, 0)$ 有：

$U_{CG}^{TG}(\overline{G_u}, 0)=n[\kappa_C(A_uK^\alpha\overline{G_u}^\beta-H^{TG}(d^{\overline{G_u}}))+(1-\alpha+\alpha\tau_g-\overline{\tau_g})A_uK^\alpha\overline{G_u}^\beta]$；

实施激励策略 $(0, \overline{G_r})$ 有：

$U_{CG}^{TG}(0, \overline{G_r})=n\kappa_C(A_rL^\theta\overline{G_r}^\phi-H^{TG}(d^{\overline{G_r}}))$。

（四）有限参与型（LA）

由命题 2-8 可得在有限参与型中

中央政府的激励策略选择界线为：

$\kappa_C(A_uK^\alpha\overline{G_u}^\beta-H^{LA}(d^{\overline{G_u}}))+(1-\alpha+\alpha\tau_g-\overline{\tau_g})A_uK^\alpha\overline{G_u}^\beta=\kappa_C(A_rL^\theta\overline{G_r}^\phi-$
$H^{LA}(d^{\overline{G_r}}))$；

支付收益表现为：

实施激励策略 $(\overline{G_u}, 0)$ 有：$U_{CG}^{LA}(\overline{G_u}, 0)=2n[\kappa_C(\varphi^\beta A_uK^\alpha\overline{G_u}^\beta-$
$H^{LA}(d^\varphi))+(1-\alpha+\alpha\tau_g-\overline{\tau_g})\varphi^\beta A_uK^\alpha\overline{G_u}^\beta]$；

其中 $d^\varphi=(2\gamma-1)[R_B+\alpha(1-\tau_g)\varphi^\beta A_uK^\alpha\overline{G_u}^\beta-(\rho+1)R_F]$；

实施激励策略 $(0, \overline{G_r})$ 有：$U_{CG}^{LA}(0, \overline{G_r})=n\kappa_C(A_rL^\theta\overline{G_r}^\phi-H^{LA}(d^{\overline{G_r}}))$。

（五）完全参与型（CA）

依据命题 2-10 可得在完全参与型中：

中央政府的激励策略选择界线为：

$\overline{\tau_g}A_uK^\alpha\overline{G_u}^\beta=A_rL^\theta\overline{G_r}^\phi$；

支付收益表现为：

实施激励策略 $(0, \overline{G_r})$ 有：

$$U_{CG}^{CA}(0, \overline{G_r})= n\kappa_C(A_rL^{\theta}\overline{G_r}^{\phi}-H^{CA}(d^{\overline{G_r}}))\ ;$$

实施激励策略 $(\overline{G_u}, 0)$ 有：

$$U_{CG}^{CA}(\overline{G_u}, 0)=n\left[\ \kappa_C(A_uK^{\alpha}\overline{G_u}^{\beta}-H^{CA}(d^{\overline{G_u}}))+(1-\alpha+\alpha\tau_g-\overline{\tau_g})A_uK^{\alpha}\overline{G_u}^{\beta}\right]。$$

二、中央政府的结构选择

中央政府的结构选择在序贯博弈中表现为机会节点的行为选择，即以不同结构激励策略的支付收益差异为基础，选择出最优的结构型式。

为了分析的简洁，假设维稳成本为线性函数，即有 $H(d)=ad$，$a>0$，在不同的治理结构中，由于公众享有的权利不同，维稳的边际成本会存在差异，但为了便于比较并结合中国的政治及社会结构特色，假设在各种治理型式中不存在差异，都为常数 a，进一步可把 $a(2\gamma-1)$（即边际成本与集团人口占比的差距相结合）称为缓解收入差距的社会成本，用 s 表示 $(s>0)$。为了便于计算和比较，还把 G_r、G_u 的产出弹性分别设定为：$\beta=1$，$\phi=1$，由此可把界线方程中的 $\overline{G_u}$、$\overline{G_r}$ 理解为产生实际效果的财政支出，它不同于原始的财政投入。依据设定并结合上节的结论，可得出在五类结构型式中，中央政府实施两种激励策略的界线方程：

$$(\kappa_C+1-\alpha)A_uR_B^\alpha\overline{G_u}=\kappa_C(1+s)A_rL^\theta\overline{G_r}-\kappa_Cs(\rho+1)R_F \quad (5^{PC/LC})^{①}$$

$$(\kappa_C+1-\alpha+\alpha\tau_g-\overline{\tau_g})A_uR_B^\alpha\overline{G_u}=\kappa_C(1+s)A_rL^\theta\overline{G_r}-\kappa_Cs(\rho+1)R_F$$
$$(6^{TG/LA})^{②}$$

$$\overline{\tau_g}A_uR_B^\alpha\overline{G_u}=A_rL^\theta\overline{G_r} \quad\quad\quad (7^{CA})$$

从界线方程和治理绩效的表现可以看出：在政治全控型中中央政府控制的实际收入比例最高，具有充分的主导权；在有限控制型中控制的实际收入比例最低，在技术治理型与完全参与型中控制的实际收入比例则居其间，于是有：$(1-\varepsilon)\tau_g+\tau_s-\kappa_Cs(1-\tau_s-\tau_g)<1-\alpha+\alpha\tau_g-\overline{\tau_g}<1-\alpha$。界线方程还可界定出不同结构中实施两种晋升激励策略的空间（如图 2-3 ）[③]。下面依据该图展现的空间区分对不同结构型式的治理效果进行比较。

在五类结构形式中，有限控制型与政治全控型、有限参与型与技术治理型激励选择的区域分异相同，因此有必要首先对这两对结构形式的治理绩效进行分别比较。在图 2-3 中，界线 $5^{PC/LC}$ 的右下方是政治全控型与有限控制型实

---

① 由设定和论证推知在政治全控型与有限控制型中，中央政府激励策略选择的空间一致。

② 由设定和论证推知在技术治理型与有限参与型中，中央政府激励策略选择的空间一致。

③ 图中假设存在技术条件 $\dfrac{1}{\tau_g}>\dfrac{\kappa_C(1+s)}{\kappa_C+1-\alpha+\alpha\tau_g-\tau_g}$，这符合现实中地方政府的最终收入占各级政府的总收入的比例不会超过 1 且政府的收入总能补偿由此带来的社会差距。图中所反应的仅是各线及纵横轴间的相对位置，图 2-4 也是如此。图 2-3 中各分区括号内的治理结构为该区的均衡选择。

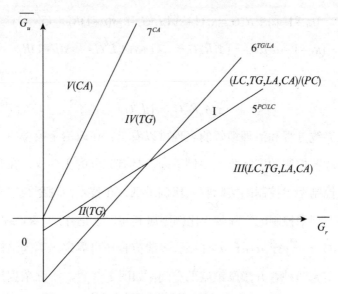

图2-3   中央政府晋升激励策略选择的财政配置分区

施晋升激励 $(0, \overline{G_r})$ 的配置空间。在此配置区域，实施晋升激励 $(0, \overline{G_r})$ 在政治全控型中的治理绩效为：$U_{CG}^{PC}(0, \overline{G_r})=n\kappa_C$ $\left[(1+s)A_r\overline{G_r}- (\rho+1)R_B \right]$，而其在有限控制型中的治理绩效则表现为：$U_{CG}^{LC}(0, \overline{G_r})=n\kappa_C \left[(1+s)A_r L^{\theta}\overline{G_r}-(\rho+1)R_B \right]$，于是有 $U_{CG}^{LC}(0, \overline{G_r})>U_{CG}^{PC}(0, \overline{G_r})$，即在界线 $5^{PC/LC}$ 的右下方选择有限控制型（LC）优于政治全控型（PC）。在界线 $5^{PC/LC}$ 的左上方是政治全控型与有限控制型中实施 $(\overline{G_u}, 0)$ 晋升激励的配置空间。此区域，财政资源配置 $(\overline{G_u}, 0)$ 在政治全控型中的治理绩效（中央政府而言）表现为：$U_{CG}^{PC}(\overline{G_u}, 0)=n \left[(\kappa_C+1) A_u\overline{G_u}-\kappa_C s(\rho+1)(R_B-R_F) \right]$，而其在有限控制型中的治理绩效则

表现为：$U_{CG}^{PC}(\overline{G_u},\,0)=n\left[\,(\kappa_C+(1-\varepsilon)\tau_g+\,\tau_s)A_uR_B^\alpha\overline{G_u}-\kappa_Cs((1-\tau_g-\tau_s)\right.$ $\left.A_uR_B^\alpha\overline{G_u}+R_B-(\rho+1)R_F)\,\right]$，于是可得当技术条件满足 $(\kappa_C+(1-\varepsilon)$ $\tau_g+\tau_s)A_uR_B^\alpha\overline{G_u}-(\kappa_C+1)A_u\overline{G_u}>\kappa_Cs\left[\,(1-\tau_g-\tau_s)A_uR_B^\alpha\overline{G_u}-\,\rho R_B\,\right]$ 即资本的增长与收入贡献超过其获得超额利润而引起的维稳成本时，此配置区域选择有限控制型（LC）优于政治全控型（PC）。

在界线 $6^{TG/LA}$ 右下方的财政资源配置空间内，选择技术治理型（TG）与有限参与型（LC）获得的均衡收益是一致的，都为 $\kappa_C\left[\,(1+s)A_rL^\theta\overline{G_r}-s(\rho+1)R_F\,\right]$，但在该界线的左上方的配置空间中，则存在差异，对其分析通过图 2-4 来进行。图中横轴表示在财政资源总量一定的前提下按 $(G_u,\,G_r)$ 方式配置的集合，此时左向表示 G_u 渐增，右向表示 G_u 渐增，左端为 $(\overline{G_u},\,0)$，右端为 $(0,\,\overline{G_r})$，左纵轴表示中央政府从配置 $(G_u,\,0)$ 中获得的支付收益，右纵轴表示中央政府从配置 $(0,\,G_r)$ 中获

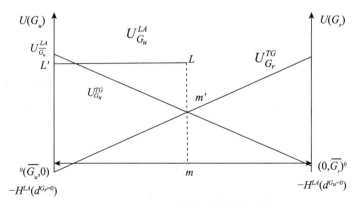

图 2-4　中央政府财政资源配置收益图

得的支付收益，依据设定有 $-H^{CC}(d^{G_u}{=}0){>}-H^{CC}(d^{G_r}{=}0)$。

图中 m 点表示 $U^{TG}_{G_u}{=}U^{TG}_{G_r}$，该点左侧有 $U^{TG}_{G_u}{>}U^{TG}_{G_r}$，右侧有 $U^{TG}_{G_u}{<}U^{TG}_{G_r}$，并且有 $U^{TG}_{CG}(\overline{G_u},\ 0){>}U^{TG}_{CG}(0,\ \overline{G_r})$。依据财政配置系数 φ 的要求可得出：

$$\varphi=\frac{U^{LA}_{CG}\left(0,\overline{G_r}\right)+H^{LA}\left(d^{\overline{G_u}}\right)-\kappa_C s\rho R_B}{U^{LA}_{CG}\left(\overline{G_u},0\right)+U^{LA}_{CG}\left(0,\overline{G_r}\right)+H^{LA}\left(d^{\overline{G_u}}\right)+\kappa_C s R_B},$$

以此为基础并结合设定可进一步推出：$2n\left[\kappa_C(\varphi^\beta A_u K^\alpha\overline{G_u}^\beta-H^{LA}(d^\varphi))+(1-\alpha+\alpha\tau_g-\bar{t_g})\varphi^\beta A_u K^\alpha\overline{G_u}^\beta\right]{<}U^{LA}_{CG}(\overline{G_u},\ 0){=}U^{TG}_{CG}(\overline{G_u},\ 0)$ 如图 2-4 中，线段 LL' 为有限控制型中中央政府在界线左上方的配置空间内的收益曲线，线段 Lm 的长度是 mm' 的 2 倍，存在：$U^{LA}_{G_u}{>}|0L|$。综合两个配置空间的比较，有结论：技术治理型弱优于有限控制型。

依据图 3-3 中配置空间的分区，进行综合比较：

在区 III 五种结构型式都实施 $(0,\ \overline{G_r})$ 晋升激励，依据前述的论证和设定有：$U^{PC}_{CG}(0,\ \overline{G_r}){<}U^{LC}_{CG}(0,\ \overline{G_r}){=}U^{TG}_{CG}(0,\ \overline{G_r}){=}U^{LA}_{CG}(0,\ \overline{G_r}){=}U^{CA}_{CG}(0,\ \overline{G_r})$，由此可得：

命题 2-11：在配置空间 III，选择政治全控型是劣策略，其余 4 类结构与晋升策略 $(0,\ \overline{G_r})$ 相结合都可纳什实施。

在区 I，政治全控型与有限控制型中实施 $(\overline{G_u},\ 0)$ 晋升激励，在技术治理型、有限参与型及完全参与型中实施 $(0,\ \overline{G_r})$ 晋升激励，依据前面对政治全控型与有限控制型的效用比较分析可知：当技术条件满足 $\left[\kappa_C+(1-\varepsilon)\tau_g+\tau_s\right]A_uR_B^\alpha\overline{G}_u-(\kappa_C+1)$ $A_u\overline{G}_u>\kappa_Cs\left[(1-\tau_g-\tau_s)A_uR_B^\alpha\overline{G}_u-\rho R_B\right]$ 时，有：$U_{CG}^{PC}(0,\ \overline{G}_u)<U_{CG}^{LC}(0,$ $\overline{G}_u)=U_{CG}^{TG}(0,\ \overline{G}_r)=U_{CG}^{LA}(0,\ \overline{G}_r)=U_{CG}^{CA}(0,\ \overline{G}_r)$，否则有：$U_{CG}^{PC}(\overline{G}_u,$ $0)>U_{CG}^{LC}(\overline{G}_u,\ 0)=U_{CG}^{TG}(0,\ \overline{G}_r)=U_{CG}^{LA}(0,\ \overline{G}_r)=U_{CG}^{CA}(0,\ \overline{G}_r)$，于是可得：

命题 2-12：在配置空间 I：

当 $\left[\kappa_C+(1-\varepsilon)\tau_g+\tau_s\right]A_uR_B^\alpha\overline{G}_u-(\kappa_C+1)A_u\overline{G}_u>\kappa_Cs\left[(1-\tau_g-\tau_s)A_uR_B^\alpha\overline{G}_u\right.$ $\left.-\rho R_B\right]$ 即资本的增长与收入贡献超过资本获得超额利润而引起的维稳成本时，选择政治全控型是劣策略，完全参与型、有限参与型、技术治理型与晋升激励 $(0,\ \overline{G}_r)$ 可纳什实施，有限控制型与晋升激励 $(\overline{G}_u,\ 0)$ 或 $(0,\ \overline{G}_r)$ 相结合均可纳什实施；反之，则选择政治全控型与晋升激励 $(\overline{G}_u,\ 0)$ 相结合可纳什实施。在区 II，政治全控型、有限控制型及完全参与型中实施晋升激励 $(0,\ G_r)$，而在技术治理型与有限参与型中实施晋升激励 $(\overline{G}_u,\ 0)$，依据区间的本性、技术治理型与有限参与型、有限控制型与政治全控型的比较分析有：$U_{CG}^{TG}(\overline{G}_u,\ 0)>U_{CG}^{LA}(\overline{G}_u,\ 0)>U_{CG}^{CA}(0,\ \overline{G}_r)=U_{CG}^{LC}(0,\ \overline{G}_r)>U_{CG}^{PC}(0,\ \overline{G}_r)$，由此可得：

命题 2-13：在配置空间 II，技术治理型与晋升激励 $(\overline{G}_u,\ 0)$ 相结合可纳什实施。

在区 IV，完全参与型中实施 $(0,\ G_r)$ 晋升激励，而在技术治理型、有限参与型、有限控制型及政治全控型中

实施 $(\overline{G_u},\ 0)$ 晋升激励，依据前面的比较分析有：$U_{CG}^{TG}(\overline{G_u},\ 0)>U_{CG}^{LA}(\overline{G_u},\ 0)>U_{CG}^{CA}(0,\ \overline{G_r})=U_{CG}^{LC}(\overline{G_u},\ 0)>U_{CG}^{PC}(\overline{G_u},\ 0)$，或者有：$U_{CG}^{TG}(\overline{G_u},\ 0)>U_{CG}^{LA}(\overline{G_u},\ 0)>U_{CG}^{PC}(\overline{G_u},\ 0)>U_{CG}^{CA}(0,\ \overline{G_r})=U_{CG}^{LC}(\overline{G_u},\ 0)$，于是可得：

命题 2-14：在配置空间 IV，选择技术治理型与晋升激励 $(\overline{G_u},\ 0)$ 相结合可纳什实施。

在区 V，各治理结构均实施 $(\overline{G_u},\ 0)$ 晋升激励，当在政治全控型中实施晋升激励时，中央政府获得的支付收益 $U_{CG}^{CA}(\overline{G_u},\ 0)=n\left[(\kappa_C+1-\alpha+\alpha\tau_g-\overline{\tau_g})A_uR_B^{\alpha}\overline{G_u}-\kappa_Cs((\rho+1)R_B^{\alpha}-A_rL^{\theta}\overline{G_r})\right]$，于是有：$U_{CG}^{CA}(\overline{G_u},\ 0)>U_{CG}^{TG}(\overline{G_u},\ 0)>U_{CG}^{LA}(\overline{G_u},\ 0)>U_{CG}^{LC}(\overline{G_u},\ 0)>U_{CG}^{PC}(\overline{G_u},\ 0)$，或者有：$U_{CG}^{CA}(\overline{G_u},\ 0)>U_{CG}^{TG}(\overline{G_u},\ 0)>U_{CG}^{LA}(\overline{G_u},\ 0)>U_{CG}^{PC}(\overline{G_u},\ 0)>U_{CG}^{LC}(\overline{G_u},\ 0)$，由此可得：

命题 2-15：在配置空间 V，完全参与型与晋升激励 $(\overline{G_u},\ 0)$ 相结合可纳什实施。

结合命题 2-11、2-12、2-13、2-14、2-15 可得出一个综合结论：

命题 2-16：当地方政府的收入（$\overline{\tau_g}A_uR_B^{\alpha}\overline{G_u}$ 用 $\overline{R_L}$ 表示）超过工薪集团从财政获得的预期收益（$A_rL^{\theta}\overline{G_r}$ 用 $\overline{R_F}$ 表示）时，选择完全参与型与晋升激励 $(\overline{G_u},\ 0)$ 为占优策略；当地方政府的收入低于工薪集团从财政获得的预期收益且资本的增长与收入贡献（设 $\Delta Y=\left[\kappa_C+(1-\varepsilon)\tau_g+\tau_s\right]A_uR_B^{\alpha}\overline{G_u}-(\kappa_C+1)A_u\overline{G_u}$）超过其获得超额利润而引起的维稳成本（设 $\Delta H=\kappa_Cs$

$\left[(1-\tau_g-\tau_s)A_u R_B^a \overline{G}_u - \rho R_B \right]$）时，选择技术治理型为弱占优策略；当地方政府收入低于工薪集团由财政获得的预期收益且资本的增长与收入贡献低于其获得超额利润而引起的维稳成本时，选择政治全控型与晋升激励 $(\overline{G}_u,\ 0)$ 为占优策略（如表 2-1 ）。

表 2-1　中央政府对分级治理结构的选择

绩效 ＼ 行为策略选择 ＼ 分配	$\overline{R}_L \geqslant \overline{R}_F$	$\overline{R}_L < \overline{R}_F$
$\Delta Y \geqslant \Delta H$	$\{CA,\ (\overline{G}_u,\ 0)\}$	$\{TG\}$
$\Delta Y < \Delta H$	$\{CA,\ (\overline{G}_u,\ 0)\}$	$\{PC,\ (\overline{G}_u,\ 0)\}$

第三章 分级治理结构演进的环境逻辑

分级治理结构演进的外部制约是结构演进外部逻辑的表现，也是治理环境对中央政府结构选择的影响，它与结构型式的制约嵌套在一起共同作用于中央政府的结构选择。上一章论证了在结构演进中结构型式与激励策略的内生性及结构型式对结构选择的制约，即结构演进的内部逻辑。这一章以此为基础论证外部环境因素对中央政府结构选择策略的影响。治理环境一方面作为分级治理结构的运行基础，决定各主体的行为参数，另一方面又内生出治理目标反映治理结构的运行取向。为了便于分析，结合中国治理环境的演变以及分级治理结构与环境间相互作用的形式，把治理环境勾勒为产权安排、发展取向、收入差距、租金收益四组成，它们表征着产权结构、政治与社会结构、经济与社会发展等中国治理环境的基本特征。由此，分级治理结构的环境逻辑就可归结为产权安排、发展取向、收入差距、租金收益对结构选择的制约。

第一节　产权安排与分级治理结构

产权安排是指在稀缺资源上生成或设置的权利束及权利束在不同主体间的配置。不同的权利集与不同的主体配置，资源利用与收益分配就有不同的社会形式，相伴有不同的社会政治秩序、不同的财政定位、不同的资源利用效率效果。财政分级治理结构作为国家收益与意图实现的装置，面对不同的产权安排则有不同的形式。在资源资产上没有分化出多元权利，且由国家或集体的代表者支配时，则分级治理结构表现为以意识形态的约束与激励为基础、以行政指令为手段的运行形式，通过政治行政体系实现资源的控制与分配；当资源分化出所有权、占有权、支配权、分配权、使用权、收益权等多样权利且在不同主体间配置时，各级政府不再是唯一的资产所有者、收益及收益的使用不再由各级政府控制，国家为了实现收益与意图，不得不对激励与约束的方式手段做出调整，相应地分级治理结构也就发生了改变。在中国治理环境的演变中，基础性的、标志性的是土地产权及企业产权的演变。他们的演变激化劳力、资金、知识、环境、自然资源等其他资源产权的演变，并带来财政收支形式、内容及各类财政主体责权利安排的演变。

一、农地产权安排及其生产经营组织型式

农业生产经营组织是农业生产经营进行的社会型式，它既受制于农业生产经营的技术及要素禀赋，又受制于农业生产经营要素的产权安排。农业利益相关主体面对技术与要素禀赋的约束，在追逐生产经营的增量收益和存量收益过程中，推动产权安排的改变与组织型式的演变，发挥出组织的技术效率和交易效率，以此影响中央政府对分级治理结构的选择。农业生产要素的产权安排虽然也受到既有农业生产经营组织存量的影响，但在中国特有的政治结构中其一般作为初始的外生条件作用农业生产经营组织的形成。农业生产要素的产权具体存在于以要素为基础的交易、生产、分配和消费中，以协调产权主体在生产和再生产过程中的行为，表现为一束相对权利，依据其内容和功能可分为：终极所有权、经济所有权、支配权、使用权、分配权及收益消费权，其中终极所有权为要素的最后归宿，权利宿体拥有最后的处置权，如土地与国家、劳力与劳动者；经济所有权表现在要素利用和交易中的所有权，这些权利可配置给不同的主体，形成不同的产权安排。在农业生产要素上的产权主体依据其自身性质的差异可分为政府（中央政府）、村社集体组织、集体成员及农民[①]四类，产权安排的类型则

---

① 意为依靠农村土地的实际生产者、经营者，即职业农民，可能是当地村社的成员，也可能是当地集体成员之外的外来者。

表现为这些权利在三类主体间的不同配置，一种高度集中的配置是除劳力的终极所有权天然地属于劳动者外，农地的所有产权及劳力的其他权利都配置给国家及其外围组织：集体组织。劳力产权安排虽然也能影响农业生产经营组织的形成与农业生产资源的配置，但在职业农民的劳力依附农业的条件下，影响农业生产经营组织的主要因素则为农地的产权安排。农地的产权安排依据农地产权在不同主体间的配置可分为集中型、集体型、家庭经营型、合作社型、公司型等型式（如图3-1）。产权安排是生产经营组织形成和演变的初始条件，它决定着各主体的组织建构行为集合，

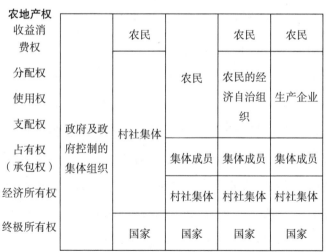

图3-1　农地产权安排的可能类型

制约着生产经营组织的型式。在集中型和集体型的产权安排中国家或集体等行政组织为生产的主导，成员依指令行事，生产组织为单一的集中生产型或集体生产型。在这两类生产组织中，由于传统农业生产作业不明确、成果难测量，并与相应的价值导向相结合，使农民的生产收益不能内部化，当经济理性起主导作用时，这两类组织处于低效均衡的陷阱中。农户作为一种生产经营组织，无需监督且激励充分，适应了农业生产的特性，为了生存发展，家庭承包制便在桎梏的缝隙中萌发出来。家庭承包制使集体成员具有生产资源的配置权，以此产权安排为基础农户成为农业生产经营的组织型式。

农业生产经营组织的存在与演变缘于约束和协调各成员的行为所形成的特有组织行为能以更小的成本和更小风险实现目标，即组织行为的成型与改装取决于预期效用与生产成本和风险成本的比较。随着农业生产资源相对稀缺的程度、农副产品市场需求等变化以及农业技术的进步和政府的推动，改变了组织收益与成本的对比，引致了农业生产经营组织演进动力与诉求。伴随以承包制为基础的农地产权安排的日臻完善，农业生产经营领域出现了多种组织形态（如图 3-2），或通过承包权转让或通过合并扩大生产、经营规模，以提高技术效率，获得规模收益；或通过供销中介、商品契约实现市场联系，或通过要素契约把市场联系内部

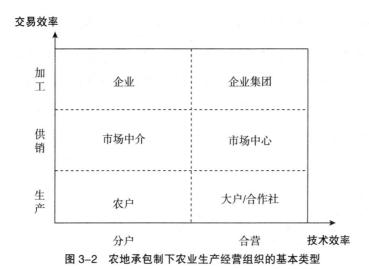

图 3-2　农地承包制下农业生产经营组织的基本类型

化，以减弱市场风险，提高交易效率；或横向扩张与纵向联系相结合，以改善交易条件，提高交易效率与技术效率，获得外在的存量性收益与增量性收益，前者的获得是对已有收益重新分配的结果，后者的获得是由于组织形成后效率提高的结果。

二、国有企业产权安排及其生产经营组织型式

中国大陆社会主义改造完成后，企业国有国营成为社会主义制度的基础与制度形式的体现，也成为社会主义建设的手段与支撑，是社会主义财政筹措与使用资金资源的主体形式，国有企业既具政治属性，又有经济属性同时又被赋予社会属性。随着大陆社会主义内外发展环境的演变，国

有企业三种属性不断发生分解、涵义也不断发生改变。在诱致与强制中，各级政府、所有者、经营者、劳动者之间进行着责权利的调整，产权及主体在彼此间不断发生细分与重组，呈现出国有企业产权安排的新形式（如图 3-3），国有企业及相关主体得以重塑，形成生产经营组织的新型式，呈现法人治理结构，政府由"管企业"转向"管资本"，在行政管理与所有者职能分离的基础上，关注国有资本的战略性布局及其保值增值。在治理型式的变迁中，各主体在国有企业分配中实现的方式发生了变化，从统收统支、承包契约、税利分流，到国有资本经营与社会保障预算，社会主义财政体系与收支内容随之进行着调整。

图 3-3　国有企业产权安排的可能类型

三、生产经营组织型式对分级治理结构选择的影响

在各种生产经营组织中，提供各种形式劳动的劳动者

作为劳力的天然所有者，实现劳力与生产资料的具体结合，并获取相应收益，不过在不同的生产组织中由于产权安排不同、激励协调方式不同，组织的效率也就不同，劳动者在相同的劳动时间内获取的收益也不同。在不同层次的集体生产中劳动投入与获取的收益不对应，劳动实际投入处于最低水平的均衡，农民收益主要受生产条件的制约；在企业化的生产组织中，劳动者的收益与劳动投入对应，投入越多收益越高；在自主经营自负盈亏的生产组织时，收益不仅受劳动投入影响而且还受到自然风险与市场风险的制约。依据分析并结合前文中对工薪集团行为的设定，可认为生产组织的形态可通过工薪集团收入函数中劳动要素的弹性 θ 的大小来表征：当 $\theta=0$ 时，劳动者感受不到自身劳力对产出的影响，可认为此状态下的生产是集体生产型式，劳动者的生产收益取决于外在因素；当 $\theta=1$ 时，可认为是企业化生产，劳动者取得工资收益；$0<\theta<1$ 可认为劳动者处于混合型的生产型式。

随着劳力收入弹性 θ 的变化，工薪集团的收入函数也随之变化，这必然引起中央政府实施晋升激励的界线发生改变（如图3-3），也会使工薪集团对财政支出带来的收益预期发生改变：当 θ 在 $[0, 1]$ 中变化时，$\overline{R_F}=A_r L^\theta \overline{G_r}$ 是 θ 的增函数，即由集中、集体生产型式向传统家庭生产型式、企业型生产型式转变，工薪集团对财政支出的预期

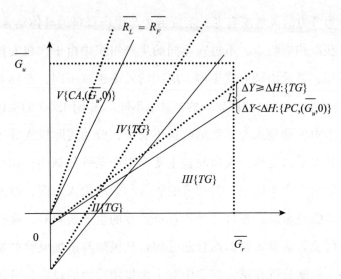

图 3-4　中央政府均衡选择（结构与激励策略）的对应空间变化
（生产组织变化）

收益 $\overline{R_L} \geqslant \overline{R_F}$ 越高。由命题 2-16 可知当 $\overline{R_L} \geqslant \overline{R_F}$ 时，中央政府的占优策略是选择完全参与型治理结构 CA 与晋升激励 $(\overline{G_u}, 0)$，在实际财政支出 $\overline{G_u}$ 与 $\overline{G_r}$ 存在一定的数量限制时，依据图 3-4 可知，财政配置空间 V 的面积为

$$S_V = \frac{1}{2} \left(\overline{\tau_g} A_u R_B^{\alpha} \overline{G_u} \Big/ A_r L^{\theta} \right)^{\frac{1}{\phi}} \overline{G_u}，由此可得 \frac{\partial S_V}{\partial \theta} < 0，即可得出这$$

样的结论：

命题 3-1：随着生产经营组织型式由集中、集体生产型式向企业型生产经营型式转变，中央政府选择占优策略 $\{CA, (\overline{G_u}, 0)\}$ 的可能性减少，相应选择弱占优策略 $\{TG\}$ 的可能性会增加，同时实施晋升激励策略 $(0, G_r)$ 的可能性也

会增加，即政府会偏向对工薪集团的支出。

四、城镇土地产权安排对分级治理结构选择的影响

　　土地以载体和资源属性成为生活、生产、经商的必要条件，在社会主义改造完成后，农村土地属于集体所有、城镇土地属于国家所有，城镇建设用地扩张以国家征地形式进行，并把相应农村土地上的人口纳入城镇居民的国家保障体系中。土地按照国家计划分配，失去资产属性，不能以之获取收益，城镇土地仅具配置指标的意义，地方政府关注相应指标土地上项目的预期净收益，并以此作为考量行为的一个因素。

　　农地承包制的推行与延续、消费品市场的兴旺，农民积累起自身的财产，国家允许农村多种经营。与自由劳动相结合，农村工商业首先在条件优越的地方出现，由于不涉及城镇用地指标的制约且与地方政府收益相关，在地方政府的大力推动下，乡镇企业遍地开花。在宏观上，中央政府财政收入占比下降、耕地面积减少明显，而宏观调控乏力，开放带来外资企业土地需求增加，国务院于1994年发布《关于深化土地使用制度改革的决定》，确定土地使用市场化，并由政府依法统一管理。随着消费品市场转向供给过剩以及各级政府间分税制的建立，乡镇企业对地方政府的收益贡

献降低甚至成为负担，但要素市场特别是土地市场的兴起，且土地的区位性与地方性，其转让收益主要归地方政府支配，土地权利的设置与行使成为各级政府收支博弈的主要对象，也成为财政分级治理的主要内容和手段，制约着分级治理结构的新形式。

随着土地彰显财产属性，政府为了管控土地，以农村土地集体所有、城镇土地国家所有为基础，确立农村集体土地唯有通过政府依法征收才能成为国有土地，限制农村土地入市，1998 年的《土地管理法》规定任何单位与个人需建设用地，必须依法申请使用国有土地，但兴办乡镇企业及乡村公益用地、村民住宅用地经依法批准使用本集体所有的土地，分离出可交易的国有土地使用权。一定年限的土地使用权以协议、招标、拍卖等方式出让给土地使用者，土地使用者按合同的规定支付土地出让金，扣除征收成本后形成地方政府可支配的政府性基金收入。为了进一步强化对土地的管制，2002 年国土资源部《招标、拍卖、挂牌出让国有土地使用权规定》明确：商业、娱乐、旅游和商品住宅等各类经营性建设用地，必须以招拍挂方式出让，同时还以规划、年度指标控制新增建设用地，为了严格保护耕地还要求"占补平衡"，为了推进土地整治与集约使用实施了"增减挂钩"。地方政府凭借土地征收与出让权的垄断、用地规划及管控、土地用途的管制，掌控着土地的出让收益，并以土地抵押获得贷款，还以土地交易、开发为基础获得增值税、消费税、所得税、政府基金等岁入，以土地为手段得到的收入成为地方政府可支配收入的主体，地方财政成为"土地财政"，控制土地供给、管理土地需求则成为地方政府获取收入的主要手段。

允许集体所有的经营性建设用地可建造公租房、集体所有的住宅用地在扣除一定比例用作公益用地和抵补公益支出后可获得合法权益，农村土地被赋予财产属性，松动了地方政府的垄断权益，随着土地征收方式及标准的改善，消减了其土地收益。实施耕地占补缺口与增减结余指标省内、省际统筹，促成土地增值收益的地区转移。

城镇土地产权的重构，使土地能够有限资本化，在一定条件下，土地成为投资和获取收益的工具，宏观上则表现出不同的交易安排有不同的收益格局，进而有不同的经济社会效应。随着产业的发展与集聚、城镇化的推进，土地供给的有限性、区位的唯一性带来的收益与分配效应愈发突出，如何分配与调控土地收益则成为财政分级治理结构的一个重要内容，在区域发展的激励、社会的公平与稳定、结构的运行效率考量中，土地收益格局影响分级治理结构的选择。结合上述分析可把土地收益格局的表现与影响归结为：地方政府关注与投资土地获取的收入：由于其最终源自企业在土地上创造的收益，可抽象为 $\bar{\tau}_g A_u R_B^\alpha \bar{G}_u$，用

$\overline{R_L}$ 表示；土地资本的增长与收入贡献 $(\kappa_C+(1-\varepsilon)\tau_g+\tau_s)A_uR_B^a\overline{G_u}-(\kappa_C+1)A_u\overline{G_u}$，用 ΔY 表示；土地投资获取超额利润而引起的维稳成本 $\kappa_C s\left[(1-\tau_g-\tau_s)A_uR_B^a\overline{G_u}-\rho R_B\right]$，用 ΔH 表示。工薪集团从财政支出获得的预期收益为 $A_rL^\theta\overline{G_r}$，用 $\overline{R_F}$ 表示，在推理中作为一个权衡因素存在。以命题 2-16 为基础，可推知：

命题 3-2：当地方政府投资土地的收入超过工薪集团从相应财政支出获得的预期收益，即 $\overline{R_L}\geqslant\overline{R_F}$ 时，中央政府选择完全参与型与晋升激励 $(\overline{G_u},\ 0)$ 为占优策略；当 $\overline{R_L}<\overline{R_F}$ 且 $\Delta Y\geqslant\Delta H$ 时，选择技术治理型为弱占优策略；当 $\overline{R_L}<\overline{R_F}$ 且 $\Delta Y<\Delta H$ 时，选择政治全控型与晋升激励 $(\overline{G_u},\ 0)$ 为占优策略。

第二节　经济发展取向与分级治理结构

发展是任何经济体的一个永恒主题，不过在不同的经济体及同一经济体在不同的阶段其内涵存在着差异。例如在重商主义时代，发展表现为金银的增加，发展的实现以国家垄断贸易，限制进口鼓励出口为手段；在自由竞争时代，发展表现为生产能力的提高、生活资源的增加，为此应限制国家的作用范围、保障个体的自由平等和所有权，即通过自利和自组织的内发的秩序来实现；后起的经济体则认为发展是追赶发达经济体的过程，为此个体理性与个体能力存在缺陷，应使国家有足够的力量，在个体理性的基础上借重国家理性来实现；垄断时代以来认为发展是内发的结构改进，国家理性在弥补个体理性的不足中推动经济社会的全面进步；迈过 20 世纪 70 年代则认为发展是个体自由的发展，它既是发展的表现又是发展的动力与手段。20 世纪 50 年代以来中国对发展的追求也同样存在发展取向与手段的演变，在综合国力、生产力水平、成员生活水平的组合中趋向每个成员自由全面发展，由倚重国家理性向个体理性、社会理性、国家理性并重转变，由量的扩张转向结构的全面改进。与此相适应，政府的行为方式、行为范围、行为能力也发生转变。财政作为政府行为的体现，其职能与运行方式也就随之改变，其间倚重的分级治理结构也不相同，即有分级治理结构随发展取向和发展手段改变而改变。本节以中央政府的结构选择为基础，来探究发展取向对结构均衡的影响，为了便于分析，结合中国的发展历程把发展取向区分为：收入增长、经济增长与社会发展。

一、收入增长偏好对分级治理结构选择的影响

政府组织是与私人组织、社会组织相对应的一种科层式公共组织，它凌驾于其他组织之上，具有强制性，但受公共约束并满足公共需要，它一方面作为行政者和所有者获取收入；另一方面通过资源的配置、收入的分配和宏观的

调控，提供公共品满足社会的公共需要。政府作为代理性公共组织即政府组织虽是强制性组织但其强制力由民所赋，其是从私人组织和社会组织中内生出来的，提供私人组织和社会组织不能、不愿或供给不足但社会成员又必需的物品、服务品，并在社会组织和私人组织的制衡中、调整中、融合中 ① 改进供给效率和效果，为此政府组织是以外生职能为依据，以支定收，不应以追逐收入增长为目的，但在政府组织的实际运行中一方面遵从已有的程序与规则，另一方面具有经济理性的成员与嵌入的社会经济关系相结合，使政府的行为表现出逐利性质；中国现有私人组织与社会组织的发育与分化依赖于政府组织，即私人组织与政府组织内生于政府组织，同时政府行为的规则约束与公共约束不足，使政府的私人逐利性得以放大；中国政府组织与私人组织、社会组织的行为边界不明晰，政府组织介入微观资源配置，特别是竞争性领域，导致政府职能与支出不确定，有些行为具有经营性，使逐利性附着政府组织的行为。

逐利性政府表现为收入偏好，与此相应的效用函数在中央政府的行为设定中表征为 $\kappa_C \rightarrow 0$。中央政府的支付函数发生了改变，必然引起不同结构中激励策略实施边界的

---

① 为了改进政府的运行效率，使政府组织在提供已定的公共品中具有私人组织的高效，提出了"以市场为用""以市场为体""以市场为伴"等路径，但这些路径不能保障效率与价值的必然一致。

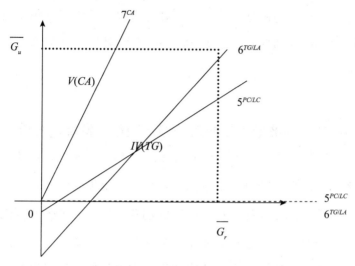

图 3-5　中央政府均衡选择（结构与激励策略）的对应空间变化
（偏向收入增长）

变化，结构选择能纳什实施的配置空间也随之变化（如图
3-5）。随着 $\kappa_C \to 0$，除完全参与型的激励策略分异未改变
外，政治全控型与有限控制型、技术治理型与有限参与型
中，激励策略分异界线趋近横轴，它们不再存在实施激励
策略 $(0, \overline{G}_r)$ 的配置空间，即区 I、II、III 消失，结合命题
2-16 可得出：

命题 3-3：当中央政府偏好收入增长时，有：（1）中
央政府不具有实施激励策略 $(0, \overline{G}_r)$ 的动机，即激励策略 $(0,$
$\overline{G}_r)$ 不具有能被纳什实施的配置空间；（2）当地方政府收入
超过工薪集团由财政获得的预期收益即 $\overline{R}_L \geqslant \overline{R}_F$ 时，选择

完全参与型为占优策略；当地方政府收入低于工薪集团由财政获得的预期收益即 $\overline{R_L}<\overline{R_F}$ 时，选择技术治理型为占优策略。

二、经济增长偏向对分级治理结构选择的影响

经济增长表现为一个经济体的总产出即社会财富的扩张，其扩张的动力主要来源于：一是资源投入的增长；二是作为补充要素的科技和制度的创新，相应的扩张速度既取决于要素投入增量的变化，又受制于综合要素生产率的动态变化。依据一个经济体的投入产出的对比情况以及经济高速增长的主要来源，将高速增长分为速度数量型、质量效益型，前者主要依靠要素的投入可以说是在低水平上进行数量的扩张，微观上看：资源消耗大，损失大，资金周转慢，经济效益低，这种靠消耗大量资源换取的高增长难以为继，因为资源与环境的约束是刚性的。质量效益型增长主要依靠科技进步、组织创新、加强管理、调整结构，是通过提高综合要素生产效率换取的高增长，从微观上看：资源消耗少、损失小、资金周转快、经济效益高，是一种低投入高产出的增长。这种以创新为动力，以结构调整为内容的增长是健康有效的增长，是实实在在的增长。

对增长及增长类型的偏好，引致趋向相应的资源配置及资源配置方式，中央政府作为资源配置及配置方式选择的

主体，表现其行为函数的调整，以上一章对中央政府行为的设定为基础，可认为在其效用函数中忽略了收入的社会差异，并且有 $\kappa_C>1$，由此引起中央政府在结构及激励策略选择中对应区间的变化（如图3-6），最明显的是区 II 消失，区 I 扩大。在区 I 内由于不考虑收入的社会差距及其成本并存在：

$$\left[\kappa_C+(1-\varepsilon)\tau_g+\tau_s\right]A_uR_B^a\overline{G_u}>(\kappa_C+1)A_u\overline{G_u},$$ 于是对应区 I 内的财政支出配置，中央政府的效用一致有：$U_{CG}^{PC}(0,\overline{G_u})<U_{CG}^{LC}(0,\overline{G_u})=U_{CG}^{TG}(0,\overline{G_r})=U_{CG}^{LA}(0,\overline{G_r})=U_{CG}^{CA}(0,\overline{G_r})$，可得在配置空间 I 内可纳什实施的均衡选择为：

$$\{LC(0,\overline{G_u})；TG(0,\overline{G_r})；LA(0,\overline{G_r})；CA(0,\overline{G_r})\}。$$ 结合上述分析，并以命题2-16为基础可得：

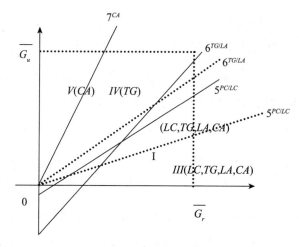

图3-6　中央政府均衡选择（结构与激励策略）的对应空间变化
（偏向经济增长）

命题 3-4：中央政府偏好经济增长时，有：（1）当技术条件 $A_u R_B^a \overline{G_u} > A_L L^0 \overline{G_r}$ 充分满足时，配置空间不存在实施激励策略 $(0, \overline{G_r})$ 的区间，即此时中央政府不具有实施激励 $(0, \overline{G_r})$ 的动机。（2）当地方政府收入超过工薪集团由财政获得的预期收益即 $\overline{R_L} \geq \overline{R_F}$ 时，选择完全参与型与晋升激励 $(\overline{G_u}, 0)$ 为占优策略；当地方政府收入低于工薪集团由财政获得的预期收益即 $\overline{R_L} < \overline{R_F}$ 时，选择技术治理型为占优策略；追求经济增长的中央政府不具有实施政治全控型的动机。

第三节　社会发展与分级治理结构

经济的高速增长一定会带来社会的全面进步及每个人自由全面的发展吗？

在经济现实中，经济增长与发展的当代涵义并不是必然相联的。克劳尔在《无发展的增长》一书中研究了利比亚的经济：利比亚的人均收入、国民财富、社会产出大幅度增长，但这主要是由于外国公司投资开发石油并出口到欧美造成的。国内二元结构明显，石油部门垄断经营，参与国际经济循环，获得高收入，而其他部门局限于国内循环，处于低水平均衡，利比亚的技术水平、人力资源及其他部门的生产并未因此发生任何改变，并且由石油出口而增加的收入不仅未提高利比亚全体人民的生活水平，反而还拉大了贫富差距，使社会出现了畸形发展。利比亚经济的高速增长显然没有促进利比亚社会的发展，这样的增长最终因社会矛盾的激化难以持续下去。

发展的当代内涵比经济增长的内涵更为广泛和丰富，它是指以经济增长为核心的经济、社会、政治结构的转换和全面进步，包括了投入、产出、产业与分配结构、消费模式、社会福利、文教卫生、文化结构以及政治经济体制和群众参与情况。增长虽不同于发展，但与发展紧密相联。一般而言，没有增长就不可能有发展，经济增长带来社会财富的增加是社会发展的物质基础，高速增长带来社会财富的大量积累为社会快速发展提供了现实的可能。然而"经济增长是一种动力，但其本身不是目的。除经济增长外，发展首先是社会性的，发展还与和平、人权、民主管理、环境以及文化和人们的生活方式有密切的联系"①。发展的动态呈现即为可持续发展，依据发展的内涵及要求，其包括经济的可持续发展、生态的可持续发展及社会的可持续发展，这三部分是紧密相联的，以生态可持续发展为基础和前提，以经济可持续发展为中心，以社会可持续发展为目的，三者的协调成就着可持续发展，可持续发展是发展的动力、智力、资源、环境、社会综合作用的结果，可见每个人自

---

① 1994 年联合国教科文组织向世界高峰会议提交的文件。

由全面地发展既是其目的，也是其核心支撑。

　　从世界各国特别是发展中国家的经济实践看，可持续发展才是理性选择，可持续发展的能力才是一个国家的核心竞争力。对于现阶段的中国：每个人生活还不富裕，全面发展还不够充分，与发达国家还存在差距，经济高速增长是渴求的，是符合人民愿望的，也是坚持有中国特色的社会主义道路、保持执政合法性的必然要求，中国现实需要经济的高速增长。改革开放以来由于制度的变革、科技的进步及要素投入的增长使中国保持了长期的高速增长，但其间经济也遭受到追求速度型战略的危害：引起经济大起大落的波动，落下扭曲的经济结构，造成生产力的破坏、资源的浪费及效率的损失，使社会矛盾积累、环境污染加剧，这些逼近社会和环境承载的边界。中国是一个发展中国家，人口多、底子薄、人均资源少、生产力水平层次多、二元结构突出、地区发展不平衡等，这些基本国情的存在，使得中国在追求经济增长的同时更要注意发展的不平衡、不充分问题，更应把可持续发展作为经济增长的基本取向和根本动力，更应把可持续发展能力建设[①]作为国家建设的核

---

　　① 依据可持续发展的内涵及其实现的要素，可持续发展能力建设包括六个方面：科技创新能力建设、政府调控能力建设、生态环境能力建议、人力资源能力建设、社会发展能力建设、生存安全能力建设。与此对照，"创新、协调、绿色、开放、共享"发展新理念可认为是可持续发展的现实版，这些理念的践行可为可持续发展提供智力与动力的支撑、缓解资源与环境的约束、促成目标的实现。

心。发展模式的转型以各主体的具体行为为基础和表现、以各主体选择权的配置和保障为标志，发展模式的转型是发展新理念的践行，其中政府以其自身行为的转变或直接作用于资源的配置或推动其他主体行为选择的改变，政府行为的转变是转型发展模式、践行发展新理念的基础。财政既是政府行为的体现又是约束政府行为、增强其回应性责任性有效性，保障民众实现权益的路径。不同的治理结构中各级政府受到不同的激励与约束，相应地其有不同的收支行为。发展模式的转变、发展新理念的要求呼应着匹配的分级治理结构，但匹配的结构仅是选择和演进的目标，结构转变的现实路径总是从纠偏严重危害进一步发展的行为开始的，以此凝聚共识，促成改革的推行，即以现存的主体行为模式为基础，通过制度与规则的改进转变实施障碍行为的结构、消减制约发展的严重阻碍。在阻碍持续发展、制约发展新理念的现存条件中，贫富的差距、官员的腐败犹如顽疾，时常恶化，本节就探讨这两个约束条件对结构选择的影响。

一、收入差距对分级治理结构选择的影响

效率的追求必然与收入的差距相伴。自主分散的决策、自负盈亏与自由竞争的机制激发了资源配置的效率，但由于社会成员的禀赋与现实的机会不一样，收入也就存在差

异，它是效率追求的使然，没有收入的差异，效率机制难能充分发挥效力。单一的效率追求必然容许相应的收入差距，但由于禀赋及机会的获得存在不公平，与效率相伴的过大差距则违背了社会的公正①。在经济运行现实中由于主体间选择权不对等、信息不对称，相关利益方之间存在收益侵占的可能，由此形成的收入差距既损害效率又偏离公正。权利安排与收入分配对社会公正的偏离使社会矛盾得以积累，必然制约社会的持续发展，中央政府作为制度的供给者和收入分配的调节者，理应承担相应职能、有所作为。面对不合理的收入差距，以财政的从属性与独立性为基础，中央政府通过财政运行规则的改进与收支的调整来缓解收入的不公。收入差距如何影响中央政府对规则与结构选择的呢？本节以上一章设定的模型为基础进行具体分析。

---

① 公正即公平正义，是社会群体内的一个基本价值判断标准。古希腊思想家亚里士多德把其分为分配的公平正义和校正的公平正义：前者体现在财富、荣誉、权利等有价值的东西的分配中，要求对不同的人给予不同的对待，对相同的人给予相同的对待；后者体现在被侵害的财富、荣誉和权利的补偿中，要求不管谁是伤害者，谁是受害者，伤害者要补偿受害者，受害者从伤害者那里得到补偿。公平正义的当代定义是美国哲学家罗尔斯和庞德提出的，包含两个原则：首先是自由平等原则，其次是差异原则，它们在社会基本结构中体现，是构建社会基本分配制度的价值规范，具体包括两个方面：一是社会各种资源、利益和负担全面分配的公平正义，属于实体公平正义（主要由宪法构建基本的分配框架，再由一系列法律进行具体分配，如税法、兵役法、劳动法）；二是社会利益冲突解决上的公平正义，属于形式正义或者诉讼正义（由法律和执法互动加以解决，如合同法、刑法、保险法等）。

在模型中收入差距表现为 $(1-\tau)A_uK^{\alpha}G_u^{\beta}-A_rL^{\theta}G_r^{\phi}+R_B-R_F$，其中 R_B-R_F 为初始收入差距，差距的影响呈现社会性，因此对其考量还应与各自的人口数相结合，于是差距的社会表现为：$d=(2\gamma-1)[(1-\tau)A_uK^{\alpha}G_u^{\beta}-A_rL^{\theta}G_r^{\phi}+R_B-R_F]$ 且 $d \geq 0$，由此产生的维稳支出为 $H(d)$，有 $H(0)=0$，其为收入差距在模型中阻碍持续发展的方式，$H'(d)$ 为消除社会不满产生的边际成本，对应于收入社会差距满足：$H'(d) \geq 0$，当然在不同的治理结构中或对应同一治理结构的不同差距，$H'(d)$ 是不同的。为了凸显收入差距的影响，假设 $H'(d)$ 为常数且在不同的治理结构中相等。依据利得集团的行为设定，当其获得财政支出时，其获得的均衡收入为其机会收益 $(\rho+1)R_B$，而工薪集团获得财政支出时获得的收益为 $A_rL^{\theta}G_r^{\phi}$，收入差距依据财政资源配置假设，当财政支出实施配置 $(\overline{G_u}, 0)$ 时收入差距：$d=(2\gamma-1)(1+\rho)(R_B-R_F)$；

实施配置 $(0, \overline{G_r})$ 时收入差距：$d=(2\gamma-1)[(1+\rho)R_B-A_rL^{\theta}\overline{G_r}^{\phi}]$，它们构成政府缩小收入差距的界限，前为上限、后为下限。由此可得出在激励策略与治理结构的比较选择中发挥影响的是工薪集团的初始收入 R_F，该值越小意味收入差距越大，由此表征的收入差距扩大使中央政府实施激励策略的界线方程发生变化，带来治理结构与激励策略均衡选择的对应区间发生变化（如图 3-6[①]），区 *IV* 缩小、区 *III* 扩大、区 *V* 不变，由于两界线 $5^{PC/LC}$ 与 $6^{TG/LA}$ 斜率保持不变，但界线 $5^{PC/LC}$ 截距减小的幅度大于界线 $6^{TG/LA}$，有区 *II* 缩小但区 *I* 扩大，以此为基础结合命题 2-16 有：

命题 3-5：随着收入差距的扩大，在中央政府具有多重偏好时，中央政府对结构选择不发生改变，依然有：当地方政府的收入超过工薪集团从财政获得的预期收益（即

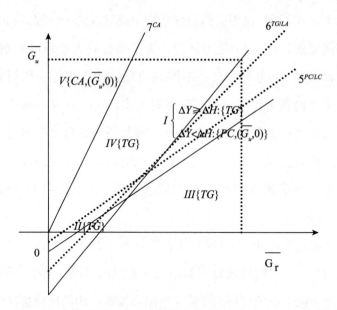

图 3-7　中央政府均衡选择（结构与激励策略）的对应空间变化
（收入差距的单一变化）

$\overline{R}_L \geq \overline{R}_F$ ）时，选择完全参与型与晋升激励 $(\overline{G}_u, 0)$ 为占优策略；当地方政府收入低于工薪集团由财政获得的预期收益且资本的增长与收入贡献超过其获得超额利润而引起的维稳成本（即 $\Delta Y \geq \Delta H$ ）时，选择技术治理型为弱占优策略；当地方政府收入低于工薪集团由财政获得的预期收益且资本的增长与收入贡献低于其获得超额利润而引起的维稳成本时，选择政治全控型与晋升激励 $(\overline{G}_u, 0)$ 为占优策略，但实施激励策略 $(0, \overline{G}_r)$ 的空间扩大。

当中央政府的偏好发生改变，仅以社会发展为目标（即偏重增长与社会差距的影响），在模型的设置中表现为 $\kappa_C \rightarrow +\infty$ ，则中央政府在治理结构中实施两种激励策略的界线方程变为：

$$A_u R_B^\alpha \overline{G}_u = (1+s)A_r L^\theta \overline{G}_r - s(\rho+1)R_F \qquad (5^{PC/LC}, \ 6^{TG/LA})$$

$$\overline{\tau}_g A_u R_B^\alpha \overline{G}_u = A_r L^\theta \overline{G}_r \qquad (7^{CA})$$

由此引起配置区间的相应变化（如图 3-7），区 II 与区 I 消失，区 IV 缩小、区 III 扩大、区 V 不变，于是可对命题 3-5 作出修正：当中央政府偏重社会发展时，收入差距的扩大使中央政府实施激励策略 $(0, \overline{G}_r)$、选择治理结构 TG 的可能性增加，当 $\overline{R}_L \geq \overline{R}_F$ 时中央政府的选择 $\{CA, (\overline{G}_u, 0)\}$ 可纳什实施，当 $\overline{R}_L < \overline{R}_F$ 时，中央政府选择 $\{TG\}$ 为弱占优策略。

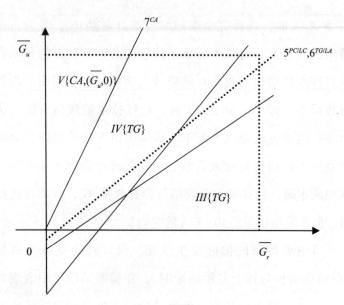

图 3-8　中央政府均衡选择（结构与激励策略）的对应空间变化
（收入差距与偏好变化）

二、租金收益对分级治理结构选择的影响

租金收益源于某要素的垄断能带来超过机会成本的收益，本书的租金收益是官员以政府对资源资金或制度规则的供给垄断为基础通过与利得集团进行相关的交易而获取的私人收益，是对存量收益的分配和再分配，租金收益从来源到获取都不涉及财富的创造与效率的改进，也不具有财富创造与效率改进的激励效应 ①。官员获取租金收益属于

————————

①　权力或资源垄断获取的租金收益不同于由创新产生的垄断而获取的租金收益（称为熊皮特租），后者对创新有激励作用，有助于生产效率的改进和社会财富的增加，前者仅为存量收益的分配，既影响效率，又阻碍公平。

不劳而获，并且使资源配置偏向官员的私利，带来资源配置的效率损失，租金收益的存在降低了社会成员从一定量财政支出获取的福利，减少了一定量财政支出的实际效果，在结构选择中表现为能产生出实际效果的财政支出边界的缩减（如图4-8①），以命题2-16为基础可得出：

命题3-6：在政府偏好不变时，租金收益的增加能增加中央政府实施晋升激励策略$(0，\overline{G}_r)$的可能性，并且与治

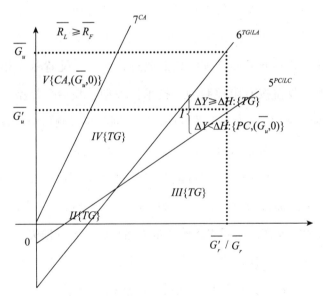

图3-9　中央政府均衡选择（结构与激励策略）的对应空间变化
（租金收益的变化）

---

① 依据模型的设定，政府官员的租金收益主要来自财政配置$(\overline{G}_u，0)$的实施，租金收益的增加使利得集团获得具有实际效果的财政支出减少得更多。

理结构 TG（技术治理型）相结合；在中央政府的结构选择中，也增加了选择治理结构 TG（技术治理型）的可能性。

促进社会发展必须遏制官员对租金收益的获取，如何遏制呢？则需对租金收益的源头、获取过程、分配结果进行治理并相互配合：通过经济组织与社会组织的培育与完善，转移政府的部分资源配置与制度供给，提高资源配置与制度供给的竞争性；必须保有的资源配置和制度供给则健全公众参与的决策、管理机制；建立官员财产的公示制度及与之配套的财产登记与现金使用制度、问责制度。租金收益的遏制离不开分级治理结构的改进，并且在配置效率相同时租金收益按有限控制型、技术治理型、政治全控型、有限参与型、完全参与型的顺序递减。因此从遏制租金收益考虑，完全参与型为最优选择。在技术治理型中中央政府可通过过程的控制与管理直接配置财政资源，但基层政府与工薪集团拥有信息优势，资源的配置可能与目标发生偏离，同时相关方交易与寻租依然能带来租金收益及其损失。

在各主体具有独立利益的基础上，结构的选择与改进是主体间互动选择的结果。在设定的选择环境 Γ^e 中，分级治理结构 CA（完全参与型）被纳什实施是与激励策略 $(\overline{G_u},\ 0)$ 相结合的，并以 $\overline{R_L} \geqslant \overline{R_F}$ 为前提，即要求地方政府的目标收益或财力能补偿工薪集团由财政资源获取的预期收益。

第四章　分级治理结构演进逻辑的经验分析

　　中国大陆在 1949 年实现了政权的更替，形成了一个独立的经济体，由此开始了独立自主、奋发图强的跨越式发展历程。国家的发展与行为离不开财政的支撑，国家的建构与发展以财政体系为线索，贯穿社会主义建设历程的是：财政分级治理结构的选择、构建、践行与改进，依据从时序上表现出来的分异，分级治理结构可依次区分出："全收全支""承包制""分税制"三类型式，它们分别对应着政治全控型、有限控制型、技术治理型。本章参照社会主义财政的建设实际，以揭示的演进逻辑为基础，来解释社会主义财政体系中分级治理结构的演进实践。

第一节 "全收全支"（政治全控型）的形成与调整

"全收全支"治理型式存续于 1949—1978 年，其间虽然经历了 11 次之多的调整（张馨，1999），但财政收支一直受制于中央政府，地方政府不具有独立的财政地位，仅为中央政府的代理者，其职责表现为实施中央政府的决策。就乡村而言，经济组织承担生产或供销功能，以"一大二公"的产权安排为基础采取集体生产的经营形式，在具体运营中表现为行政组织的附属，这种型式是政治全控型的实践表现。政府对农业征收农业税，对农产品实行统购统销、统购派购，以工农产品价格剪刀差为工具，从乡村汲取资源哺育工业[1]，财政对乡村支出份额很小[2]，且仅限于支援农业生产，国家实行城乡分隔的二元体制，乡村公共品的供给奉行"自力更生为主，国家支援为辅"，主要靠农民自己以组织动员的方式按集体形式供给。

---

[1]　有学者估计直至 1978 年国家通过农业各税及工农品价格的剪刀差从农村汲取的累计剩余约为 6000 亿—8000 亿元人民币（参见陈锡文：《中国经济转轨二十年：中国农村的经济改革》，外文出版社 1999 年版）。

[2]　以基本建设为例，每年用于农业的基建支出占国家相应年的基建总支出的比重仅为 6%—7%，参见曲延春：《中国农村公共品供给体制变迁研究》，山东大学，2008 年博士论文，第 66 页。

一、"全收全支"的形成

新中国成立伊始，中央政府没收官僚资本为国有资产，以根据地和解放区的战时财政为雏形建立了集中统一的财政管理体制，即中央、地方一本账，国营企业财务统一管理，并实行"节制资本、统合贸易"的经济政策。但随着工商业的调整，"公""私"矛盾从产品市场蔓延到要素市场，甚至影响到新生政权，在稳定市场秩序中对农产品实行了统购统销，开展了"三反""五反"，在国营企事业及政府机关实行工资等级制，规定国营企业利润几乎全部上缴，由此强化了国家对经济的控制，以此为基础通过"公私合营""赎买"对资本主义工商业进行了社会主义改造。在乡村通过"合作社""人民公社""社会主义教育"完成了小农经济的集体化与城乡分治，由此实现国家对社会微观资源配置的直接控制，"大一统"的城乡分割的分级治理结构得以呈现，其具体运行如图4-1。①"全收全支"作为政治全控型的实践型式，它的形成是中央政府在现实和目标制约下，理性选择的结果。

（一）"全收全支"型能使中央政府如意地实现社会经济中的主导作用

在"全收全支"型中，中央政府通过财政渠道集中和分

---

① 图中政府收入包括税收收入、非税收入（含制度外、预算外收入）。

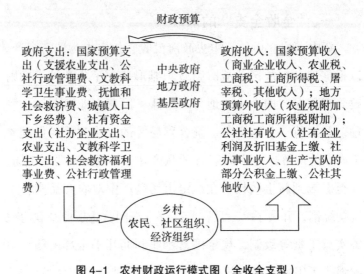

政府支出：国家预算支出（支援农业支出、公社行政管理费、文教科学卫生事业费、抚恤和社会救济费、城镇人口下乡经费）；社有资金支出（社办企业支出、农业支出、文教科学卫生支出、社会救济福利事业费、公社行政管理费）

财政预算

中央政府
地方政府
基层政府

政府收入：国家预算收入（商业企业收入、农业税、工商税、工商所得税、屠宰税、其他收入）；地方预算外收入（农业税附加、工商税工商所得税附加）；公社社有收入（社有企业利润及折旧基金上缴、社办事业收入、生产大队的部分公积金上缴、公社其他收入）

乡村
农民、社区组织、
经济组织

图 4-1　农村财政运行模式图（全收全支型）

配社会的全部剩余。以科层组织为依托、以行政指令为工具掌控社会资源的配置，并以纪律、巡查、奖惩、竞赛、典范为激励约束手段保障收缴和配置目标的实现。在"全收全支"的存续期内，财政收入都保持在超常水平，占国民收入的比例一般在 30% 以上，其中 1978 年为 37.5%[1]；农村的生产与分配以集体组织形式进行，其首先保障征购任务的完成。在"全收全支"型治理结构中中央政府不仅能通过财政体系直接支配社会剩余，而且还可通过行政指令作用生产

---

[1]　数据来自贾康、张鹏、程瑜：《60 年来中国财政发展历程与若干重要节点》，《改革》2009 年第 10 期。

组织和家庭等微观主体的资源配置，中央政府是整个社会资源配置的中心，"全收全支"型能保障中央政府实现其主导作用，并且中央政府据此还能"集中资源，办大事"，这在发展初期财力薄弱且个体理性与社会理性一致时能实现资源的有效配置。

中央政府在国民收入分配中的主导作用或拥有主导权在新中国成立伊始既是经济恢复和发展的需要，又是维护政权稳定和改造社会之必须，如何获取收入分配的主导权呢？新生政权脱臼于旧的政治与旧的经济，而旧的经济与旧的政治中缺乏"数目字管理"（黄仁宇，2001），政府的财政能力低下，如在民国时期，各级政府的财政收入占国民生产总值的比重仅有5%—7%（Rawski,1989），已有的财政能力不支撑分配的主导权，并且新生政权缺乏治理私营经济的经验，虽能通过地方工商联、发动群众、民主评议等方式来获得关于税基的信息（顾准，2002；王绍光，2002），但就此获得的财政收入增量不明显，1949—1953年间工商税（全国范围内统一征收的14种工商税）收入从3230万元增加到3870万元，增长不到20%，而同期的公有企业上缴的利润（不包括统一征收的工商税）从1330万元增至3600万元，净增170%，在工商税收入中若剔除来自公有企业的收入，私有工商企业的税收甚至有可能是减少的（张威、吴能全，2010），于是对主导权的追求衍生为对资源的直接控制。

新生政权的执政能力及其成员遭受过剥削也使政治全控型的构建有了强势的行动集团。

（二）意识形态的现实界定制约着结构的现实选择

意识形态在现实中以关于未来境况的心智体系而存在，对治理结构选择的影响表现为外在约束，规定着现实发展的目标与价值取向，但前瞻性目标离不开现实条件的约束，目标依靠主体行为的改进，而主体行为的改进以现存的规则为初始条件，无不体现路径依赖的影响，因此意识形态的现实界定是未来理想在现实中的反映。按照当时对社会主义的现实理解，社会主义的本质特征在经济上表现为以公有制为基础的中央计划体制，与此相应财政体系实行"全收全支"。当然由于世界的本质是"非遍历性"的，关于未来的心智体系必然会与发展变化的现实不一致，心智体系与经验体系间会存在偏差（诺斯，2008），这就要求调整心智体系，使之与真实的增添了新信息的经验体系相适应，心智体系的调整需要对未来目标与价值取向的调整，结构的现实选择也就随之改变。

（三）私营经济的个体理性与国外的强权威胁制约着结构建构的路径

新中国成立后，进入了新民主主义社会，依据预定的建设纲领和策略，新生政权容许多种经济成分并存，"既要使私资感觉有利可图，又要使私资无法夺取暴利"[1]，但私有经济的机会主义行为及其与公有经济的矛盾不仅引起经济上的动荡，而且在政治上也对新生政权构成了极大的压力（张威、吴能全，2010），国家权力介入经济运行过程、促成所有权的改造就成为现实选择。借政治手段展开的激进产权变革，加速了政治全控型的构建。

新生政权成立伊始就处在强国的牵制之中，执政者对此有强烈的危机预期，并且仅在成立后一年就卷入与世界头号强国的军事较量中，这势必要求国家财政能维持巨额的国防支出，事实上1950—1953年，国防费用占财政支出的30%以上，其中1950年、1951年更是高达40%以上（财政部，1987），这要求国家应有相应的汲取能力，私有经济的存在削弱了这种能力，外生危机与内生危机及其融合催生了政治全控型的形成。

从以上分析可知，旧的政治经济秩序派生出孱弱的财政能力，中央政府的收入份额 $(1-\varepsilon)\tau_g$ 在不同的治理结构会有不同的表现，其中在政治全控型中 τ_g 实现最大值，中央政府控制全部社会剩余；面对治理环境中央政府的支付收益主要取决于其能支配的收益份额 $(1-\varepsilon)\tau_g$，资本获取利润对政

---

[1] 《毛泽东文集》第六卷，人民出版社1999年版，第201页。

府效用的侵害超过其增长与收入贡献，此时政治全控型就成为中央政府的均衡选择。

二、"全收全支"的调整

"全收全支"虽使中央政府能集中全部的社会剩余，以此稳定政权、加快经济的恢复与发展，但支出重建设、轻消费，结构不合理，并且束缚了地方政府与微观组织利用自身信息配置资源的主动性，同时也滋生出体制内的机会主义行为，使资源配置难以优化，因此"全收全支"从构建开始就伴随着调整。在1953—1957年期间就开始对高度集中的管理形式进行调整：划分收支、分级管理，在集中前提下给予地方一些财政权限；在"大跃进"期间，实行以收定支，进一步下放财权财力与事权；在经济调整时期，实行总额分成，以适当集中财权财力，1968年为应对较混乱的社会经济秩序，恢复高度集中的收支两条线管理体制；1971—1973年与经济管理权"大下放"相适应，实行收支"大包干"，以充分激发地方政府的积极性与主动性；1974—1975年调整为"收入按固定比例留成，超收部分另定分成比例，支出按指标包干"，对地方政府收支行为施加约束；1975年后改行"收支挂钩、总额分成"，以增强中央财政的调剂能力。

（一）调整的机理与调整的绩效

"全收全支"的调整从时间点上表现为部分收支管理权限的重新配置，并且仅在各级政府间进行，属于科层组织中不同层次间执行权的重新配置，调整未改变模式的集中统一性。从整个调适过程看，在时序上表现为放权、收权交替进行，放权对应经济的高速增长，收权对应着经济的调整。在"全收全支"的具体安排中，高度集权确立了中央政府的主导权，适从于政权的稳定和资源的集中配置，但资源配置执行主体缺乏利用信息优势优化资源配置的激励，并且在理性作用下选择机会主义行为，社会资源配置效率损失严重，与速度追求叠加在一起，凸显出放权的需求，权力下放激发了地方政府及生产组织扩大再生产的积极性，但与特有的政治结构和产权结构相伴的预算约束与效益约束的软化，再生产表现为规模与数量的扩张，结构失衡加剧，增长难以为继，不得不进行调整。不触动政治结构和产权结构，失衡的治理首先表现为把下放的权利收回中央，通过增量投资来纠偏结构的失衡，失衡的缓解又重燃对速度的追求，又开始又一轮放权与收权，与意识形态、政治手段的融合进一步放大了这种波动（如图4-2）。从波动的时序表现可以发现放权与波动的上升期一致，波谷为其前奏；收权与波动的下降期一致，波峰为前奏。1958—1978年是政治全控型的存续期，由于意识形态的刚性约束及对政治价值的追求，其间几次波动与 1978 年后的波动相比差异明显：波动幅度大，调整周期长，波谷为负增长，即在增长边界的刚性约束下才纠正失衡，在不改变基本结构的前提下失衡的治理手段主要是收权，通过地方政府及生产组织的不作为来纠偏，与之相伴的是生产停滞、生产力遭到破坏，表现为增长绝对下降。

在"全收全支"治理结构中，政府间管理权限的调整未触动"大一统"的型式，地方政府与生产组织缺乏自主权、缺乏预算与效益的硬约束，没有自我激励、自我约束的微观行为机制，对经济增长的追求走不出"一放就乱、一收就死"的怪圈，意识形态的刚性约束使怪圈得以强化与恶化。

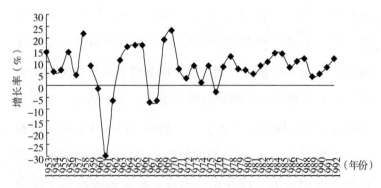

图 4-2　1953—1992 年经济增长率序列图

资料来源：《中国统计年鉴（1993）》。

农业作为基础产业，是自然再生产与经济再生产的结合，它既受到政治全控型中调整的波动影响，又受到自然灾害的影响，自然灾害作为外生因素强化了波动的危害与幅度，农民人均纯收入在 1957—1978 年的 20 年间，从 87.6 元增长到 133.6 元，年均增长不到 3 元；粮棉油的生产在人民公社时期的经历了大滑坡，甚至出现了 1959—1961 年的农业危机；农产品供应全面短缺，票证供应制度盛行（戴卫平、顾海英，2003）。

（二）承包制的出现

"全收全支"治理型式强化了国家的财政能力与建构能力，但随着经济规模的扩大，缺乏全面、及时、准确、完美的信息，中央政府的有限理性凸显，同时地方政府及生产组织缺乏预算和效益的硬约束，效率提升动力不足，在意识形态的刚化约束中治理结构的缺陷被放大，使持续增长难以为继。从 1978 年底开始对国营企业试行企业基金、利润留成、盈亏包干等分配办法，在农村试行家庭承包制，1979 年对农垦企业开始实行财务包干，赋予分配以激励功能；1979 年起对基本建设单位试行"拨改贷"，强化生产经营单位的成本约束；1980 年起中央政府对省、直辖市、自治区实行"划分收支，分级包干"的财政体制，并对事业单位和行政机关试行预算包干，少数企业试行"利改税"。通过放权让利，下放了部分财权与事权，重塑了各级政府间、政府与生产组织间的分配关系，使地方政府与生产组织成为相对的独立利益主体，改进了治理手段，使类似承包制的财政包干治理型式初步形成，它实际上是有限控制型的实践型式。

第二节　"分级包干制"（有限控制型）的盛行与内在缺陷

从"全收全支"中内生出的承包制通过放权让利激活了地方政府与生产组织的积极性，改变了"全收全支"中资源的低效配置，中央政府于 1985 年在各省、自治区、直辖市全面推行包干制治理型式，省级以下各级政府间的财政治理关系实际上是中央与省级政府间财政关系的复制，承包制关系的构建促进了经济总量和收入总量的增长，但其内在的缺陷也在增长中被放大，越来越偏离市场经济发展与结构优化的要求，迫使国家于 1994 年①转向"经济性分权"的分税分级财政治理型式。

---

　　①　国务院于 1993 年 12 月 15 日发布《关于实行分税制财政管理体制的决定》，该体制从 1994 年 1 月 1 日起在全国实行。

一、"分级包干制"（有限控制型）盛行的缘由

发端于农村的承包制，打破了生产的集体经营形式，工薪集团能收获生产的剩余收益，拥有生产经营的决策权，成为相对独立的生产主体和利益主体[①]，政府和工薪间分配关系得以重构，同时政府与企业间、政府与政府间、政府与预算单位间也构建起了承包式的分配关系。1983 年与1984 年实施的两步利改税，公有企业与国家分配由"税利并存"转向"以税代利"，税后利润归企业自主支配，所有企业均缴纳增值税和所得税，由地方政府征收，随着政府所有者职能、管理者职能在企业分配中的分别实现，以"分灶吃饭"为特征的有限控制型或包干型由"划分收支、分级包干"调整为"划分税种、核定收支、分级包干"，具体安排也呈现出多种形式："收入递增包干""总额分成""总额分成加增长分成""上解递增包干""定额上解""定额补

[①]　农地承包制即家庭联产承包制的确立经历了：生产队生产—（不联产责任制—联产责任制）—包产到组—包产到户—包干到户等形式，体现了劳动报酬分配制度的变化：生产队时的工分制、联产计酬制；包产到户时以产量为标的、包产部分统一分配、超减产部分按事先约定的奖惩实施；包干到户后，实行"交够国家的，留足集体的，剩下都是自己的"分配原则，最终以法律形式确立了农地的基本经营制度——土地集体所有、农户家庭经营的双层经营制。

助"①。在财政包干型的推进中，作为基层财政的乡镇财政也由收支两条线转向收支挂钩，普遍实施"核定基数、定收定支、定额上解或定额补助、超收分成、一定三年"的治理安排。在支出方面小型农田水利建设的资金由地方政府包干，农村教育、卫生等方面的支出也由地方负责；国家开征耕地占有税后，以此为主要来源设立了农业发展资金，上级财政加大了农业综合开发的支出；在收入方面非税收入有村提留（又称"三提"：公积金、公益金、管理费）、乡统筹（又称"五统"，用于民办教育、计划生育、优抚、民兵训练、修建乡村道路等民办公助事业支出）、义务工及劳动积累工、必要时的集资与摊派、乡镇企业上缴的利润和管理费等。

（一）有限控制型激活了地方政府及生产组织增产与增收的积极性，改变着收入的分配格局

在包干制的财政治理型式中，以政府间的行政性分权

①　"收入递增包干"：以地方 1987 年的决算收入与应有的支出财力为基数并参照各地近几年的收入增长情况，确定地方收入的递增率及地方的留成、上解比例，在递增率以内的收入，地方与中央按确定的比例分配收入，超过递增率的收入全部留给地方，若收入递增率不足，地方用自有财力弥补上解中央的不足；"总额分成"：根据前两年地方财政收支的情况核定其收支基数，再以地方支出占其总收入的比重确定中央与地方的分成比例；"总额分成加增长分成"是以总额分成为基础，超收部分除按事先确定的总额分成比例分成外，还另加增长分成的比例；"上解递增包干"是以 1987 年地方上解给中央的收入为基数，每年按一定比率递增上解额。

和承包式的分配关系为基础，各级地方政府被塑造成具有明确自身利益的行动主体，在剩余索取的激励与约束下，一方面尽力"做大蛋糕"增加上缴后的留成收入；另一方面在分配合约签订时，通过与上级政府的讨价还价力争有利的分配安排。在具体的分配契约确定后，追求地方经济增长和收入增长成为各级地方政府行为的主要动机和目标。受以流转税为主体的税收结构影响，所有企业无论盈亏都要缴纳工商税，即只要有企业在运转政府就会有收入，为了能够创造出更多的税收和预算外收入，各级政府采取"放水养鱼"的办法，扩大地方信贷和投资规模，在扶持、兴办国有企业的同时也积极培育集体企业。受政府推动的影响，在农村，乡镇企业如雨后春笋般出现，[①]1979—1983 年社队企业工业总产值年均增长 14.5%，1983 年为 757 亿元，占全国工业总产值的 11.7%，而在 1984—1988 年全国乡镇工业总产值年均增长 43%，占全国工业总产值的 24.3%（周淑莲，2000），至 2002 年底乡镇企业达 2000 多万个，解决了 1.3 亿劳动力的就业，创造了农村的大部分财富，就 2002 年而言其所创造的 GDP 占整个国家 GDP 的 31.6%。

① 当然也与适宜的环境分不开：商品市场初步恢复且消费品供给短缺，承包制释放出剩余的自由劳动力、农民储蓄有所增加等。

在农村地区，以血缘、伦理为基础的家庭生产形式激励充分、无需监督，与当时农业生产水平相适应，促进了农业连年增长。随着家庭承包制的全面建立，1984年粮食总产量达到40731万吨的高峰，承包制作为新的生产组织形式，在此轮增长中作出了主要贡献（林毅夫，1994）。随着农产品供给的增加，国家从1985年起取消了粮棉油等重要农产品的统购统销，改行"合同定购"和下达"定购任务"的方式，促进了农村集贸市场的恢复与发展，进一步强化了对农户的激励，家庭工副业得以发展。

家庭生产经营组织的确立、乡镇企业的繁盛触动了旧的高度集中的计划运行机制，客观上以增量改革的方式培育出了经济运行新机制。这两类生产经营组织是具有自身利益的自主经营主体，它们之间的交易以及与国有企业（国营企业）[①]间的交易必然要通过市场机制来实现，它们的发展壮大相伴市场机制作用广度与深度的扩张。

随着国有企业承包经营制的全面推行及市场交易的滋

---

① 理论界和实务界一般把1994年前的全民所有制企业称为"国营企业"，即国家所有国家经营，国家所有权和经营权未在法律意义上确立与分离。1993年3月八届全国人大一次会议通过了第二个宪法修正案，将"国营企业"修改为"国有企业"，突出了国企自主经营的权利，明确了全民所有制企业所有权和经营权的区别，为中国国企改革提供了宪法依据。该年11月中共十四届三中全会通过《中共中央关于建立社会主义市场经济体制若干问题的决议》,12月《中华人民共和国公司法》颁布实施，在法制层面上确定了国企所有权和经营权的关系。

生与确立，地方政府面对承包性分配安排时，为了追求自身收入最大化，除了实施倒逼银行信贷、扩大投资规模、建立新企业等增量策略外，还一方面干预市场交易，为本地谋取有利的交易条件和生产环境，促成更大收入的实现；另一方面凭借对企业的信息优势和影响力，"藏富于企"，既能获取更多的现期可支配收入，又可促成在将来的承包性分配安排中得到更有利的安排。各层次各方面的承包制，塑造出多层次的利益主体，这些具有自身利益的行为主体在创造产值、增加收入的同时，也深刻地改变着收入的分配格局，影响着区域的协调与社会的稳定，制约着增长的持续。

（二）有限控制型渐进地突破原有意识形态与体制的束缚

有限控制型（财政包干型）与政治全控型（全收全支型）相比，由于生产组织与地方政府享有剩余索取权与相应的自主权，提高了资源配置效率，培育出经济运行新机制，但依据命题2-16，在不考虑收入的社会差距时，有限控制型不是均衡选择，技术治理型才是弱占优策略，那为什么在实践中不选择技术治理型而选择有限控制型呢？这与治理结构的运行环境有关。旧的意识形态把集中统一按指令性计划运营看成社会主义的制度属性，自主的分散经营认为是"资本主义的尾巴"被明令禁止，受计划经济强势的制约，在"路径依赖"的作用下，技术治理型缺乏相应的产权基础和行为，而在有限控制型中通过一系列的包干式契约，赋予各主体自主经营的空间，强化了增产增收的激励与约束，同时中央政府及上级政府保持对经济总量和政府收入的指令控制，保留了运行的计划属性；有限控制型中的一揽子包干制[①]重塑了各主体间的关系，使地方政府和生产经营组织成为具有明确自身利益的相对独立的主体，但重塑的关系不是单纯的科层关系、所有与经营的关系或平等的市场竞争关系，以此为基础，国家仍把国有经济纳入行政体制中，通过承包式的指令计划和资源调拨来运行，同时容许非国有经济在地方政府的管辖下，其生产、销售、定价按市场逻辑运行，这样既保护了存量和既得利益者，又发展了增量和新生的市场力量，有限控制型治理结构兼顾了现实与目标，渐进地低成本地消解原有意识形态与体制的束缚。

"分级包干制"不属于理论实证中中央政府的均衡选择集，但在中央政府的支付函数中加入结构变迁的社会成本，修正其支付函数，不同结构变迁成本的差异会使"分级包干制"成为均衡选择。与技术治理型、有限参与型、完全参与

---

① 政府间收入分配与支出包干、政府与生产经营组织间投入产出及收入分配（利润和税收）包干，同时包括相应权力的下放。

型相比，"分级包干制"作为有限控制型的实践形式其需要的建构行为是路径依赖制约下的边际变革，依照上述分析其可低成本地消解原有意识形态与体制的束缚，同时带来效率的提高与社会收入的增加，使中央政府的预期支付收益优于其他治理结构，"分级包干制"就成为中央政府的均衡选择，但在原有意识形态与体制的桎梏消解后，其不再是均衡选择，详见如下的分析。

二、"分级包干制"（有限控制型）的内生缺陷

在有限控制型中虽然中央政府拥有包干契约的主导权，并以此控制着经济和收入的总量，强化增产增收对地方政府和生产经营组织的激励与约束，但通过包干契约地方政府与生产经营组织享有分配剩余和相应的资源支配权，地方政府与生产经营组织一样被塑造成公司化主体，并与行政权力相结合追逐收入最大化，具体的行为可归纳为"银行放款、企业用款、财政还款"，并用行政手段保障资金的流量和循环，因此财政包干制必能推动经济总量的增长，但随着总量的增长，该治理结构的内生缺陷也凸显出来。

（一）生产经营组织的短期行为使增长缺乏持续性

家庭承包责任制的实施与农副产品流通体制的改革激活了农户增产增收的积极性，但随着农副产品供给的增加、短缺状况的缓解，家庭联产承包责任制的缺陷也就显现出

来：一家一户交易规模小、交易半径小且分散，抗市场风险能力弱，无市场势力，对市场存在过度反应，同时经营规模的狭小也限制了技术效率的提高。这些缺陷使农副产品的市场供给具有较强的波动性，短缺过剩交替出现，同时自然风险加剧了这种波动。并且随着农副产品市场规模和范围的扩大，这种缺陷放大出来，突出地表现在农副产品增产不增收，甚至在刚性的数量约束下，由于储藏设施不足，一些农副产品只有任其变质腐烂。基层政府的盲目干预也助长了这种缺陷，农地所有权主体的虚置使基层政府干预具有刚性，并且基层政府为了追求收入具有过度干预的冲动。在自然风险与市场风险的制约下一些农户退而追求小而全的低水平均衡。在宏观表现上，中国粮食总产量1984年达到高峰是40731万吨，1985年开始陷入长达4年的徘徊，1989年恢复增长，1990年达到最高纪录44624万吨，1991年开始陷入徘徊，1995年恢复增长，1996年达到高峰50453.5万吨。"一包就灵"不再显现，承包制的边际效力开始下降，家庭承包制的效力究竟如何？对其缺陷形成了这样的共识：土地细碎化与规模经济的矛盾；小农户与大市场的矛盾；土地产权模糊与激励、流转间的矛盾。土地承包权的流转能促进土地经营规模的扩大，而土地经营规模的扩大一般而言能推进土地的集中，因为土地经营主体的减少及耕作的规模经济使土地经营权的置换成本相对降低，增大了土地经营集中连片的可行性，可知这三对矛盾存在一个共同的核心矛盾：土地产权界定不清以及承包权流动激励弱导致投资激励乏力，土地配置效率不高。土地产权的界定及承包权的流转虽可通过制度设计为其提供法律依据，并以此稳定流转相关主体的收益预期，但这仅是克服农地承包制缺陷的必要条件，能否实现流转还取决于流转的预期收益与成本的比较。各级政府作为农地的所有者增加财政投入以改善农地的生产力、提高农地的经营收益，也是助推流转、增加农地投资激励、促进农业持续增长的因素。

承包制在乡镇企业、国有企业中表现出的缺陷与农地承包制类似，当然改制前的乡镇企业相比国有企业：产权更模糊，表现为"集体制存量上的共有产权和实际经营增量上的隐性产权之复合体"（渠敬东等，2009），但受集体成员及经营者自身的制约，软预算约束的程度低于国有企业。存在于乡镇企业的共有产权与隐性产权一方面能保障当地农村共同体分享部分收益；另一方面能聚合当地的资源、激励当地的经济发展，但与之相伴的是公有资产的流失、寻租的滋生、地方的保护，这些都阻碍经济的进一步发展。承包制下企业经营者被赋予自主经营和追逐剩余的空间，当经营者不是所有者，所有者监督缺位时，逐利的经营者凭借信息优势一方面在生产额度、销售价格、要素成本及补贴、行政性垄断等方面的谈判中获取政策性利润，使合同约束失去规范化；另一方面在实现承包合同的目标中拼设备、不计企业的长期发展，资源有效配置约束力不强，企业规模的扩大没有企业效益的提高，全国工业企业的利润总额 1994 年与 1984 年相比下降了一半以上（渠敬东等，2009），考虑企业资产的大量增加，利润率下降得更多。在灰色交易^①中伴有国有资产的流失，"内部人控制"表现明显，企业资产缺乏保值增值的机制，与逐利的行政权相结合，更是放大了这种缺陷。

财政包干制体现的是一种行政性放权，生产经营组织的资源配置仍然缺乏有效的激励与约束，这种治理结构还未完全消除政治全控型的不足，宏观经济波动幅度依然较大（如图 4-2 中 1980—1992 年的表现）。

（二）地方政府的逐利行为阻隔了资源配置的地区优化，加大了对农村税费式的汲取

在有限控制型中，通过一揽子包干制地方政府被塑造成公司化的主体，在"政企不分"时以企业为载体，支配辖区内资源、追逐留成收益最大化，地方政府蜕变为理性的

---

① 这与当时的双轨运行有关，国有企业内部一部分按指令性计划运行，投入产出的数量及价格由国家计划控制，在国家计划控制外的另一部分则按市场运行，由企业自主生产自主销售，在国有企业之外集体企业与乡镇企业间的交易按市场方式进行。由于计划价与市场价存在差异，计划物质流入市场进行交易以获取价差，这类交易处于合法与非法之间，俗称灰色交易。

经济组织，行为以收入大小为依归，什么有利就发展什么，特别是一些"短、平、快"项目，行政手段服务于创收目标，类似的激励必然带来各地结构的重复与数量的扩张，同时在承包制分配模式中本地企业经营的绩效直接与本地财政攸关，行政手段主动地迎合企业经营的需要，在企业获取收益的过程中"保驾护航"，各地结构的重复更强化了行政手段的保护作用，"诸侯经济"凸显。生产经营的地区分割阻碍了生产要素及产品的合理流动，地区优势难以充分发挥，地区间的专业化分工协作受阻，规模经济与资源地区配置效率的潜力难能实现，不利于社会经济的持续发展。

农副产品流通体制的改革使农副产品的交易注入了市场机制，通过行政指令以剪刀差的方式汲取农村资源失去了基础，逐利的行政权虽失去了与资源的直接结合，但可通过承包契约的主导权增加集体提留与乡镇统筹或直接干预农户的种植结构以满足消费性支出和建设项目的需要，这些非税收入在政府的农村收入中所占比重较大且持续增加。不包括集资与摊派，1989年中国乡镇非税收入为1071283万元，1994年为3021353万元，增长了1.82倍，年均增长率为29.6%，在政府农村收入中所占的比重由1989年的24.4%上升到1994年的38.4%。政府非税收入的增长相应地增加了农民的负担，从动态变化看，在1985—1997年间多数年份农民负担的增长快于农民人均收入的增长（如图

4-3[①]），农民的实际负担占了年纯收入的 10% 以上（陈锡文等，2005）。

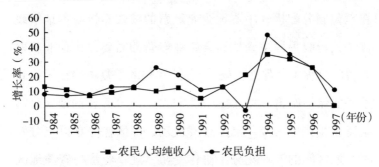

图 4-3　农民负担及人均纯收入增长率变化图（1984—1997 年）

资料来源：朱刚、贾康等：《中国农村财政理论与实践》，山西经济出版社 2006 年版。

（三）中央政府收入占比下降，对地方政府的激励与调控减弱

有限控制型以分级包干或承包制为支撑，中央政府的收入主要依靠地方政府的上缴，没有独立的收入组织的系统。中国的税制是以流转税类和所得税为主体的复合税制，而所得税与流转税的主体增值税、营业税、消费税主要依靠地方政府征收，征税权过多地集中在地方政府，中央政府能获得的税收收入主要依靠地方政府的征税努力。由于地

---

① 图中农民负担仅包括税收、依据承包合同的上缴、集体提留，不包括随意的集资与摊派，农民的纯收入包括家庭经营性收入、财产性收入、工资性收入及转移性收入。增长率是环比方式计算的并以当年的名义值为计算的依据。

方政府拥有信息优势，并且难以监督，可在谈判中隐瞒信息以获取有利的分配安排，降低上缴中央的比例，同时受分级包干契约的制约中央政府的收入也不会随着地方投资规模和地方政府的留成收益同比例增加，地方政府还可通过修改企业的承包合约"藏富于企"，把中央政府应得的税收转为经营收入或上缴利润，变成自己的预算外收入，使中央政府占财政收入的比例下降，财政收入占国民生产总值的比例下降，前者由 1984 年的 44% 下降到了 1993 年的22%，后者由 1984 年度的 22.8% 下降到 1993 年的 12.3%。修改企业的承包合约"藏富于企"也是地方政府按照自己利益应对中央政府税收调节的手段，如中央政府提高税率抑制企业的投资行为，地方政府则可修订承包合约或税收优惠刺激企业投资，以增加自身的收入，使中央政府的税收调节失去效力。中央财政的萎缩及税收调节效力的减弱，使中央政府调控能力下降，并且即使地方政府循规循矩，分级包干制也不利于宏观环境的稳定，在经济过热时中央政府收入占比下降，而在经济衰退时中央政府收入占比增加（王绍光，1997）。

在分级包干或承包契约中，基数和分成比例核定不科学不规范，仅以既有绩效表现和支出现状为基础，而未区分绩效的来源与现有支出的性质与变化，综合要素生产率的贡献与要素投入的贡献获取一样的收益，对资源有效配置激励不充分，并且绩效表现越好，上缴得越多、留成的越少，原有支出多使得将来收益多，出现"苦乐不均""鞭打快牛"的情况，影响地方政府或企业增收增效的积极性。包干制或承包制契约是短期契约，不仅谈判成本高昂，而且中央政府与地方政府均有机会主义动机（李实、奈特，1996），中央政府时常变更合约的分配安排，向地方政府借款也有借不还，地方政府为了获得有利的分配安排，隐瞒信息并不断地讨价还价，甚至开展使用资源来协调关系等寻租活动。这些增加了治理结构运行中的交易成本，降低了结构的激励效应。

第三节　分税制（技术治理型）的建立与完善

分级包干制的持续使中央政府能用于协调、平衡地方政府行为的财力越来越少（如图 4-4），逼近"分权的底线"（王绍光，1997），中央政府不得不对政府收入及分配机制进行改革，以使中央政府掌控主要财力并保持地方政府增产增收的积极性，对应于此，分税制堪称完备的制度设计。

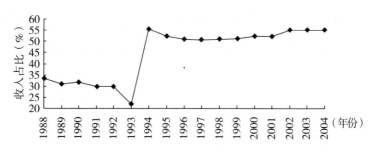

图 4-4　中央财政占财政总收入之比（1988—2004 年）

资料来源：朱刚、贾康等：《中国农村财政理论与实践》，山西经济出版社 2006 年版；周飞舟：《分税制十年：制度及影响》，《中国社会科学》2006 年第 3 期。

一、分税制（技术治理型）的建立及其表现

分税制作为以税种为依据的分配制度，它一方面规范政府和企业间的收入，另一方面规范税收在政府间的分配。首先通过对国有企业的改革来消除政府对企业经营的直接干预。在微观上区分企业所有权与经营权，实施"两权分离"，企业依法享有经营自主权，并进行公司化改造，剥离企业的社会职能，把其塑造成市场主体，在宏观上"抓大放小"，对国有资产的产业布局进行战略性调整，以此为基础进一步规范国家与企业间的产权关系，消除以产权为纽带对企业微观经营活动的刚性干预，同时结合流转税和所得税为主体的复合税制，实施《企业财务通则》《企业会计准则》，调整并规范企业与国家间的利润分配关系，取消各种形式的包税，所有企业都按国家当时规定的 33%

的税率缴纳企业所得税，企业固定资产贷款利息列入财务成本，本金用企业留用资金归还，禁止、取缔越权减免税，通过按股分红、按资分利或税后利润上缴的方式实现国有资产的投资收益（所有权在收益分配中的实现）；建立统一的个人所得税；将原有的农林特产税和工商统一税中的农林牧水产品税目合并改为农林特产税，消除部分产品的重复征税，同时将烟叶、牲畜产品列入征收农业特产税的范围①。

在理顺、规范政府与生产组织、个人的分配关系②基础上，中央政府与地方政府（省级政府）间按税种获取收入，企业按所有权的归属上缴利润。依据税种的属性区分为中央税、地方税、共享税。中央税是维护国家利益、实施宏观调控等中央政府职能所必需的税种，地方税是税基固定且纳税对象收益与地方性公共品的供给水平相关、税源广泛而稳定、适合地方征收的税种，共享税是与经济发展相关的税种，中央与地方一般按比分成，或由中央征收或由地方

①　农业特产税在1995年后调低了部分产品的税率，直至被全面取消（烟叶除外）。

②　针对非税收入的乱象，为了规范、清廉政府的收入行为1998年中央政府采取了"一清二转三改四留"的方法对收费制度进行改革，即清理整顿现有的基金、收费项目，通过"费改税"使一部分收费规范化，对经营性收费市场化并严格管理，对保留的收费实行规范化管理。

征收，增值税作为收入主体由中央征收再返还给地方。[①] 税
种划分后，税政税务分开，中央与地方收入分设两套税务
系统征收。中央财政按共享税的分成比例进行税收返还并依
据各地的标准收入和支出[②]确定对地方的转移支付额，明确
中央与地方支出范围[③]，各级政府间收入不得相互挤占，独

[①]　中央税及收入具体是：关税、海关代征消费税和增值税、中央企业所
得税、地方银行外资银行及非银行金融企业所得税、铁道部门各银行总行各保
险总公司集中缴纳的收入（含营业税、所得税、利润和城市维护建设税）、央
企上缴利润、外贸企业出口退税。地方税及收入具体是：营业税（不含铁道部
门、各银行总行、各保险总公司集中缴纳的部分）、地方企业所得税（2002 年
起调整为共享税）、地方企业上缴的利润、个人所得税（2002 年起调整为共享
税）、城镇土地使用税、固定资产投资方向调节税（2000 年 1 月 1 日起新发生
的投资额停征）、城市维护建设税（不含房产税及铁道部门、各银行总行、各
保险总公司集中缴纳的部分）、房产税、车船使用税、印花税、屠宰税（2006
年 2 月 17 日取消）、农牧业税（后调低、停征直至 2006 年 1 月 1 日废止）、农
林特产税（2004 年后除烟叶外全部取消）、耕地占用税、契税、遗产和赠与
税、土地增值税、国有土地有偿使用收入等。共享税具体是：增值税（中央分
享 75%，地方分享 25%）、资源税（石油海洋资源税归中央、除此外的资源税
归地方）、证券交易税（1994 年中央地方各占 50%；1997 年调整为中央 80%、
地方 20%；到 2002 年调整为中央 97%、地方 3%）、个人所得税及企业所得税
（2002 年前为地方税，2002 年中央地方各享 50%，2003 年及以后中央占 60%，
地方占 40%，铁路部门、国家邮政、中国银行、中国建设银行、中国工商银
行、中国农业银行、中国农业发展银行、中国进出口银行、国家开发银行、中
国石油化工股份有限公司、中国石油天然气股份有限公司、海洋石油天然气企
业的所得税仍为中央税）。

[②]　依据选择的指标和确定的计算公式计算出的各地应有的收入和支出。

[③]　中央财政的支出范围确定为：国防费、武警经费、外交和外援支出、
中央负担的国内外债务的还本付息、中央级行政管理费、中央负担的公检法支
出及文教卫生科技等各项事业支出、中央统筹的基建投资、中央直属企业的技
改和新产品试制费、地质勘探费、中央财政安排的支农支出。地方财政的支出
范围确定为：地方行政管理费、地方文教卫生等各项事业费、民兵事业费、公
检法支出及部分武警费、地方企业的技改和新产品试制费、支农支出、地方统
筹的基建投资、城市维护建设费、价格补贴支出及其他支出。

自编制预算，硬化预算约束。

分税制就结构自身而言，使中央和地方的预算收入（以税收为主体）按照相对固定的税种划分来组织，同时企业依法获得经营自主权，政府与企业间的关系得以根本改变，摒弃了有限控制型中分级包干和承包契约中一对一的无休止的谈判，提高了治理结构的制度效率，同时对企业组织进行公司化改造，严格界定了组织的产权关系，明确了所有者、经营者、劳动者之间的责权利，有利于经营组织在市场竞争中进行生产要素的优化组合，培育和发挥学习能力，增强组织的核心竞争力，此举扩张并鼓动了民营经济的发展，城乡个体工业产值占工业总产值的比重于1994年第一次达到10%，此后迅速增长，到1997年其产值增加了1.8倍，占到工业总产值的18%，同时其他各种形式的民营企业如股份制企业、外资企业、合伙联营企业等也迅速成长，到1997年也占到工业总产值的18%。除此外，分税制的实施还有如下表现。

（一）提高了中央财政的收入占比，改变了地方政府的创收行为

中国的税制结构中以增值税和所得税为主体，它们均为共享税，其中增值税中央政府分享70%、地方政府分享30%，所得税（垄断企业和国有大银行的所得税为中央税）中央政府分享60%、地方政府分享40%（2003年及以后），

并且增值税及企业所得税由中央垂直管理的国税系统征收，改变了按企业隶属纳税的办法，取消地方政府的税收优惠和减免权，新的企业准则最大程度地限制了偷税漏税行为，由此保证了中央财政占财政总收入的主体，并提高了财政收入占 GDP 的比重，并且在动态变化上使中央财政随地区经济规模的扩大而扩大。实施分税制后，中央财政占财政总收入的比重由实施前（1993 年）的 22% 上升到 55.7%（1994 年），并一致保持在 50%—55% 之间（如图 4-4），财政收入占 GDP 的比重也止住了下跌趋势，从 1996 年开始逐步上升，分税制实际上是技术治理型的实践形式。

在有限控制型治理结构中，地方政府通过"放水养鱼"即兴办企业、扩大企业规模来增加收入，但在分税制中则不是理性行为。增值税为所有企业都要缴纳的税种，是政府财政收入的主要来源，其作为流转税不管企业是否盈利，只要其存在销项和进项，都要依据票据征收，并且投资规模越大、固定投资越多、产值越大缴纳得越多，并由国税系统直接征收，地方政府减免税的策略失效，因此微利、经营成本高的企业在财政包干制时能带来丰厚的税收，但在分税制时则成为地方政府上缴中央财政的负担，当企业的社会职能剥离后地方政府还要承担兴办企业的社会职能，虽然存在增值税的返还，但对地方政府兴办企业的激励无疑会削弱，特别对亏损企业不仅没有收益而且还要承担债务偿还、员工工资等责任，这无疑增大了地方政府兴办企业的风险，分税制初期地方企业的所得税为地方税并由地方征收，在税后利润归企业支配时，其成为地方增收的主要渠道。为了增加企业的所得，地方政府选择产权改革，以此增强企业增收的激励，进而通过扩大税基增加自身收入。在地方政府的推动下，乡镇企业及一些国有企业通过关停并转拍卖等方式快速地完成了产权的转化，当然市场化、公司化对经营者的激励也是推动因素。随着企业所得税列为共享税，地方政府从兴办企业中获取的财政收入就更少，兴办企业不再是地方政府的理性选择（未考虑晋升激励）。

在技术治理型中企业再也不是政府的附属，但地方政府作为利益主体的性质并未改变，在收入减少、支出范围基本未变（如图 4-5[①]）时，更强化了政府增收的压力。在分税制的税种划分中农村的提留统筹、土地的转让收入、建筑业的营业税或者属于预算外或非预算收入，或者属于地方税收，是地方收入的直接来源，成为地方政府增收的主渠道。在城市化中助推建筑业的发展与繁荣，有的地方甚至一半的 GDP 来自建筑业，由此获得巨额的营业税；在预算外、非预算资金软约束条件下，地方政府一方面以行政管理者的身份寻求预算外、非预算收入，出现"乱收费、乱罚款、

---

① 图中计算的财政收支比重以一般预算为统计口径。

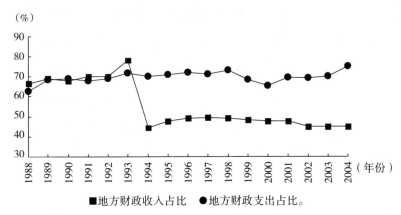

图4-5 地方财政收支对比的变化（1988—2004年）

资料来源：朱刚、贾康等：《中国农村财政理论与实践》，山西经济出版社2006年版；周飞舟：《分税制十年：制度及影响》，《中国社会科学》2006年第3期。

乱摊派"，以至一度出现非税收入失控，另一方面通过权力掌控体制外的可自由流动的资源，以在市场交易中获取巨额收益，如企业改制中的国有资产、基本生产要素——土地等，即掌控资产或土地以在资本市场、土地市场套现，特别利用农村征地和城镇供地的垄断来获取土地出让金，使大多数地方财政沦为土地财政，近几年土地收入约占地方财政收入的60%，一些二三线城市更高达70%（蒋省三、刘守英等，2007）。

（二）中央政府治理手段多样化、技术化

分税制的实施提高了中央财政的比例，削弱了地方的财力，使地方财政出现了收支缺口，一般而言地方支出的

20%—30% 需要中央财政的转移支付来弥补（如图 4-4、图 4-5），这为中央的调控提供了财力和空间，在具体的实施中，1994 年中央转移支付在地方本级支出中的比重为 12.6%，2004 年则上升到 30%，中、西部地区更高达 45.2% 和 52.9%。转移支付手段的多样性也为中央政府实现其意图提供了政策工具。转移支付是分税制运行的核心内容之一，它不是简单的资金"一上一下"，在这"一上一下"中，中央政府能均衡各地的发展、解决外部性对公共品有效供给的影响、还可实现公共品供给的规模经济、协调地方政府的行为。转移支付依据在实施中是否附加条件可分为无条件转移支付和有条件转移支付。无条件转移支付即一般转移支付，大多采用总量拨款的方式由地方政府自主支配，以缓解地方财力的不足，实现各地均衡发展，无条件转移支付也称为财力性转移支付；有条件转移支付即专项拨款主要用于治理地方政府提供具有正外部性的公共品如环保工程、交通建设等，并能体现中央政府特定的政策意图，它可区分为配套拨款与非配套拨款，非配套拨款一般采用总量拨款的方式，但有特定的用途，一般是上级政府委托的事项，配套拨款也是针对特定事项但以地方政府支付配套资金为条件，相当于中央地方共同出资提供公共品，它可分为封顶的配套拨款和不封顶的配套拨款，封顶的配套拨款要求地方政府承担补助项目的一部分支出，但获得的中央补助有最高限额，由此可激励地方政府在财政安排中增加补助项目的支出，但激励效应因数量有限而受限，主要用于中央政府对地方预算的控制，不封顶的配套拨款虽要求地方政府对补助项目承担部分支出，但中央政府的补助资金没有限额，其决定于地方政府的供给决策，只要地方政府愿意供给中央政府就无限额地承担补助份额，该工具主要用于纠正和补偿公共品供给中产生的正外部性。

　　转移支付在实施中还可与具体的政策意图直接结合，激发地方政府和生产经营组织的活力，高效地实现政策目标，如在乡镇债务的化解中实施以奖代补，激励各级地方政府化解债务的积极性和创造性；把一般转移支付与地方的财政努力相结合，激励地方政府开源节流等。

　　当然转移支付作为政策工具，其效力离不开转移支付的方式、数量及项目确定的科学性、公正性、公开性、严肃性，离不开地方政府财政安排的公开性、责任性、回应性，也需要问责、监督等治理手段的配合。

　　为了加强中央政府的控制，中央财政在实施转移支付中多采用专项拨款。在分税制初期转移支付中加大了税收返还，以平衡包干制下的既得利益，但随着时间推移，该比重不断下降：1994 年为 61%，但在 2003 年则降为 18%，此时财力性转移仅占 7.3%，其余均为专项拨款，在 1994—2004 年间专项转移支付一直远超财力性转移支付，直至

2005 年财力性转移才首次超过专项转移，专项转移是与项目结合的，在财政资金的拨付中除日常开支和工资性支出外，其他款项也是与项目结合在一起的，即资金随项目走，它们在具体运行中由各级发改委规划管理项目、财政部门拨付资金，相关部门组织实施。随着专项及项目资金的增加，发改委和财政部门逐渐建立起一套严密的申请、批复、实施、考核和审计制度，形成了以项目评估和项目管理为中心的治理体制：上级政府变成下级政府的项目发包人，下级政府成为项目的竞争者，专家学者进行项目的评估和考核（渠敬东等，2006）。以科层制的行政结构为基础，结合项目管理，中央政府部门发展出设立指标体系、规范运作流程、进行评估和考核的技术性治理手段。

（三）县乡财力弱化，工薪集团负担加重

分税制建立初期，仅明确了中央与省级财政间的分配关系，各地在实施地方财政改革时，参考中央与省级财政的模式上级财政提高了在地方财政中的分享比例，表现出财权层层上收，基层财政预算内收入下降，（如图 4-6），就一般预算收入而言 1993 年县乡财政占总量的 29.2%，实施分税制后 1995 年降到 20.2%，而支出模式基本未变，虽然规范了行政程序、改变了考核的结构指标、建立起行政问责制，但支出决策机制、考核激励机制未改变，出现入不敷出便不可避免（如表 4-1），并且收支缺口（等于县乡地方

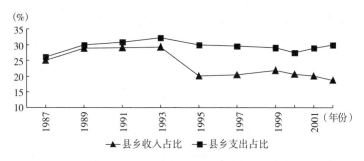

图4-6　分税制前后县乡相对收支对比的变化

资料来源：财政部编：《全国地市县财政统计资料（1988—2003）》，中国财政经济出版社2005年版。

一般预算收入减去县乡地方支出，为事后的计算，其中一般预算收入扣除了上解但加上了上级政府的转移支付，为县乡政府可支配的预算内收入）在分税制后有扩大趋势（但持续增长不明显），由此强化了县乡政府创收的压力。在乡镇企业转制或破产的条件下，向企业收费已不现实；通过发展建筑业获取营业税、通过土地转让获取非预算收入受制于当地的房地产市场（土地转让收入是地方政府把农村土地转为城市建设用地过程中获取的价差收益，实际上是政府组织的强势包含对农民应有收入的征缴），"跑部向钱"存在不确定性，伸手向工薪集资摊派便是主动的选择，导致实施分税制后，包括农民在内的工薪群体负担持续增长，就农民而言，在2000年农民承担的税费总额为1359亿元，而1990年为469亿元，增长了1.89倍，农民人均负担增长了2.01倍，且占农民收入的比例在7%—12%。除此之外，教育的产业化、医疗的市场化都使工薪群体的实际支出大幅增加。工薪群体特别是农民的负担在中西部地区表现尤为突出。由于中西部县乡工业化城市化水平低，预算收入水平低且增长缓慢。实施分税制后，东部地区县乡的人均预算收入 1994 年为 113 元，而到 2003 年则为 485 元，十年间翻了两番，与此同时中部地区为 212 元，西部地区为 210 元，1994 年东部与中西部的差距为 35 元左右，而在 2003 年差距则扩大到 270 元左右。面对低水平的工业化和城市化，在中西部的地方财政改革后，县政府的收入主要依靠农业税，而乡镇政府则主要来自提留统筹和集资收费，在中西部大部分地区的县乡政府的收入结构中，农业税、提留统筹以及面向农民的集资收费远远超过了其他税收，成为其财政收入的主体（周飞舟，2006）。这带来了中西部农民负担的增加。

表 4-1 县乡地方收（一般预算）支缺口及变化（亿元）

年份	1993	1994	1995	1996	1997	1998	1999	2000	2001	2002
收入	1374	1618	1962	2319	2286	2514	3524	4087	5204	6204
支出	1458	1703	2042	2451	2390	2651	3734	4199	5253	6313
缺口	-84	-85	-116	-132	-104	-137	-210	-112	-49	-109

资料来源：财政部编：《全国地市县财政统计资料（1988—2003）》，中国财政经济出版社 2005 年版。

二、分税制（技术治理型）的完善：政府收支形式与预算的改进

分税制作为技术治理型的实践形式，提高了中央财政的收入比例、丰富了中央财政的调控手段、规范了政府与企业间的分配关系，但这一分配调控体系的建立不是突变式的构建，而是以分级包干制（有限控制型）为基础的演进，一方面分级包干制的缺陷生成其构建的主要目的，另一方面也受制于分级包干制中的既得利益和对地方政府的激励。分税制在划分税种时以政府与企业的规范分配为基础实现了中央财政收入的主体地位，同时兼顾了分级包干制下的既得利益和地方政府的积极性，主要表现在：以1993年的增值税和消费税为基数进行税收返还，并按增值税增量1：0.3的比例进行增量返还；对预算外、制度外收入列入地方收入，未做硬性约束，即存在事实上的法律软约束；对支出范围没有清晰、严格的界定；对省级以下财政未作统一规范。随着分税制（技术治理型）的运行，这些安排的缺陷也凸显出来。

（一）分税制（技术治理型）的缺陷及形成机理

1. 转移支付未能消解地区经济发展不平衡产生的不平等效应。1994年分税制开始实施，本级财政的一般预算收入与地区的经济发展水平直接相关，就县乡的本级人均预算收入而言，东部地区与中西部的差距为50元左右，十年

后的 2003 年，该差距扩大到 270 元左右，表明东部农村
与中西部农村经济发展水平差距的扩大，而反映农村公共
品供给水平的财政支出体现和实现着国家的社会责任，在
2003 年东部地区的人均财政支出与中西部地区的差距约为
250 元，比人均收入差距缩小了 20 元。人均支出的差异小
于人均收入的差异，是地区间的转移支付发挥了作用，但
在 1994 年三个地区的人均支出差距还不到 50 元，转移支
付的财力平衡作用远远不足以弥补地区经济发展不平衡的
效力。财政支出的差距最终体现在各地公共品的供给水平与
结构上，当东部地区的政府大量投资于基础设施建设：修
路架桥、盖豪华学校、医院，号称"一百年不落后"，而中
西部地区的政府则为维持日常运转而努力，许多地区的教
育医疗、水利交通更是每况愈下（周飞舟，2006）。

2. 分税制（技术治理型）未改变政府逐利的性质，预
算外收入与制度外收入膨胀，除加重工薪集团的负担外，
还突显失地农民问题、耕地保护与粮食安全问题及社会公
正等问题。在分税制中经济发展的晋升激励、租金的收益
使政府部门有逐利的动机，预算公开性、参与性、责任性、
回应性与监督性的缺乏使其有逐利行为，分税制作为分配
规则仅改变了政府逐利行为的选择集合。在分税制下规范了
政府与企业的分配关系，企业对地方政府的收入贡献锐减，
在"名利"激励与创收的压力作用下，地方政府践行理性

的财政收支行为：征缴利润和地税、开辟财源获取预算外、制度外收入（如集资、摊派、土地转让收入等）和现期收入；支出结构对应预期收入的最大化：投向基础设施以便招商引资，带动城市化、繁荣建筑业，以期获得巨额的营业税和土地转让收入；兴办垄断企业获取无风险的高额的资产利润，由此形成收支的自我循环与自我膨胀，指标的考核与地方官员间的晋升激励与竞争或强化了这种循环或使这种循环出现多样性。政府受"名利"的驱动，一方面带来经济的增长，另一方面凸显结构的失衡，设租寻租使失衡加剧。与循环相伴的是乱收费乱集资乱摊派、公共品供给总量不足同时结构过剩、产业结构与地区结构失衡，工薪者负担加重、耕地减少、失地农民增多。分税制实施后，在1994—1998 年即使经济增长逐年下降，但耕地减少的规模平均每年仍达 21.5 万公顷，而耕地"农转非"后的增值收益仅5%—10% 一次性补偿给农民，使其完全脱离自己土地；60%—70% 由政府或政府部门凭借"农转非"的垄断权获取；25%—30% 由村集体经济组织掌管，实际由村干部掌控（杨帅、温铁军，2010）。在 1998—2003 年间年均减少耕地 110.37 万公顷，相应城区面积增长快速，由 1998 年的2.14 万平方公里增加到 2005 年的 3.25 万平方公里，年均增长 6.18%，除此外，到 2005 年各类开发区的规划面积整顿压缩后仍为 1.02 万平方公里，失地或部分失地农民在 2005

年就达 4000 万—5000 万人，且以每年 200 万—300 万人的速度递增，由征地引起的纠纷与违法事件特别是有关征地补偿与被征地农民的安置问题大量增加，在此期间粮食总产量也从 1998 年的 51230 万吨下滑到 2003 年的 43070 万吨，耕地减少威胁着国家的粮食安全。

（二）分税制（技术治理型）的完善

分税制应对分级包干制（有限控制型）的缺陷：调整了政府与生产经营组织间的关系、提高了中央财政的调控能力、促进了统一市场的形成，但在其运行中，又内生出新的失衡，不得不进行调整。

1. 规范政府的收支形式

非税收入的膨胀与地方政府、政府部门乱收费乱罚款乱摊派等乱象相伴，也是腐败滋生的温床，2002 年启动了税费改革，采取了"一清二转三改四留"的办法，即清理整顿正在实施的收费、基金项目，取消不合理、不合法的项目；对可通过市场竞争提供服务的收费，转为经营性收费，并依法纳税；对体现政府职能、具有强制性的收费，转为税收，纳入税收管理体系；对符合国际惯例、必须保留的收费，对罚没收入纳入规范管理，实施"收支两条线"，通过财政专户管理。乱集资乱摊派引起农民负担的持续加重，在 2000 年后中央政府实施了"少取、多予、搞活"的策略，一方面清理、减轻农村税费，2001 年取消了屠宰税与乡统筹，降低了农林特产税、村提留，2004 年全部取消了除烟叶外的农林特产税，并规范了农村的集资行为，2006 年全面终止了农业税；另一方面增加了对农村的财政支出，就中央财政支出而言 2000 年为 1231.54 亿元，占财政总支出的 7.75%，2010 年则达到 8579.5 亿元，占财政总支出的 8.56%，增加了农村基础设施、医疗养老保险、义务教育等软硬公共品的供给和多种直补，切实减轻了农民的负担。

随着转移支付数额的增加，财政资金的支出安排与分配实现了专项化、项目化。在中央财政比重与数量的增加及均衡地区和城乡发展的要求下，政府间财政转移支付的规模也屡创新高，2009 年中央财政对地方政府的转移额达 28621.3 亿元，占当年全国财政总收入的 41.8%，地方财政支出的 39.1% 来自中央财政的转移支付，县乡财政支出的比例更高[①]，并且随着政府职能的转变，财政支出趋向基础设施及公共性服务，如何安排和分配这些资金呢？逐渐发展成了以项目管理为中心的政策、制度、法规和实际运作方式（渠敬东等，2009），实现了财政资金分配的项目化。财政支出的项目化严格了过程管理、强调公共品的供给，使资金的使用效率得以提高，使中央政府的控制力得以强

---

① 依据财政部《关于 2009 年中央和地方预算执行情况与 2010 年中央和地方预算草案的报告》的数据整理。

化，与严厉的审计制度相结合，还能遏制资金的挪用与侵占，便于中央意图的实现，但运行中也内生出一些缺陷：如"设租寻租"；财政资金分配不合理，管理效率、使用效率效果不高等。

2. 预算管理与预算技术的改进

规范财政收支仅约束了财政收支的形式，相当于束缚了财政运行的手脚，要规范财政的运行更要管住其运行的头脑——预算，对预算的规范主要是从"思维"的工具即预算管理与预算技术两方面展开的。

预算管理方面：改革部门预算并充实完善收支两条线、实行国库集中支付与政府统一采购、推进信息公开、进行政府收支分类改革、推进财政资金的整合、管理层级的调整等。

部门预算的改革始于 2000 年，改变了按照政府职能和经费性质对开支进行分类编制预算的传统，实行按部门编制预算，在部门下又按部门行使的职能安排功能支出，这样既继承了传统预算便于收支结构分析和宏观调控的优点，又能完整详细地反映一个部门行使职能所需的经费，使预算编制的形式、方法、内容发生了实质性的改变，表现在：部门预算延长了预算编制的时间，延伸了预算的层次，从基本预算单位开始编制预算，逐级审核、逐级汇总，克服了代编预算的盲目性；部门预算细化到单位和项目，以此为基础细化了预算批复；部门预算实行"一个部门一本预算"，并采取综合预算的编制方法，提高了预算的完整性，并把预算外资金纳入预算管理；部门预算还规范了政府资产的管理，增强了预算的透明度。

国库集中支付是改变原来实行的分级分散的国库收付制度，建立国库单一账户体系如国库单一账户、财政部门和预算单位的零余额账户、小额现金账户、预算外资金财政专户、特设账户；规范财政收入收缴程序包括税收收入、非税收入、社会保障缴款、转移和赠与收入、产权处置收入、贷款回收本金、债务收入；规范财政支出拨付程序包括直接支付程序与授权支付程序。通过国库集中支付规范了财政资金的拨付、完善了资金使用信息的反馈与监督、强化了预算执行的外部约束，由于资金在使用前集中保护在国库，提高了资金的使用效率。

政府统一采购是在财政监督下，以法定的方式、方法和程序，购买货物、工程或服务，包括采购政策、采购程序、采购过程、采购管理，是把市场的公平竞争关系纳入政府与供货企业之间，提高了采购的效益，使物有所值，又促成了政府采购的公开、透明。

政府收支分类是对政府收入和支出项目的类别和层次的划分，是对政府职能的细化与具体的展示，是在市场经济条件下健全中国公共财政制度的要求。分类在总体上按功能区分，在部门中按经济性质或用途区分，体现着"体系完整、反映全面、分类明细、口径可比、便于操作"的要求，以此实现了国内实际与国际惯例的有机结合。

随着国家发展阶段的演进、发展理念与发展战略的转变，各级财政加大了基础产业、先导产业和战略性产业的支持力度，这在一定程度上促成了发展的稳健性与持续性，但也放大了财政资金管理的已有缺陷：多头管理与多重代理体制下财政资金使用分散、脱节、重复、低效，浪费与短缺并存，资金的安全性与公平性也难以保障。财政资金分配效率与配置效率的低下已严重制约着财政支持效能的发挥。在整合的实践中，就财政支农资金而言，财政部分别在2005年4月、2006年5月、2007年6月下发了关于整合财政支农资金的通知和指导意见，开启并推进整合的试点，确定了"渠道不乱、用途不变、优势互补、各记其功、形成合力"的整合原则，明确了"规划引导、统筹安排、明确职责、项目带动"的总要求，取得了一些经验：以县为整合的支点并与之具体项目的审批权，整合中以县级规划为指导、以具体产业或项目为平台，并建立整合的协调工作机制；加强行政管理体制改革，按照"减少交叉、权责一致、强化协调、增强服务"的调整和归并部门职能分工，按照"资金渠道不变、审批权限不变、使用渠道不变、管理职责不变"的原则，合并支农资金的管理，并采取"一揽子"上报，

"打捆"下达的方式；对扶持整合的引导资金由"先行拨付"改为"以奖代补"或"先建后补"，并强化支农资金的监管；不强求整合方式的统一，积极探索其他有效的整合方式等。带有功利性的财政改革规范了各级政府间的收入关系，强化了中央财政的收入，但传承于计划体制的财政支持体制未发生根本性变革，条块分割、职能分散的缺陷依然存在，随着财政支持资金的增加，这些缺陷被放大，有的学者提出"政府所有、财政管理、单位使用"的整合模式（刘文学，2005），但此模式仅是财政支持资金整合的目标，其忽略整合中已有的组织存量：具有既得利益的政府部门，使资金使用的整合缺乏现实途径，资金是欲合不能；随着整合实践的推进有学者总结出以项目带动、以产业带动、以地域建设带动整合的三个基本模式（马静等，2007），这使得整合有了现实的着力点，此后有学者提出：变"后整合"为"前、后整合"相结合（陈池波等，2007），以实现项目的立项、审批与整合的同步；支农资金变"以县（区）为主"为"以县区为主，各级联动"的整合模式；变"独角戏"为"参与式"资金使用模式，给农民话语权，并重构财政支持资金监管新机制及资金使用和项目建设、管理的新体制。有的学者还提出通过"大部门"改造深化财政支持资金的整合，通过改善财政支持资金的支出结构和方式，强化其引导社会资金的功能（彭克强，2008）。在整合的实践中，整合的推进以行政力量为主导，注重过程和输入的整合，忽视输出和结果维度的整合，在没有公众参与的预算体制下，整合更多体现的是政府的本位利益。在现有的考核模式下，项目的选择、产业的选择、建设地域的选择体现的是政绩偏好，并且由于决策、执行、监督机制不健全，资金管理成本高，使用效率低成为顽疾，财政资金的公益目标与公平目标或实现成本高或难以实现。支持资金的整合虽表现以项目、产业、区域为载体，进行纵向、横向的整合，但实际上是相关权利在各层级各部门间的重新配置，应赋予居民和组织的参与权，使公共需求的主权能在整合中体现，并成为决策权、执行权、监督权分离制衡运行中的结合点和轴心。

　　改革开放以后，为了充分发挥城市经济的辐射作用，以地市合并为基础的"市管县"体制逐步建立，在 2003 年底全国大部分地区普遍实行："中央—省—市—县—乡镇"五级政府层级结构，按照"一级政府、一级政权、一级事权、一级财权、一级预算"，就有五级财政预算管理体制。随着层级的增多，其弊端也体现出来，主要表现为三大"漏斗效应"：财政漏斗、权利漏斗、效率漏斗，并导致城乡差距愈来愈大，由此发展县域经济、减少管理层级的呼声日渐高涨。从 2002 年起，浙江、湖北、河南、广东等省先后实施了"扩权强县"的改革，把地市的经济管理权下放给县，以在经济管理维度减少层级；2004 年后湖北、安徽、吉林等省在财政体制上实施"省直管县"，以减少财政管理的层次，2009年6月财政部下发《关于推进省直接管理县财政改革的意见》，要求在2012年底全国除民族自治地区外实行财政"省直管县"。与此同时乡镇财政由于收入结构的调整而能消减，有些地区弱化乡镇财政，实行"乡财县管"等形式，管理层级由五级调整为三级。三级财政管理既具有合法性又具有有效性，合法性首先体现在合宪，"乡财县管"不是取消乡镇一级政府，而是在乡镇财政收入功能弱化，支出功能突出时把乡镇财政管理委托给县财政，以便加强监督，但事权与支出权依然在乡镇政府，同时信息技术也为县管乡提高了可能；其次符合发展战略，三级层级便于国家财政政策的实施，有利于县域经济和城乡经济的统筹发展；最后三级层级也符合历史，在农村治理历史中存在着政不下乡，村民自治的传统；三级治理的有效性主要体现在：层级的减少减少了信息传递的环节，压缩了行政成本，这种扁平式的财政管理结构便于财政管理增强财政的责任性、回应性；层级的减少能降低完善分权财政的操作成本，目前层次过多，每一层级政府在税种划分中缺乏主体税种，不便于地方政府提高财政努力的效率，层级减少便于主体税种的划分，在三级层次中依照国际通行的作法：所得税为中央政府的主体税种，收入流动性大，以便其发挥调节分配与稳定经济社会的作用；增值税为地方政府的主体税种，以便发挥其发展本地经济的积极性；房产税为基层政府的主体税种，房产税分散、固定且与当地的发展环境有关，当然这种划分以政府职能的公共性及其分级区分的有效性、统一市场的运行、所得税成为财政收入的主体为前提。

预算技术方面：利用信息技术建立"金税""金财"工程，以实现信息共享、提高行政效率并强化监督；实施零基预算、制定并不断完善科学的标准的定额体系、全面编制标杆预算与绩效预算，科学地、有效地确定各项支出及数量，明确资金使用的激励与约束，提高资金的使用效率。

3. 完善中的缺陷

规范财政收支形式及改进预算管理与技术强化了过程的控制与能力的建设，注重公共品供给效率的提高，但缺乏满足公共需求的激励与约束机制，即缺乏公众参与带来的激励与约束，使治理手段与技术的改进未能实现预期的目标，突出地表现在公共品的供给中总量不足与结构过剩相伴而生。在乡村公共品的财政支持中，政府不仅取消了"三提""五统"与农业税，各级财政还加大了对乡村的投入，就中央财政而言1997年各项支农资金为774亿元，2005年增为2450.31亿元，2015年则安排12286.6亿元，"少取"与"多予"促进了乡村经济的发展和社会事业的完善，缓解了乡村公共品的短缺，但也存在一些投入并不是"及时雨",提供的一些公共品质量低劣,有的甚至还阻碍着农村经济社会的发展。主要表现在资金投入轻"存量"重"增量",轻"无形"重"有形":基础设施与基本公共服务建设多,管理维护少;农业生产硬件条件改善明显,直接相关的科技服务、市场服务、金融保险服务、劳力转移的公共服务供给不足;乡村社会保障薄弱。这些在供给内容上的结构性失衡随财政投入的增加而不断放大,降低了财政资金的配置效率,减弱了公共资金应有的功能。

而公众参与的激励与约束不仅能使已有的治理技术充分发挥效力,而且还能激励政府官员创新治理与服务的技术,主动地发展自己的治理与服务能力。

第五章 分级治理结构演进的基本趋向

"每个人自由全面发展"是社会主义制度伦理的基本取向，也是社会主义财政体系的基本价值取向，它既内生于社会的发展历程，又外在于制度与治理结构的演进与构建，为结构的演进确立了价值目标和价值尺度，也规定社会主义财政分级治理结构演进序列的基本趋势和动态收敛点。在中央政府拥有剩余立法权及分级治理结构选择权的既定条件下，该基本价值取向就成为中央政府在结构选择中的外生因素，即结构的选择要保障和实现公众的经济自由，并体现分配的差异原则以消除事实的不平等，与财政的治理现实相结合，一起形成结构选择的外部制约因素，即治理目标的现实表现及既有的制度存量和组织现状；治理结构的治理绩效则为制约结构选择的内部因素，内外逻辑的结合决定了中央政府对分级治理结构的客观选择，以此表现为结构演进的基本趋势。

第一节　技术治理结构的固有缺陷

在技术治理结构中中央财政具有充足的财力，中央政府部门与地方政府追逐着"功名与自利"，中央政府对应社会发展的要求显示自己的偏好，并以技术治理为手段，对地方政府实施晋升激励与问责约束。在运行实践中财政收支的安排仍按传统的习惯定式运作，把工具目标作为终极目标，号召式、动员式为主要运行方式，缺乏制度保障与约束，忽略模式运行应有的健全的微观基础，使各级财政及其相应的机构与事业单位所提供的公共品总量不足与结构过剩并存，且随财政支出的增加而放大。技术治理型式的调整虽减轻了工薪集团的负担，使居民的权益得到一些保障，但未能消除根源于技术治理的缺陷，这与技术治理型的自身运行有关，主要表现如下。

一、技术治理运行过程的缺陷

考核指标结构的改进与程序技术的规范、问责制的建立，虽能强化政府职能的协调、激励政府调整收支结构，但指标的增多无疑会增加考核的信息成本，在某些指标不是公共信息或不能客观量化、量化受人为因素影响时，地方政府也就有了操作的空间，使量化考核中指标值的客观性越来越出现"主观化"的倾向，加之其拥有信息优势，考核也就失去了效力，并且有些公共需求的满足不能量化，为此还会出现新的失衡，同时租金收益及其差异还会消减或扭曲指标改进的考核效力，欲通过改进指标结构来改善指标考核的缺陷，就会发现不能客观量化的现象越多，考核对象的操作空间越大，指标结构改进的效力越弱。

过程的规范不能消除寻租的可能。过程的规范化欲强化规则，以减少寻租、提高行政效率，但在实际的运行中存在一个悖论：强调行政效率的提高，就会在程序技术的设计上花费高昂的成本，考核指标和报表制度也就规划得越周密，但会越显露出技术监管的不充分，使程序技术越有寻租的可能，并给不同领域留出足够的经营空间。

问责的实施中除了责任主体明确、信息公开、强制惩罚外，还需具有充分激励的问责主体，而在目前的问责设计中，问责的主体一般是政府机构而不是责任事件中利益直接相关者，问责主体启动问责缺乏充分激励，问责约束力的预期也就减弱了；在事件中若结果不能观察测量、过程不明确，存在信息不对称，信息公开需要成本甚至不可能，问责也就难以实施；若惩罚不能做到及时准确，强制惩罚也就失去效力，问责也就失去约束作用，单纯依靠指标考核的改进与治理手段技术化不能纠偏政府的行为，政府行为机制的优化应把指标考核的改进与预算的参与制相结合。

在转移支付和财政拨款成为地方政府或机构主要资金来源时，设项目、报项目、争项目、批项目则成为资金分配、使用单位的主要活动，作为项目发包方的上级政府则有可能"设租寻租"，在"报与批"之间汇聚和嵌入了各种社会关系；严格的程序、科学的论证、严厉的审计不能消除存在于资金使用者和审批者之间的信息不对称，同时还花费大量的管理成本，运作的规范既有可能成为突击花钱的激励，又有可能制约资金的支出安排，如许多项目资金只能购买设备、不能支付没有发票的劳务费用，下级部门为了及时把钱花掉又能顺利通过评估和审计，往往会突击购置设备而造成浪费，再如由于技术管理方面的限制，多会安排易于评估、管理和审计的项目；财政资金分配的项目化有利于推动政府职能的转变，使财政支出转向基础设施和公共服务，但有可能使地方政府在基础设施与公共服务项目上滋生出对上级资金的依赖，使项目资金产生"挤出效应"，减少了地方政府在这些项目上的支出，由此可说明支出安排的专项化、项目化并不必然具有效率、体现公平。指标监管和考核结构的设计，倚重可量化的数字管理，却常常忽视了地方政府实际权力操作中的具体机制和隐性规则（渠敬东等，2009），从而使技术治理不能实现工具和价值目标的协调，背离了社会的公共需求。

二、治理被经营化

转移支付与财政支出关联着政府及部门、执行单位与基层预算单位的收入预期，实际存在的暗箱操作与经营空间，使项目的申报和实施能按照经营的标准和逻辑来推进，治理效率被理解为经营效率。许多地方政府部门或基层政府把项目的报批外包给一些专业技术公司，采用企业化的模式来运作，致使一些公共投入和建设项目的运营浸透着资本化的逻辑，公共服务供给与财政支持的多元化仅拓展了政府经营的渠道；上级政府部门为了追求管理效率在资金分配中或把项目执行形塑成过程明确、结果可测的模式，或选择评估成本较低的项目，客观存在的自由裁量权，不能根除设租寻租的可能，技术治理的现实运营降低项目实施的应有效果。

技术治理经营化根源于政府和政府部门的经营性，即追求名利收益和效益最大化，政府的经营性突显了上级政府的偏好，并改善了生产性设施、推动了资源的资本化，使行政控制的资产得以积聚，使经济总量得以扩张，但与之相伴的是资源配置的失衡、社会结构的失调，经营性与竞争性相融合即外在的压力与内在的动力相互强化，更是放大了这种利弊，增大了中央政府的调控压力。

技术治理的经营化适从于政府或政府部门的经营性与竞争性，使财政资金的分配融入资本的逻辑，服从于直接间接收益与效益的最大化，在此分配模式中分散了资金分配的成本，看似多方收益，但带来了公共品供求结构的失衡与财政支持力度的削弱。

第二节 结构选择的外部制约

治理结构的选择与演进实际上是对治理环境的呼应，治理环境既决定了治理结构选择的基本规定，又滋生出治理结构的新需求，其作为结构选择的外部约束主要表现如下。

一、独立产权成为发展主体，财政支出及分级结构定位于有效实现公共需求

改革开放 40 余年来，中国产权结构发生了根本性的变化，自主产权即法人产权和私人产权成为主体，突出地表现为不仅国有企业进行了公司化改造，而且私营经济也得到了长足的发展，在乡村更是个体经济与集体经济占绝对优势，2017 年底我国大陆私营企业数 2700 万，个体工商户已超过 6500 万户，私营企业数占企业总数的 90%，注册资本占比已超过 60%。就 GDP 的贡献而言：2000 年私营企业 GDP 占比 55%，自 2012 年起私营企业对 GDP 的贡献一直超过 60%；就税收而言：1989 年私营企业税收仅为 1.12 亿元，2007 年税收总额已经高达 4771.51 亿元，18

年增长了 4259.3 倍，年均增速 59.1%；个体经济税收 1982年仅为 11.33 亿元，2007 年税收总额已经高达 1484.26 亿元，25 年增长了 130 倍，年均增速 21.5%，2017 年民营企业和涉外企业共上缴税收 111263.22 亿元，全国税收总额占比 71.5%；从就业人数看：1991 年到 2007 年，仅私营企业就业人数就增长了 38.4 倍，年均增速达 25.8%。2017年私营企业的就业人数已经占全国城镇全部就业的 80% 以上和新增就业的 90% 以上；就投资而言：2005 年民间投资（个体私营企业投资）占全社会固定资产投资的比重为60%，2007 年达到 68.2% 左右，2012 至 2017 年已连续五年超过 60%。自主产权主体的大量存在，使社会经济的运行以私人部门为主，社会资源的配置以市场为基础，政府与生产经营主体间的关系体现为政府与市场间的关系，财政支出的定位应服从于政府职能的转变：自主的生产经营主体与居民不能、不愿或能够、愿意实现但有效供给不足而由各层次组织提供或供给的社会性物品或服务，具体表现如下。

（一）财政支出的范畴是动态变化的，公共品供给的内容也是多样的

公共品由各层次组织提供，与私人品相对，私人品在消费上具有竞争性与排他性，拥有私人品或通过生产或通过购买，所需费用完全由居民承担。但居民生产或购买的具有

竞争性和排他性的物品或服务不一定是纯粹的私人品，所需费用也不一定完全由居民承担。在由各级政府直接供给的纯公共品与由居民完全承担的纯私人品间不存在突变性的永久性的分界，它们之间还存在准公共品和权益——伦理型公共品（冯俏彬、贾康，2010），纯公共品与纯私人品仅是一个动态连续谱的两极。当具有竞争性和排他性的物品或服务具有外部性：如粮食生产涉及社会稳定，应由政府提供补贴或政策性保险；如环境发生变化，社会职业变化频繁、风险增加，工薪者个人无力承担职业培训，养老由于家庭规模减小，家庭承担乏力而部分由政府提供；如由于社会发展阶段与社会价值目标的演进，滋生出社会发展的新要求，对社会成员不排他地均等地提供生存发展的基本品，如义务教育、基本权利的改善与保障，等等。同时由于技术、市场等发展条件的变化，引起排他性成本或收入分配结构的变化，一些公共品则转由市场供给，由个人完全负担，成为私人品。

（二）财政收支应抵补产业与区域发展的弱质性、成员发展能力的不足

基础产业为各行各业的运行及人们的生活与发展提供产品或服务，其支撑和推动着整个经济社会的发展，稳健性成其发展的根本要求，但农业作为基础产业之一，没有自生的稳健性。自然再生产与经济再生产的结合使其面临自然

和市场双重风险，受生产组织形式与技术进步的制约，使其不具有与其他产业均衡发展的能力，在中国现阶段，单个农户依然是农业生产的主体，其积累能力有限，抗风险能力不足，农业的弱质性作用得以强化。从农业的粮食产量看，近几年中国大陆虽连年增长，但存在人口净增、城市人口增加等粮食消费的新增因素，另外，随着城市化进程加快和消费水平不断提高，人们对蔬菜、水果和肉、蛋、奶的需求显著增加，这些农产品生产需要占用更多的优质粮田，需要更多的粮食进行转化，这就直接或间接增加了粮食消费；从供给能力看：中国耕地减少、水资源匮乏等资源约束日益趋紧，自然灾害频繁发生，靠天吃饭之局面没有根本改变，国家粮食安全依然受到威胁。

为了克服农业的自生缺陷对社会的影响，离不开以社会利益为本位的外在于市场的政府组织，政府在健全市场组织与设施、保持农产品价格基本稳定的同时，通过技术服务、农资与种粮补贴提高职业农民[①]收入，以保障农产品的供应充足与适销对路。先导性与战略性产业是对经济与社会发展动态的主动安排，也是发展动力、潜力的培育与涵养，既具必要性，又充满不确定性，对市场主体吸引力弱，单纯依靠自发与自利的市场其发展缺乏保障，唯有通过财政

---

① 农业实际从业人员。

收支降低市场主体的经营风险，并增强其生产要素的组织能力，或直接出资参与发展。

国家疆域之内不同地区发展资源不同、发展政策不同、发展能力也不同，域内各地发展模式、发展水平也就存在着差异，在奉行经济增长取向且以 GDP 为追逐的主要指标时，各地增长水平的差距、增长条件的优劣彰显，在社会成员迁移受阻、在居住地工作地不能获得当地同等的公共服务时，各地增长的差异也就成为各地社会成员生活与发展的不平等，这既不符合社会主义价值取向：每个成员自由全面的发展，也不利于各地潜力与价值的发挥，制约着整个国家的持续发展。

每个成员自由全面的发展以社会主义发展的价值取向决定着经济社会发展的目标与归宿，也形成着经济社会发展的评判尺度，同时也是经济社会发展的动力与智力支撑。从地区发展看，尊重地区多样性，破解各地制约成员全面发展的自然社会约束，以地区的多样化发展，满足成员的多样化需求，并使各成员各得其所、各展其长。实现各地多样化发展既要正视各地的发展基础与发展能力，又要检视各地发展的外部性，既要激励又要协调。激励各地多样化发展，除了转变发展理念外，还要建立起权责清晰、纵横转移科学合理、运行有效的财政收支分级体系，一方面以支出范畴规范地区的发展行为，同时又以税收划分落实其行为收益内部化，具有外溢性或流动性的收支则依据不同程度归于基层以上不同层级政府，上级政府也可根据收支执行的信息与效率要求，委托给下级政府；另一方面在尊重各地发展权的基础上，依据各地发展条件、多样化发展的要求、多样化发展受益格局、多样化发展的努力程度，建立收入纵向及横向转移支付体系，使多样化发展主体具有与多样化发展要求相适应的发展能力，并使其付出能获得高于机会成本的收益。制约每个成员自由全面发展的约束除了地区差距与地区性约束外，还存在一般性约束，如先天的弱势、家庭教育与养老功能的弱化、职业风险的增加等，在拆除制约每个成员自由全面发展的地区藩篱时，还应改善财政收支与成员个体相关部分，在激励成员自身发展的同时，抵补个体无法克服的弱势，并明确家庭、社区及各级政府的责权益。

（三）财政在乡村的生产性支出应实现农地的所有权安排与所有者职能

在农地所有制的现有安排中，产权主体有政府、农村集体组织及成员。政府作为农地产权的设定者，拥有终极所有权，通过法律法规的制定与执行，规范土地的交易、使用与收益的分配。农村集体组织既被赋予行政性，又被赋予经济性，是农村土地的实际所有者，具体行使农地的所有权。集体成员依其集体组织的成员身份，依法享有一定期限的承包经营权，在现实中可依据程序流转，并能获取相应收益，使承包权有了物权性质，但受期限和机会成本的制约，土地投资预期收益低且不确定，同时自身筹资能力有限，农户对土地投资特别是长期投资不足，影响农业的持续发展，这是农地所有权现状和农业相对收益使然。事关农地自然生产力的投资，应依据其回收的时间和受益范围确定集体组织和各级政府的投资比例，使其与各自享有的所有权相适应。

二、社会均衡发展与意识形态的约束

社会均衡发展以分隔消除、机会均等为基础，体现为成员间、成员与各类组织间、不同阶层间、不同组织间的协调发展。它既是每个成员自由全面发展的条件，又是相伴每个成员自由全面发展的结果，既是持续发展的条件，又是持续发展的目标与动力。以中国社会主义建设的跨越式发展为基础，城乡均衡发展成为社会均衡发展的主线，以城乡融合发展为基础，就分配结构而言要求城乡间可支配收入要协调。城乡间分配格局的形成既有要素所有权权益因素，又有要素所有者地位与市场势力因素，也有财政支出差异的作用。乡村产业结构单一，且以农业为主体，受农业弱质性、生产组织形式与技术进步的制约，并结合财政支出的城乡差异、身份差异使中国城乡收入差距在 2013 年前呈现上升趋势，虽在 2013 年后回落，但仍在高位徘徊（如图 5-1[1]），既制约城乡协调发展又违背社会主义的基本价值取向。

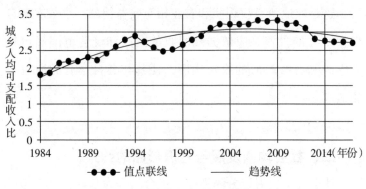

图 5-1　城乡居民人均可支配收入比

乡村财政支出体现社会发展的要求，但应以农民农户的主体性为基础，体现社会主义的基本价值趋向。在跨越式发展为社会发展的取向时，各级政府以城乡分隔的二元体制及其公共品的差别化供给为基础，利用行政权和市场途径，促使农村资源向高增加值的产业转移，实现了高增长，但农民的基本权益受损，农业发展乏力，城乡居民收入差距扩大；在城乡协调发展成为整个社会的内在取向时，以工补农、以城带乡成为现实选择，并要求政府在其中承担主

---

[1]　图中资料来源于各年国家统计局发布的统计年鉴。

导作用。进入新世纪中共中央连续发布了以"三农"为主题的一号文件，以此为导向各级财政逐年加大对"三农"的支出总量和比例，并改善和强化城乡协调发展的制度品^①的供给，彰显了政府在农村公共品供给中的主导作用，使农业发展、农民增收，城乡协调发展等取得了较大的进展（郁建兴、高翔，2009），农村民生得到显著改善，但由于农民及其组织主体地位的缺乏，政府供给的公共品未能发挥应有的效率和效益；农民工问题虽得到缓解，但仍未融入城市管理体制，阻碍城乡融合发展的制度依然存在；农业生产经营组织聚合要素资源乏力，农业可持续发展的内在基础薄弱，农业农村的进一步发展需培育和依托农民及其组织的主体性。

第三节　结构的选择：完全参与型

技术治理的固有缺陷随财政支出的增加而不断放大，由其确定的财政支出安排与效果对社会公共需求的偏离挑战中央政府的社会协调力，在与外部约束的相互强化中，中央政府不得不进行治理结构的再选择，以求建立既能融合社会主义价值取向，又能植根发展现实，同时又体现公共

---

①　由国家法律法规赋予的、能体现和保障农民基本权利的公共品。

财政一般性的高效而善治的社会主义财政分级治理结构，即通过行为主体及其行为规则的改进，以规范、约束政府的行为，实现好每个成员的基本权利，促进社会的全面进步。中央政府的结构选择实际上是治理结构与结构差异、治理环境间实现对应的机理，这也是结构演进的机理（如图5-2），中央政府的结构选择是结构演进的装置，输入的是治理环境（结构选择的外部制约）与各结构间的具体差异（结构选择的内部制约），通过中央政府的结构选择输出的是结构演进的结果。依据结构型式差异及外部约束的现实表现，结合命题2-16及结构演进的外部逻辑，中央政府的恰当选择是完全参与型，以此展现结构演进的基本趋向。在完全参与型中公众能参与各级财政的收支决策，各级财政的收支受到公众的刚性约束，官员的"名与利"也仅与公众的满意度相关，完全参与型改进了财政收支的决策与约束规则，使公共需求主权得以实现，各级政府的行为机制得以重塑。

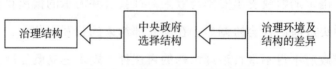

图5-2　分级治理结构的演进装置

一、完全参与型能消除技术治理型的固有缺陷

在完全参与型中各级政府的收支不再是政府部门的暗箱

操作，收支方案的形成、决策、执行与监督都在公众参与下成为阳光操作，政府的收支行为由此受到公众的刚性约束，当然收支预算的编制、决策、执行与监督都以公众参与的程序、组织及保障制度为组织形式，甚至预算与决算的文件形式都体现和服务于公众的参与，完全参与型呈现出与技术治理型不同的收支安排形式，表现如下。

（一）完全参与型能压缩"设租寻租"的空间

"设租寻租"的存在以三要素为必要条件：（1）权力垄断。资源供给的垄断是租金产生的基础，垄断使交易双方具有不平等的选择权，垄断方由此获得有利的交易条件。垄断地位可能来自资源本身数量的有限性、创新及法律的设定，权力的垄断来自法律的设定，即以强制力确立与维持，它可以带来规模经济，消除源自分散的内耗，但权力代理者的经济理性使权力低效行使并成为逐利的工具。（2）信息不透明。操作过程程序化并强制实施能约束权力的运行，且不考虑程序刚性的有效性，若没有信息的公开，权力是否按照程序运行，程序是否具有约束作用便不能展现，事后的问责也失去了效力，程序反而可能成为规避问责的工具，权力设租寻租便不可避免。（3）超过机会成本、风险成本的预期收益。预期收益包括名利收益，能获得超过机会成本的预期收益是租金的收益之源，没有它，租金也就成为无源之水而干涸了，同时理性的官员在获取租金时要进行成本收益比较，若发现、惩罚的概率小或惩罚的程度轻，预期的风险成本低，也就增强了官员设租寻租的动机。作为必要条件的这三个要素只要缺一个，设租寻租便不成立，在完全参与型中这三个要素都能被消减。在财政的收支形成过程中虽离不开行政强制和权力的运作，但权力不再由某些官员独享，在公众的参与、约束中削弱了垄断性。支出的安排、政府间的转移支付都按公众事先确定的规则由公众选择确定，收益预期固化，预算单位也就失去了租金收益，减少了租金的来源。公众的参与伴随信息的公开与透明，使寻租的发现与问责成为可能，在预期收益不变时弱化了设租寻租的动机。

（二）完全参与型能消除政府的逐利性或经营性

财政收支是政府行为的体现，政府作为强制性组织其本身来自公众的委托，其权力也由公众赋予，但由于组织成员的理性和信息不对称，其表现出独立的品格，追求自身效用最大化，财政收支也就成为实现效用或收益最大化的工具，在完全参与型治理中官员虽依然具有理性，但政府再不是暗箱，信息不对称的程度已然缓解，并且各级政府的支出范围和转移支付方式与额度已事先确定，其中可能存在的不完全表现即剩余调整的实施由公众按事先一致同意的规则来处置，支出的安排也由公众来选择，收入获取的方式与数量也由公众确定，因此在完全参与型中政府失去了经营的空间，收入支出的刚性约束也使政府失去了经营的工具。

二、完全参与型能成为推进公共价值目标实现的工具

在完全参与型中财政收支的形成包含收支规则的制定、收支的决策、执行与监督都在公众参与下进行，对财政收支效率、效益的追求能服从于公共利益，由此实现工具与价值目标的统一。

（一）完全参与型能使财政收支具有公共属性

财政收支是政府行为在资金收支账户中的映射，也是政府行为的支撑，即财政收支既适从于政府行为又制约着政府行为。在完全参与型中，财政收支的实施虽以政府的强制性为后盾，甚至使用强制手段，但在公众全方位参与下，财政收支再不是由政府和政府部门独自决定，而是在公众参与下由公众选择决定，并且公众选择按公众以一致同意原则为基础确定的规则来运行。公众参与机制使财政收支安排对应于公共需求及其顺序，政府官员仍具有经济理性，仍推动财政收支服务其理性，但在完全参与型中其理性得到全方位的压缩；政府虽仍具有强制性，但强制力被驯服为公共需求服务，因为政府所具有的强制力包括工具、行使程序及作用范围都由公众赋予，并在公众监督中具体运行。

（二）完全参与型能使政府受"公利"价值的激励
与约束

在完全参与型中公众的全方位参与能给各级政府的行为
植入公共性，使政府行为公共化透明化，这为问责的实施
准备了条件，若与公众问责、公众选拔相结合，还能使政
府的"思维"公共化。公众选拔与公众问责直接与公众的权
利相关，这样的制度安排具有实施的激励，而不是摆设或
应付，能促进其效力的充分发挥，以此为基础对政府的激
励与约束也具有充分性，使政府不得不增强其行为的责任
性与回应性，包括财政收支预算的编制与执行。

以公众参与激励约束为基础，使晋升竞争与之结合，即
晋升以公众的评价与选拔为唯一依据，依据这样的支付规则，
政府官员的名与利仅与公众需求的满足相关，受竞争压力作
用，政府尽力地追求民众公共需求的最大满足，即以公利为
理性，使公众的价值目标能最大程度地实现。在这样的行为模
式中，压力与动力相互强化，使政府不仅充分利用现有的预
算及管理技术，而且研发出新技术，以提高服务公利的能力。

第四节　分级治理结构的现实改进

随着财政收支环境的变化、规模的扩大，技术治理结构
的缺陷日益凸显，财政收支总量不足与结构过剩并存，削

弱了财政的绩效，掣肘着财政的职能。在国家治理现代化路上，财政是基础与支柱，以财政制度与治理的现代化推进社会主义制度的完善及国家治理体系、治理能力的现代化，现实的诉求、发展的呼应促使国家对财政分级治理结构的改进。依据《预算法》的修改及国务院发布的有关央地收入、央地财政事权与支出责任调整的文件，结合对基层政府预算创新的默许、策划、鼓励、推广和合法化，展开分级治理结构改进的现实情况分析。

一、预算规范政府收支、全民监管政府预算，分级治理结构的公共性与主动性增强

对比 1994 年制定的与 2014 年、2018 年修改后的《预算法》①，见表 5-1②。

---

① 1994 年制定的《中华人民共和国预算法》文本选自《中华人民共和国法规汇编 1994 年 1 月—12 月》，中国法制出版社 1995 年版；2014 年修改的《中华人民共和国预算法》文本来自中国人大网：http://www.npc.gov.cn/wxzl/gongbao/2014-11/02/content_1892137.htm；2018 年修改的《中华人民共和国预算法》文本来自中国人大网：http://www.npc.gov.cn/npc/c30834/201901/d68f06b9ab3e4fa9b8225ad2034c654e.shtml。第十三届全国人民代表大会常务委员会第七次会议于 2018 年 12 月 29 日完成并通过对《预算法》的修改：将第八十八条中的"监督检查本级各部门及其所属各单位预算的编制、执行"修改为"监督本级各部门及其所属各单位预算管理有关工作"，为 2014《预算法》修法精神与原则的遵循、是执法依据与条款表述的完善，在演进分析中，把 2014《预算法》与 2018《预算法》合为一体而与 1994《预算法》进行比较。

② 在对比表中，2014/18《预算法》纵栏中加粗部分为条款增添或修改部分，1994《预算法》纵栏中斜体部分为修改后被删除的部分。表中仅为《预算法》中总则、预算管理职权、预算收支围三章的比较。

表 5-1　94《预算法》与 14/18《预算法》在"总则、
预算管理权、预算收支范围"的比较

94《预算法》	14/18《预算法》
第一章　总则	第一章　总则
第一条　为了强化预算的分配和监督职能，健全国家对预算的管理，加强国家宏观调控，保障经济和社会的健康发展，根据宪法，制定本法。	第一条　为了规范政府收支行为，强化预算约束，加强对预算的管理和监督，建立健全全面规范、公开透明的预算制度，保障经济社会的健康发展，根据宪法，制定本法。
第二条　国家实行一级政府一级预算，设立中央，省、自治区、直辖市、设区的市、自治州、县、自治县、不设区的市、市辖区、乡、民族乡、镇五级预算。	第二条　预算、决算的编制、审查、批准、监督，以及预算的执行和调整，依照本法规定执行。
不具备设立预算条件的乡、民族乡、镇，经省、自治区、直辖市政府确定，可以暂不设立预算。	第三条　国家实行一级政府一级预算，设立中央，省、自治区、直辖市，设区的市、自治州，县、自治县、不设区的市、市辖区，乡、民族乡、镇五级预算。
第四条　中央政府预算（以下简称中央预算）由中央各部门（含直属单位，下同）的预算组成。	全国预算由中央预算和地方预算组成。地方预算由各省、自治区、直辖市总预算组成。
中央预算包括地方向中央上解的收入数额和中央对地方返还或者给予补助的数额。	地方各级总预算由本级预算和汇总的下一级总预算组成；下一级只有本级预算的，下一级总预算即指下一级的本级预算。没有下一级预算的，总预算即指本级预算。
第五条　地方预算由各省、自治区、直辖市总预算组成。	第四条　预算由预算收入和预算支出组成。
地方各级总预算由本级政府预算（以下简称本级预算）和汇总的下一级总预算组成；下一级只有本级预算的，下一级总预算即指下一级的本级预算。没有下一级预算的，总预算即指本级预算。	政府的全部收入和支出都应当纳入预算。
	第五条　预算包括一般公共预算、政府性基金预算、国有资本经营预算、社会保险基金预算。

地方各级政府预算由本级各部门（含直属单位，下同）的预算组成。 　　*地方各级政府预算包括下级政府向上级政府上解的收入数额和上级政府对下级政府返还或者给予补助的数额。* 　　第七条　单位预算是指列入部门预算的国家机关、社会团体和其他单位的收支预算。	一般公共预算、政府性基金预算、国有资本经营预算、社会保险基金预算应当保持完整、独立。政府性基金预算、国有资本经营预算、社会保险基金预算应当与一般公共预算相衔接。 　　第六条　一般公共预算是对以税收为主体的财政收入，安排用于保障和改善民生、推动经济社会发展、维护国家安全、维持国家机构正常运转等方面的收支预算。 　　中央一般公共预算包括中央各部门（含直属单位，下同）的预算和中央对地方的税收返还、转移支付预算。 　　中央一般公共预算收入包括中央本级收入和地方向中央的上解收入。中央一般公共预算支出包括中央本级支出、中央对地方的税收返还和转移支付。 　　第七条　地方各级一般公共预算包括本级各部门（含直属单位，下同）的预算和税收返还、转移支付预算。 　　地方各级一般公共预算收入包括地方本级收入、上级政府对本级政府的税收返还和转移支付、下级政府的上解收入。地方各级一般公共预算支出包括地方本级支出、对上级政府的上解支出、对下级政府的税收返还和转移支付。

	第九条　政府性基金预算是对依照法律、行政法规的规定在一定期限内向特定对象征收、收取或者以其他方式筹集的资金，专项用于特定公共事业发展的收支预算。
	政府性基金预算应当根据基金项目收入情况和实际支出需要，按基金项目编制，做到以收定支。
	第十条　国有资本经营预算是对国有资本收益作出支出安排的收支预算。
	国有资本经营预算应当按照收支平衡的原则编制，不列赤字，并安排资金调入一般公共预算。
	第十一条　社会保险基金预算是对社会保险缴款、一般公共预算安排和其他方式筹集的资金，专项用于社会保险的收支预算。
	社会保险基金预算应当按照统筹层次和社会保险项目分别编制，做到收支平衡。
第三条　各级预算应当做到收支平衡。	第十二条　各级预算应当遵循统筹兼顾、勤俭节约、量力而行、讲求绩效和收支平衡的原则。
	各级政府应当建立跨年度预算平衡机制。
第九条　经本级人民代表大会批准的预算，非经法定程序，不得改变。	第十三条　经人民代表大会批准的预算，非经法定程序，不得调整。各级政府、各部门、各单位的支出必须以经批准的预算为依据，未列入预算的不得支出。

续表

	第十四条　经本级人民代表大会或者本级人民代表大会常务委员会批准的预算、预算调整、决算、预算执行情况的报告及报表，应当在批准后二十日内由本级政府财政部门向社会公开，并对本级政府财政转移支付安排、执行的情况以及举借债务的情况等重要事项作出说明。 经本级政府财政部门批复的部门预算、决算及报表，应当在批复后二十日内由各部门向社会公开，并对部门预算、决算中机关运行经费的安排、使用情况等重要事项作出说明。 各级政府、各部门、各单位应当将政府采购的情况及时向社会公开。本条前三款规定的公开事项，涉及国家秘密的除外。 第十六条　国家实行财政转移支付制度。财政转移支付应当规范、公平、公开，以推进地区间基本公共服务均等化为主要目标。 财政转移支付包括中央对地方的转移支付和地方上级政府对下级政府的转移支付，以为均衡地区间基本财力、由下级政府统筹安排使用的一般性转移支付为主体。 按照法律、行政法规和国务院的规定可以设立专项转移支付，用于办理特定事项。建立健全专项转移支付定期评估和退出机制。市场竞争机制能够有效调节的事项不得设立专项转移支付。

续表

	上级政府在安排专项转移支付时，不得要求下级政府承担配套资金。但是，按照国务院的规定应当由上下级政府共同承担的事项除外。 　　第十七条　各级预算的编制、执行应当建立健全相互制约、相互协调的机制。
第二章　预算管理职权	**第二章　预算管理职权**
第十三条　县级以上地方各级人民代表大会审查本级总预算草案及本级总预算执行情况的报告；批准本级预算和本级预算执行情况的报告；改变或者撤销本级人民代表大会常务委员会关于预算、决算的不适当的决议；撤销本级政府关于预算、决算的不适当的决定和命令。 　　县级以上地方各级人民代表大会常务委员会监督本级总预算的执行；审查和批准本级预算的调整方案；*审查和批准本级政府决算（以下简称本级决算）*；撤销本级政府和下一级人民代表大会及其常务委员会关于预算、决算的不适当的决定、命令和决议。 　　*设立预算的乡、民族乡、镇的*人民代表大会审查和批准本级预算和本级预算执行情况的报告；监督本级预算的执行；审查和批准本级预算的调整方案；审查和批准本级决算；撤销本级政府关于预算、决算的不适当的决定和命令。	第二十一条　县级以上地方各级人民代表大会审查本级总预算草案及本级总预算执行情况的报告；批准本级预算和本级预算执行情况的报告；改变或者撤销本级人民代表大会常务委员会关于预算、决算的不适当的决议；撤销本级政府关于预算、决算的不适当的决定和命令。 　　县级以上地方各级人民代表大会常务委员会监督本级总预算的执行；审查和批准本级预算的调整方案；审查和批准本级政府决算；撤销本级政府和下一级人民代表大会及其常务委员会关于预算、决算的不适当的决定、命令和决议。 　　乡、民族乡、镇的人民代表大会审查和批准本级预算和本级预算执行情况的报告；监督本级预算的执行；审查和批准本级预算的调整方案；审查和批准本级决算；撤销本级政府关于预算、决算的不适当的决定和命令。

续表

	第二十二条　全国人民代表大会财政经济委员会对中央预算草案初步方案及上一年预算执行情况、中央预算调整初步方案和中央决算草案进行初步审查，提出初步审查意见。 　　省、自治区、直辖市人民代表大会有关专门委员会对本级预算草案初步方案及上一年预算执行情况、本级预算调整初步方案和本级决算草案进行初步审查，提出初步审查意见。 　　设区的市、自治州人民代表大会有关专门委员会对本级预算草案初步方案及上一年预算执行情况、本级预算调整初步方案和本级决算草案进行初步审查，提出初步审查意见，未设立专门委员会的，由本级人民代表大会常务委员会有关工作机构研究提出意见。 　　县、自治县、不设区的市、市辖区人民代表大会常务委员会对本级预算草案初步方案及上一年预算执行情况进行初步审查，提出初步审查意见。县、自治县、不设区的市、市辖区人民代表大会常务委员会有关工作机构对本级预算调整初步方案和本级决算草案研究提出意见。 　　设区的市、自治州以上各级人民代表大会有关专门委员会进行初步审查、常务委员会有关工作机构研究提出意见时，应当邀请本级人民代表大会代表参加。

续表

	对依照本条第一款至第四款规定提出的意见，本级政府财政部门应当将处理情况及时反馈。 依照本条第一款至第四款规定提出的意见以及本级政府财政部门反馈的处理情况报告，应当印发本级人民代表大会代表。 全国人民代表大会常务委员会和省、自治区、直辖市、设区的市、自治州人民代表大会常务委员会有关工作机构，依照本级人民代表大会常务委员会的决定，协助本级人民代表大会财政经济委员会或者有关专门委员会承担审查预算草案、预算调整方案、决算草案和监督预算执行等方面的具体工作。
第十五条　县级以上地方各级政府编制本级预算、决算草案；向本级人民代表大会作关于本级总算草案的报告；将下一级政府报送备案的预算汇总后报本级人民代表大会常务委员会备案；组织本级总预算的执行；决定本级预算预备费的动用；编制本级预算的调整方案；监督本级各部门和下级政府的预算执行；改变或者撤销本级各部门和下级政府关于预算、决算的不适当的决定、命令；向本级人民代表大会、本级人民代表大会常务委员会报告本级总预算的执行情况。	第二十四条　县级以上地方各级政府编制本级预算、决算草案；向本级人民代表大会作关于本级总预算草案的报告；将下一级政府报送备案的预算汇总后报本级人民代表大会常务委员会备案；组织本级总预算的执行；决定本级预算预备费的动用；编制本级预算的调整方案；监督本级各部门和下级政府的预算执行；改变或者撤销本级各部门和下级政府关于算、决算的不适当的决定、命令；向本级人民代表大会、本级人民代表大会常务委员会报告本级总预算的执行情况。

乡、民族乡、镇政府编制本级预算、决算草案；向本级人民代表大会作关于本级预算草案的报告；组织本级预算的执行；决定本级预算预备费的动用；编制本级预算的调整方案；向本级人民代表大会报告本级预算的执行情况。

第十六条　国务院财政部门具体编制中央预算、决算草案；具体组织中央和地方预算的执行；提出中央预算预备费动用方案；具体编制中央预算的调整方案；定期向国务院报告中央和地方预算的执行情况。

地方各级政府财政部门具体编制本级预算、决算草案；具体组织本级总预算的执行；提出本级预算预备费动用方案；具体编制本级预算的调整方案；定期向本级政府和上一级政府财政部门报告本级总预算的执行情况。

第十七条　各部门编制本部门预算、决算草案；组织和监督本部门预算的执行；定期向本级政府财政部门报告预算的执行情况。

第十八条　各单位编制本单位预算、决算草案；按照国家规定上缴预算收入，安排预算支出，并接受国家有关部门的监督。

乡、民族乡、镇政府编制本级预算、决算草案；向本级人民代表大会作关于本级预算草案的报告；组织本级预算的执行；决定本级预算预备费的动用；编制本级预算的调整方案；向本级人民代表大会报告本级预算的执行情况。

经省、自治区、直辖市政府批准，乡、民族乡、镇本级预算草案、预算调整方案、决算草案，可以由上一级政府代编，并依照本法第二十一条的规定报乡、民族乡、镇的人民代表大会审查和批准。

第三章　预算收支范围	第三章　预算收支范围
第十九条　*预算由预算收入和预算支出组成。* *预算收入包括：* *（一）税收收入；* *（二）依照规定应当上缴的国有资产收益；* *（三）专项收入；* *（四）其他收入。* *预算支出包括：* *（一）经济建设支出；* *（二）教育、科学、文化、卫生、体育等事业发展支出；* *（三）国家管理费用支出；* *（四）国防支出；* *（五）各项补贴支出；* *（六）其他支出。* 第二十条　*预算收入划分为中央预算收入、地方预算收入、中央和地方预算共享收入。* *预算支出划分为中央预算支出和地方预算支出。* 第二十二条　*预算收入应当统筹安排使用；确需设立专用基金项目的，须经国务院批准。*	第二十七条　一般公共预算收入包括各项税收收入、行政事业性收费收入、国有资源（资产）有偿使用收入、转移性收入和其他收入。 一般公共预算支出按照其功能分类，包括一般公共服务支出，外交、公共安全、国防支出，农业、环境保护支出，教育、科技、文化、卫生、体育支出，社会保障及就业支出和其他支出。 一般公共预算支出按照其经济性质分类，包括工资福利支出、商品和服务支出、资本性支出和其他支出。 第二十八条　政府性基金预算、国有资本经营预算和社会保险基金预算的收支范围，按照法律、行政法规和国务院的规定执行。

　　《预算法》作为财政体系运行的基本遵循，规范了各主体在财政收支形成、完成中的权、责、利，建构出财政分级治理结构的基本框架。

通过 14/18《预算法》与 94《预算法》总则、预算管理职权与预算收支范围的对比，除预算扩展、区分为一般公共预算、政府性基金预算、国有资本经营预算、社会保险基金预算而进行修改外，确立预算依法而行，各级政府全部收支依预算而行，并受统筹兼顾、财力基础、绩效表现、年度平衡、跨年平衡的约束，明确预算的权力主体及其权力、责任主体及其责任、社会公众及其权利：强化并明晰人大作为民意代表和权力机关在财政预算中的决定作用，使政府收支的法治化、公共化有了法理基础；明确并细化各级政府、各部门、各单位的预算责任与社会公众的权利，为全民监督预算奠定了制度基础，也为政府收支的法治化、公共化增添了现实基础。

在分级治理结构上，除继续明确"一级政府一级预算"，上下级政府、部门、单位在预算中的权力、责任外，列出各级政府、部门、单位将各自预算向社会公开的义务，开辟了公众了解以及进一步参与预算的渠道。在财政收支方面，除继续明确上下级政府的权利与义务外，还对实现上级政府意图、调节下级政府行为的财政主要手段：转移支付进行了明确定位，以平衡地区间基本财力、推进基本公共服务均等化为目标，以规范、公开、公平为要求，以一般转移支付为主体，减少专项转移支付，并建立评估与退出机制，限制下级政府出资配套的共同项目，使下级政府财政收支可期可测，增加了下级政府安排收支的主动性。

二、明细预算收支、明确财务规则，分级治理结构的参与性与约束性增强

对比 1994 年制定的与 2014 年、2018 年修改后的《预算法》，见表 5-2[①]。

表 5-2　94《预算法》与 14/18《预算法》在"预算编制、预算审查和批准、预算执行、预算调整、决算"的比较

94《预算法》	14/18《预算法》
第四章　预算编制	第四章　预算编制
第二十五条　中央预算和地方各级政府预算，应当参考上一年预算执行情况和本年度收支预测进行编制。 　　第二十六条　*中央预算和地方各级政府预算按照复式预算编制。* 　　*复式预算的编制办法和实施步骤，由国务院制定。*	第三十二条　各级预算应当根据年度经济社会发展目标、国家宏观调控总体要求和**跨年度预算平衡的需要**，参考上一年预算执行情况、**有关支出绩效评价结果**和本年度收支预测，**按照规定程序征求各方面意见后**，进行编制。

　　①　该表所列仅为《预算法》中预算编制、预算审查与批准、预算执行、预算调整四章的比较。14/18《预算法》纵栏中加粗部分为条款的修改或增添部分，94《预算法》纵栏中斜体部分为修改后被删除的部分。

第二十七条　中央政府公共预算不列赤字。	**第三十四条　中央一般公共预算中必需的部分资金，**可以通过举借国内和国外债务等方式筹措，举借债务应当控制适当的规模，保持合理的结构。
中央预算中必需的建设投资的部分资金，可以通过举借国内和国外债务等方式筹措，但是借债应当有合理的规模和结构。中央预算中对已经举借的债务还本付息所需的资金，依照前款规定办理。	对中央一般公共预算中举借的债务实行余额管理，余额的规模不得超过全国人民代表大会批准的限额。
	国务院财政部门具体负责对中央政府债务的统一管理。
第二十八条　地方各级预算按照量入为出、收支平衡的原则编制，不列赤字。	第三十五条　地方各级预算按照量入为出、收支平衡的原则编制，**除本法另有规定外**，不列赤字。
除法律和国务院另有规定外，地方政府不得发行地方政府债券。	经国务院批准的省、自治区、直辖市的预算中必需的建设投资的部分资金，可以在国务院确定的限额内，通过发行地方政府债券举借债务的方式筹措。举借债务的规模，由国务院报全国人民代表大会或者全国人民代表大会常务委员会批准。省、自治区、直辖市依照国务院下达的限额举借的债务，列入本级预算调整方案，报本级人民代表大会常务委员会批准。举借的债务应当有偿还计划和稳定的偿还资金来源，只能用于公益性资本支出，不得用于经常性支出。
	除前款规定外，地方政府及其所属部门不得以任何方式举借债务。

	除法律另有规定外，地方政府及其所属部门不得为任何单位和个人的债务以任何方式提供担保。 国务院建立地方政府债务风险评估和预警机制、应急处置机制以及责任追究制度。国务院财政部门对地方政府债务实施监督。
第二十九条　各级预算收入的编制，应当与国民生产总值的增长率相适应。 按照规定必须列入预算的收入，不得隐瞒、少列，也不得将上年的非正常收入作为编制预算收入的依据。 第三十条　各级预算支出的编制，应当贯彻厉行节约、勤俭建国的方针。 各级预算支出的编制，应当统筹兼顾、确保重点，在保证政府公共支出合理需要的前提下，妥善安排其他各类预算支出。	第三十六条　各级预算收入的编制，应当与经济社会发展水平相适应，与财政政策相衔接。 各级政府、各部门、各单位应当依照本法规定，将所有政府收入全部列入预算，不得隐瞒、少列。 第三十七条　各级预算支出应当依照本法规定，按其功能和经济性质分类编制。 各级预算支出的编制，应当贯彻勤俭节约的原则，严格控制各部门、各单位的机关运行经费和楼堂馆所等基本建设支出。 各级一般公共预算支出的编制，应当统筹兼顾，在保证基本公共服务合理需要的前提下，优先安排国家确定的重点支出。 第三十八条　一般性转移支付应当按照国务院规定的基本标准和计算方法编制。专项转移支付应当分地区、分项目编制。 县级以上各级政府应当将对下级政府的转移支付预计数提前下达下级政府。 地方各级政府应当将上级政府提前下达的转移支付预计数编入本级预算。

续表

第三十一条　中央预算和有关地方政府预算中安排必要的资金，用于扶助*经济不发达的民族自治地方、革命老根据地、边远、贫困地区发展经济文化建设事业*。	第三十九条　中央预算和有关地方预算中应当安排必要的资金，用于扶助**革命老区、民族地区、边疆地区**、贫困地区发展经济**社会**建设事业。
第三十二条　各级政府预算应当按照本级政府预算支出额的百分之一至百分之三设置预备费，用于当年预算执行中的自然灾害救灾开支及其他难以预见的特殊开支。	第四十条　各级**一般公共预算**应当按照**本级一般公共预算**支出额的百分之一至百分之三设置预备费，用于当年预算执行中的自然灾**害等突发事件处理增加**的支出及其他难以预见的**开支**。
第三十三条　各级政府预算应当按照国务院的规定设置预算周转金。	第四十一条　各级**一般公共预**算按照国务院的规定可以设置预算周转金，**用于本级政府调剂预算年度内季节性收支差额**。
第三十四条　各级政府预算的上年结余，可以在下年用于上年结转项目的支出；*有余额的，可以补充预算周转金；再有余额的，可以用于下年必需的预算支出*。	**各级一般公共预算按照国务院的规定可以设置预算稳定调节基金，用于弥补以后年度预算资金的不足。**
第三十六条　*省、自治区、直辖市政府应当按照国务院规定的时间，将本级总预算草案报国务院审核汇总*。	第四十二条　各级政府上一年预算的结转资金，应当在下一年用于结转项目的支出；**连续两年未用完的结转资金，应当作为结余资金管理**。
	各部门、各单位上一年预算的结转、结余资金按照国务院财政部门的规定办理。

第五章　预算审查和批准	第五章　预算审查和批准
第三十七条　国务院财政部门应当在每年全国人民代表大会会议举行的一个月前，将中央预算草案的*主要内容*提交全国人民代表大会财政经济委员会进行初步审查。 　　省、自治区、直辖市、设区的市、自治州政府财政部门应当在本级人民代表大会会议举行的一个月前，将本级预算草案的*主要内容*提交本级人民代表大会有关的专门委员会或者根据本级人民代表大会常务委员会主任会议的决定提交本级人民代表大会常务委员会有关的工作委员会进行初步审查。 　　县、自治县、不设区的市、市辖区政府财政部门应当在本级人民代表大会会议举行的一个月前，将本级预算草案的*主要内容*提交本级人民代表大会常务委员会进行初步审查。	第四十四条　国务院财政部门应当在每年全国人民代表大会会议举行的**四十五日前**，将中央预算草案的**初步方案**提交全国人民代表大会财政经济委员会进行初步审查。 　　省、自治区、直辖市政府财政部门应当在本级人民代表大会会议举行的**三十日前**，将本级预算草案的**初步方案**提交本级人民代表大会有关专门委员会进行初步审查。 　　设区的市、自治州政府财政部门应当在本级人民代表大会会议举行的**三十日前**，将本级预算草案的**初步方案**提交本级人民代表大会有关专门委员会进行初步审查，或者送交**本级人民代表大会常务委员会有关工作机构**征求意见。 　　县、自治县、不设区的市、市辖区政府应当在本级人民代表大会会议举行的**三十日前**，将本级预算草案的**初步方案**提交本级人民代表大会常务委员会进行初步审查。 　　第四十五条　**县、自治县、不设区的市、市辖区、乡、民族乡、镇的人民代表大会举行会议审查预算草案前，应当采用多种形式，组织本级人民代表大会代表，听取选民和社会各界的意见。**

续表

	第四十六条　报送各级人民代表大会审查和批准的预算草案应当细化。本级一般公共预算支出，按其功能分类应当编列到项；按其经济性质分类，基本支出应当编列到款。本级政府性基金预算、国有资本经营预算、社会保险基金预算支出，按其功能分类应当编列到项。
第三十八条　国务院在全国人民代表大会举行会议时，向大会作关于中央和地方预算草案的报告。 地方各级政府在本级人民代表大会举行会议时，向大会作关于本级总预算草案的报告。	第四十七条　国务院在全国人民代表大会举行会议时，向大会作关于中央和地方预算草案以及**中央和地方预算执行情况**的报告。 地方各级政府在本级人民代表大会举行会议时，向大会作关于**总预算草案和总预算执行情况**的报告。
	第四十八条　全国人民代表大会和地方各级人民代表大会对预算草案及其报告、预算执行情况的报告重点审查下列内容： （一）上一年预算执行情况是否符合本级人民代表大会预算决议的要求； （二）预算安排是否符合本法的规定； （三）预算安排是否贯彻国民经济和社会发展的方针政策，收支政策是否切实可行； （四）重点支出和重大投资项目的预算安排是否适当；

（五）预算的编制是否完整，是否符合本法第四十六条的规定；

（六）对下级政府的转移性支出预算是否规范、适当；

（七）预算安排举借的债务是否合法、合理，是否有偿还计划和稳定的偿还资金来源；

（八）与预算有关重要事项的说明是否清晰。

第四十九条 全国人民代表大会财政经济委员会向全国人民代表大会主席团提出关于中央和地方预算草案及中央和地方预算执行情况的审查结果报告。

省、自治区、直辖市、设区的市、自治州人民代表大会有关专门委员会，县、自治县、不设区的市、市辖区人民代表大会常务委员会，向本级人民代表大会主席团提出关于总预算草案及上一年总预算执行情况的审查结果报告。

审查结果报告应当包括下列内容：

（一）对上一年预算执行和落实本级人民代表大会预算决议的情况作出评价；

（二）对本年度预算草案是否符合本法的规定，是否可行作出评价；

（三）对本级人民代表大会批准预算草案和预算报告提出建议；

续表

	（四）对执行年度预算、改进预算管理、提高预算绩效、加强预算监督等提出意见和建议。
第四十二条　各级政府预算经本级人民代表大会批准后，本级政府财政部门应当*及时*向本级各部门批复预算。各部门应当*及时*向所属各单位批复预算。	第五十二条　各级预算经本级人民代表大会批准后，本级政府财政部门应当**在二十日内**向本级各部门批复预算。各部门应当**在接到本级政府财政部门批复的本部门预算后十五日内**向所属各单位批复预算。 　　中央对地方的一般性转移支付应当在全国人民代表大会批准预算后三十日内正式下达。中央对地方的专项转移支付应当在全国人民代表大会批准预算后九十日内正式下达。 　　省、自治区、直辖市政府接到中央一般性转移支付和专项转移支付后，应当在三十日内正式下达到本行政区域县级以上各级政府。 　　县级以上地方各级预算安排对下级政府的一般性转移支付和专项转移支付，应当分别在本级人民代表大会批准预算后的三十日和六十日内正式下达。 　　对自然灾害等突发事件处理的转移支付，应当及时下达预算；对据实结算等特殊项目的转移支付，可以分期下达预算，或者先预付后结算。

	县级以上各级政府财政部门应当将批复本级各部门的预算和批复下级政府的转移支付预算，抄送本级人民代表大会财政经济委员会、有关专门委员会和常务委员会有关工作机构。
第六章　预算执行	**第六章　预算执行**
第四十三条　各级预算由本级政府组织执行，具体工作由本级政府财政部门负责。	第五十三条　各级预算由本级政府组织执行，具体工作由本级政府财政部门负责。 　　**各部门、各单位是本部门、本单位的预算执行主体，负责本部门、本单位的预算执行，并对执行结果负责。**
第四十四条　预算年度开始后，各级政府预算草案在本级人民代表大会批准前，本级政府可以先按照上一年同期的预算支出数额安排支出；预算经本级人民代表大会批准后，按照批准的预算执行。 　　第四十五条　预算收入征收部门，必须依照法律、行政法规的规定，及时、足额征收应征的预算收入。不得违反法律、行政法规规定，擅自减征、免征或者缓征应征的预算收入，不得截留、占用或者挪用预算收入。	第五十四条　预算年度开始后，各级预算草案在本级人民代表大会批准前，**可以安排下列支出：** 　　**（一）上一年度结转的支出；** 　　**（二）参照上一年同期的预算支出数额安排必须支付的本年度部门基本支出、项目支出，以及对下级政府的转移性支出；** 　　**（三）法律规定必须履行支付义务的支出，以及用于自然灾害等突发事件处理的支出。** 　　**根据前款规定安排支出的情况，应当在预算草案的报告中作出说明。** 　　预算经本级人民代表大会批准后，按照批准的预算执行。

第四十六条　*有预算收入上缴任务的*部门和单位，必须依照法律、行政法规*和国务院财政部门的*规定，将应当上缴的预算资金及时、足额地上缴国家金库（以下简称国库），不得截留、占用、挪用或者拖欠。	第五十五条　预算收入征收部门和单位，必须依照法律、行政法规的规定，及时、足额征收应征的预算收入。不得违反法律、行政法规规定，多征、提前征收或者减征、免征、缓征应征的预算收入，不得截留、占用或者挪用预算收入。 **各级政府不得向预算收入征收部门和单位下达收入指标。** 第五十六条　**政府的全部收入应当上缴国家金库（以下简称国库），任何部门、单位和个人不得截留、占用、挪用或者拖欠。**
第四十七条　各级政府财政部门必须依照法律、行政法规和国务院财政部门的规定，及时、足额地拨付预算支出资金，加强对预算支出的管理和监督。 各级政府、各部门、各单位的支出必须按照预算执行。	第五十七条　各级政府财政部门必须依照法律、行政法规和国务院财政部门的规定，及时、足额地拨付预算支出资金，加强对预算支出的管理和监督。 各级政府、各部门、各单位的支出必须按照预算执行，不得虚假列支。 **各级政府、各部门、各单位应当对预算支出情况开展绩效评价。**
第四十八条　县级以上各级预算必须设立国库；具备条件的乡、民族乡、镇也应当设立国库。 中央国库业务由中国人民银行经理，地方国库业务依照国务院的有关规定办理。	第五十九条　县级以上各级预算必须设立国库；具备条件的乡、民族乡、镇也应当设立国库。 中央国库业务由中国人民银行经理，地方国库业务依照国务院的有关规定办理。

各级国库必须按照国家有关规定，及时准确地办理预算收入的收纳、划分、留解和预算支出的拨付。 各级国库库款的支配权属于本级政府财政部门。除法律、行政法规另有规定外，未经本级政府财政部门同意，任何部门、单位和个人都无权动用国库库款或者以其他方式支配已入国库的库款。 各级政府应当加强对本级国库的管理和监督。	各级国库应当按照国家有关规定，及时准确地办理预算收入的收纳、划分、留解、**退付**和预算支出的拨付。 各级国库库款的支配权属于本级政府财政部门。除法律、行政法规另有规定外，未经本级政府财政部门同意，任何部门、单位和个人都无权**冻结**、动用国库库款或者以其他方式支配已入国库的库款。 各级政府应当加强对本级国库的管理和监督，**按照国务院的规定完善国库现金管理，合理调节国库资金余额。** **第六十条　已经缴入国库的资金，依照法律、行政法规的规定或者国务院的决定需要退付的，各级政府财政部门或者其授权的机构应当及时办理退付。按照规定应当由财政支出安排的事项，不得用退库处理。** **第六十一条　国家实行国库集中收缴和集中支付制度，对政府全部收入和支出实行国库集中收付管理。**
	第五十八条　各级预算的收入和支出实行收付实现制。 **特定事项按照国务院的规定实行权责发生制的有关情况，应当向本级人民代表大会常务委员会报告。**

第五十条　各部门、各单位应当加强对预算收入和支出的管理，不得截留或者动用应当上缴的预算收入，*也不得将不应当在预算内支出的款项转为预算内支出。*	**第六十三条**　各部门、各单位应当加强对预算收入和支出的管理，不得截留或者动用应当上缴的预算收入，不得擅自改变预算支出的用途。
第五十二条　各级政府预算周转金由本级政府财政部门管理，*用于预算执行中的资金周转，*不得挪作他用。	**第六十五条**　各级预算周转金由本级政府财政部门管理，不得挪作他用。
	第六十六条　各级一般公共预算年度执行中有超收收入的，只能用于冲减赤字或者补充预算稳定调节基金。
	各级一般公共预算的结余资金，应当补充预算稳定调节基金。 　　省、自治区、直辖市一般公共预算年度执行中出现短收，通过调入预算稳定调节基金、减少支出等方式仍不能实现收支平衡的，省、自治区、直辖市政府报本级人民代表大会或者其常务委员会批准，可以增列赤字，报国务院财政部门备案，并应当在下一年度预算中予以弥补。 　　**第六十二条**　各级政府应当加强对预算执行的领导，支持政府财政、税务、海关等预算收入的征收部门依法组织预算收入，支持政府财政部门严格管理预算支出。

	财政、税务、海关等部门在预算执行中，应当加强对预算执行的分析；发现问题时应当及时建议本级政府采取措施予以解决。
第七章　预算调整	第七章　预算调整
第五十三条　预算调整是指经全国人民代表大会批准的中央预算和经地方各级人民代表大会批准的本级预算，在执行中因特殊情况需要增加支出或者减少收入，使原批准的收支平衡的预算的总支出超过总收入，或者使原批准的预算中举借债务的数额增加的部分变更。	第六十七条　经全国人民代表大会批准的中央预算和经地方各级人民代表大会批准的地方各级预算，在执行中出现下列情况之一的，应当进行预算调整： （一）需要增加或者减少预算总支出的； （二）需要调入预算稳定调节基金的； （三）需要调减预算安排的重点支出数额的； （四）需要增加举借债务数额的。 第六十八条　在预算执行中，各级政府一般不制定新的增加财政收入或者支出的政策和措施，也不制定减少财政收入的政策和措施；必须作出并需要进行预算调整的，应当在预算调整方案中作出安排。
第五十四条　各级政府对于必须进行的预算调整，应当编制预算调整方案。中央预算的调整方案必须提请全国人民代表大会常务委员会审查和批准。县级以上地方各级政府预算的调整方案必须提请本级人民代表大会常务委员会审查和批	第六十九条　在预算执行中，各级政府对于必须进行的预算调整，应当编制预算调整方案。预算调整方案应当说明预算调整的理由、项目和数额。 在预算执行中，由于发生自然灾害等突发事件，必须及时增加预

准；乡、民族乡、镇政府预算的调整方案必须提请本级人民代表大会审查和批准。未经批准，不得调整预算。	算支出的，应当先动支预备费；预备费不足支出的，各级政府可以先安排支出，属于预算调整的，列入预算调整方案。 　　国务院财政部门应当在全国人民代表大会常务委员会举行会议审查和批准预算调整方案的三十日前，将预算调整初步方案送交全国人民代表大会财政经济委员会进行初步审查。 　　省、自治区、直辖市政府财政部门应当在本级人民代表大会常务委员会举行会议审查和批准预算调整方案的三十日前，将预算调整初步方案送交本级人民代表大会有关专门委员会进行初步审查。 　　设区的市、自治州政府财政部门应当在本级人民代表大会常务委员会举行会议审查和批准预算调整方案的三十日前，将预算调整初步方案送交本级人民代表大会有关专门委员会进行初步审查，或者送交本级人民代表大会常务委员会有关工作机构征求意见。 　　县、自治县、不设区的市、市辖区政府财政部门应当在本级人民代表大会常务委员会举行会议审查和批准预算调整方案的三十日前，将预算调整初步方案送交本级人民代表大会常务委员会有关工作机构征求意见。

续表

	中央预算的调整方案应当提请全国人民代表大会常务委员会审查和批准。县级以上地方各级预算的调整方案应当提请本级人民代表大会常务委员会审查和批准；乡、民族乡、镇预算的调整方案应当提请本级人民代表大会审查和批准。未经批准，不得调整预算。
第五十五条　*未经批准调整预算，各级政府不得作出任何使原批准的收支平衡的预算的总支出超过总收入或者使原批准的预算中举借债务的数额增加的决定。* 　　对违反前款规定作出的决定，本级人民代表大会、本级人民代表大会常务委员会或者上级政府应当责令其改变或者撤销。	**第七十条　经批准的预算调整方案，各级政府应当严格执行。未经本法第六十九条规定的程序，各级政府不得作出预算调整的决定。** 　　对违反前款规定作出的决定，本级人民代表大会、本级人民代表大会常务委员会或者上级政府应当责令其改变或者撤销。
第五十六条　在预算执行中，*因上级政府返还或者给予补助而引起的预算收支变化，不属于预算调整*。接受*返还或者补助款项*的县级以上地方各级政府应当向本级人民代表大会常务委员会报告有关情况；接受*返还或者补助款项*的乡、民族乡、镇政府应当向本级人民代表大会报告有关情况。	第七十一条　在预算执行中，**地方各级政府因上级政府增加不需要本级政府提供配套资金的专项转移支付而引起的预算支出变化，不属于预算调整。** 　　接受**增加专项转移支付**的县级以上地方各级政府应当向本级人民代表大会常务委员会报告有关情况；接受**增加专项转移支付**的乡、民族乡、镇政府应当向本级人民代表大会报告有关情况。
第五十七条　各部门、各单位的预算支出应当按照预算科目执行。不同预算科目间的预算资金需要调剂使用的，必须按照国务院财政部门的规定*报经批准*。	第七十二条　各部门、各单位的预算支出应当按照预算科目执行。**严格控制不同预算科目、预算级次或者项目间的预算资金**的调剂，确需调剂使用的，按照国务院财政部门的规定**办理**。

续表

第八章　决算	第八章　决算
第五十九条　决算草案由各级政府、各部门、各单位，在每一预算年度终了后按照国务院规定的时间编制。	第七十四条　决算草案由各级政府、各部门、各单位，在每一预算年度终了后按照国务院规定的时间编制。 **编制决算草案的具体事项，由国务院财政部门部署。**
第六十条　编制决算草案，必须符合法律、行政法规，做到收支*数额准确*、内容完整、报送及时。	第七十五条　编制决算草案，必须符合法律、行政法规，做到收支**真实**、数额准确、内容完整、报送及时。 **决算草案应当与预算相对应，按预算数、调整预算数、决算数分别列出。一般公共预算支出应当按其功能分类编列到项，按其经济性质分类编列到款。**
第六十二条　国务院财政部门编制中央决算草案，报国务院审定后，由国务院提请全国人民代表大会常务委员会审查和批准。 　　县级以上地方各级政府财政部门编制本级决算草案，报本级政府*审查*后，由本级政府提请本级人民代表大会常务委员会审查和批准。 　　乡、民族乡、镇政府编制本级决算草案，提请本级人民代表大会审查和批准。	第七十七条　国务院财政部门编制中央决算草案，**经国务院审计部门审计后**，报国务院审定，由国务院提请全国人民代表大会常务委员会审查和批准。 　　县级以上地方各级政府财政部门编制本级决算草案，**经本级政府审计部门审计后**，报本级政府审定，由本级政府提请本级人民代表大会常务委员会审查和批准。 　　乡、民族乡、镇政府编制本级决算草案，提请本级人民代表大会审查和批准。

续表

	第七十八条　国务院财政部门应当在全国人民代表大会常务委员会举行会议审查和批准中央决算草案的三十日前，将上一年度中央决算草案提交全国人民代表大会财政经济委员会进行初步审查。
	省、自治区、直辖市政府财政部门应当在本级人民代表大会常务委员会举行会议审查和批准本级决算草案的三十日前，将上一年度本级决算草案提交本级人民代表大会有关专门委员会进行初步审查。
	设区的市、自治州政府财政部门应当在本级人民代表大会常务委员会举行会议审查和批准本级决算草案的三十日前，将上一年度本级决算草案提交本级人民代表大会有关专门委员会进行初步审查，或者送交本级人民代表大会常务委员会有关工作机构征求意见。
	县、自治县、不设区的市、市辖区政府财政部门应当在本级人民代表大会常务委员会举行会议审查和批准本级决算草案的三十日前，将上一年度本级决算草案送交本级人民代表大会常务委员会有关工作机构征求意见。
	全国人民代表大会财政经济委员会和省、自治区、直辖市、设区的市、自治州人民代表大会有关专门委员会，向本级人民代表大会常务委员会提出关于本级决算草案的审查结果报告。

	第七十九条　县级以上各级人民代表大会常务委员会和乡、民族乡、镇人民代表大会对本级决算草案，重点审查下列内容： 　　（一）预算收入情况； 　　（二）支出政策实施情况和重点支出、 　　重大投资项目资金的使用及绩效情况； 　　（三）结转资金的使用情况； 　　（四）资金结余情况； 　　（五）本级预算调整及执行情况； 　　（六）财政转移支付安排执行情况； 　　（七）经批准举借债务的规模、结构、使用、偿还等情况； 　　（八）本级预算周转金规模和使用情况； 　　（九）本级预备费使用情况； 　　（十）超收收入安排情况，预算稳定调节基金的规模和使用情况； 　　（十一）本级人民代表大会批准的预算决议落实情况； 　　（十二）其他与决算有关的重要情况。 　　县级以上各级人民代表大会常务委员会应当结合本级政府提出的上一年度预算执行和其他财政收支的审计工作报告，对本级决算草案进行审查。

第六十三条　各级政府决算经批准后，财政部门应当向本级各部门批复决算。	第八十条　各级决算经批准后，财政部门应当**在二十日内**向本级各部门批复决算。 **各部门应当在接到本级政府财政部门批复的本部门决算后十五日内向所属单位批复决算。**
第六十四条　地方各级政府应当将经批准的决算，报上一级政府备案。	第八十一条　地方各级政府应当将经批准的决算**及下一级政府上报备案的决算汇总**，报上一级政府备案。 **县级以上各级政府应当将下一级政府报送备案的决算汇总后，报本级人民代表大会常务委员会备案。**

　　财政预算的形成与实施既是财政职能的实现，也是各主体权责利的体现，不同的权责利结构，财政职能的履行有不同的效率、效益与效果，现实演进中以各主体责权利结构的重设来支撑和优化财政职能。

　　当财政彰显为国家治理的基础与支柱时，财政预算成为规范政府行为、回应公众诉求、承担政府责任的工具，财政预算再也不局限于行政部门及公共资金使用单位，需要权力机关、社会团体与公众的共同作用，并具体化在预算的编制、决策、执行、调整与决算中。

　　在《预算法》的改进中，增加、罗列了预算主体编制预算的受制要素，并把"按程序征求各方面意见"列为应遵循的前提；要求政府所有收支都要列入预算，并由国库集中收付，并且只要政府的举措涉及财政收支的变化，都要在财政预算中反映；在预算形式上收入具体到目，支出按功能具体到项、按经济性质具体到款；对预算编制、决策、执行、调整与决算中的权责，从具体事项、时间及具体机构进行了明确，使权的行使、责的履行明晰化，也为制约与监督提供了依据。

在分级治理中除继承预算编制、决策、执行、调整与决算在上下级间的程序控制外，废除预算草案报备制度，强化一级政府的预算主体地位，增设同级人大在预算形成和实施中的具体权力以及政府、财政及其他部门、单位在预算中的具体责任；对上下级政府间的权责有了明确的界定，对政府间的转移支付、结转资金、周转金、预备费、稳定调节基金、预算调整有了具体而明晰的规定，使下级政府对自己的收支有确定的预期，在权责利匹配中增强地方政府对地方发展的激励与约束，同时保障上级政府或中央政府调控和协调的权力与财力。在预算收支的过程中明确、重设、植入人大及社会公众的权力与制约，在预算形式上明细化具体化，为全民监督、制约预算提供便利。

以地方政府举债权的设置为例，在管控方面，首先限定举债主体：国务院批准的省、自治区或直辖市；其次控制举债规模：经国务院并报全国人大或全国人大常委会批准；再次举债满足条件的设立：限定用途、使用与偿还计划；最后国务院建立地方政府债务的调控体系：包括地方债务风险预警机制、应急处置机制以及责任追究制度，并明确由国务院财政部门对地方政府债务实施监督。就地方政府而言，以批准额度为限举债，具体使用与偿还列入本级预算调整方案，报同级人大批准，不经批准不得举债，没有法规依据地方政府及所属部门不得提供担保。在严控中落实地方政府的举债权，一方面保护地方政府发展的积极性，另一方面也使风险可控。

三、确立多维监督、明晰法律责任，分级治理结构的回应性与规范性增强

对比 1994 年制定的与 2014 年、2018 年修改后的《预算法》，见表 5-3[①]。

---

① 该表所列仅为《预算法》中监督、法律责任、附则三章的比较。14/18《预算法》纵栏中加粗部分为条款的修改或增添，94《预算法》纵栏中斜体部分为修改后被删除的条款。

表5-3　94《预算法》与14/18《预算法》在"监督、
法律责任、附则"的比较

94《预算法》	14/18《预算法》
第九章　监督	第九章　监督
第六十九条　*各级政府应当在每一预算年度内至少二次*向本级人民代表大会或者其常务委员会作预算执行情况的报告。	第八十六条　**国务院和县级以上地方**各级政府应当在**每年六月至九月期间**向本级人民代表大会**常务委员会报告**预算执行情况。
第七十一条　各级政府财政部门负责监督*检查*本级各部门及其所属各单位预算的执行；并向本级政府和上一级政府财政部门报告预算执行情况。	第八十八条　各级政府财政部门负责监督本级各部门及其所属各单位预算管理有关工作，并向本级政府和上一级政府财政部门报告预算执行情况。
第七十二条　*各级政府审计部门对本级各部门、各单位和下级政府的预算执行、决算实行审计监督。*	第八十九条　**县级以上**政府审计部门**依法**对预算执行、决算实行审计监督。
	对预算执行和其他财政收支的审计工作报告应当向社会公开。
	第九十条　政府各部门负责监督检查所属各单位的预算执行，及时向本级政府财政部门反映本部门预算执行情况，依法纠正违反预算的行为。
	第九十一条　公民、法人或者其他组织发现有违反本法的行为，可以依法向有关国家机关进行检举、控告。
	接受检举、控告的国家机关应当依法进行处理，并为检举人、控告人保密。任何单位或者个人不得压制和打击报复检举人、控告人。

第十章　法律责任	第十章　法律责任
第七十三条　各级政府未经依法批准擅自变更预算，使经批准的收支平衡的预算的总支出超过总收入，或者使经批准的预算中举借债务的数额增加的，对负有直接责任的主管人员和其他直接责任人员追究行政责任。 　　第七十四条　违反法律、行政法规的规定，擅自动用国库库款或者擅自以其他方式支配已入国库的库款的，由政府财政部门责令退还或者追回国库库款，并由上级机关给予负有直接责任的主管人员和其他直接责任人员行政处分。	第九十二条　各级政府及有关部门有下列行为之一的，责令改正，对负有直接责任的主管人员和其他直接责任人员追究行政责任： 　　（一）未依照本法规定，编制、报送预算草案、预算调整方案、决算草案和部门预算、决算以及批复预算、决算的； 　　（二）违反本法规定，进行预算调整的； 　　（三）未依照本法规定对有关预算事项进行公开和说明的； 　　（四）违反规定设立政府性基金项目和其他财政收入项目的； 　　（五）违反法律、法规规定使用预算预备费、预算周转金、预算稳定调节基金、超收收入的； 　　（六）违反本法规定开设财政专户的。 　　第九十三条　各级政府及有关部门、单位有下列行为之一的，责令改正，对负有直接责任的主管人员和其他直接责任人员依法给予降级、撤职、开除的处分： 　　（一）未将所有政府收入和支出列入预算或者虚列收入和支出的； 　　（二）违反法律、行政法规的规定，多征、提前征收或者减征、免征、缓征应征预算收入的；

	（三）截留、占用、挪用或者拖欠应当上缴国库的预算收入的；
	（四）违反本法规定，改变预算支出用途的；
	（五）擅自改变上级政府专项转移支付资金用途的；
	（六）违反本法规定拨付预算支出资金，办理预算收入收纳、划分、留解、退付，或者违反本法规定冻结、动用国库库款或者以其他方式支配已入国库库款的。
	第九十四条　各级政府、各部门、各单位违反本法规定举借债务或者为他人债务提供担保，或者挪用重点支出资金，或者在预算之外及超预算标准建设楼堂馆所的，责令改正，对负有直接责任的主管人员和其他直接责任人员给予撤职、开除的处分。
第七十五条　隐瞒预算收入或者将不应当在预算内支出的款项转为预算内支出的，由上一级政府或者本级政府财政部门责令纠正，并由上级机关给予负有直接责任的主管人员和其他直接责任人员行政处分。	第九十五条　各级政府有关部门、单位及其工作人员有下列行为之一的，责令改正，追回骗取、使用的资金，有违法所得的没收违法所得，对单位给予警告或者通报批评；对负有直接责任的主管人员和其他直接责任人员依法给予处分：
	（一）违反法律、法规的规定，改变预算收入上缴方式的；
	（二）以虚报、冒领等手段骗取预算资金的；
	（三）违反规定扩大开支范围、提高开支标准的；

续表

	（四）其他违反财政管理规定的行为。 　　第九十六条　本法第九十二条、第九十三条、第九十四条、第九十五条所列违法行为，其他法律对其处理、处罚另有规定的，依照其规定。 　　违反本法规定，构成犯罪的，依法追究刑事责任。
第十一章　附则	第十一章　附则
第七十六条　各级政府、各部门、各单位应当加强对预算外资金的管理。预算外资金管理办法由国务院另行规定。各级人民代表大会要加强对预算外资金使用的监督。	第九十七条　各级政府财政部门应当按年度编制以权责发生制为基础的政府综合财务报告，报告政府整体财务状况、运行情况和财政中长期可持续性，报本级人民代表大会常务委员会备案。 　　第一百条　省、自治区、直辖市人民代表大会或者其常务委员会根据本法，可以制定有关预算审查监督的决定或者地方性法规。

　　监督、纠正与处罚作为预算实施的保障和必要环节，对比 94 与 14/18《预算法》，演进中除承续上级政府与同级人大及常委会的监督权、被监督者的责任与监督便利的创设、责任追究外，呈现出几个变化。

　　1. 在继续要求下级政府定期向上级政府报告预算执行情况、财政部门向本级政府和上级财政部门报告预算执行情况外，明确县级以上政府在每年六月至九月期间向本级人民代表大会常务委员会报告预算执行情况、执行部门及时向财政部门报告的责任，使监督便利的创设具体化，便于权力机关与财政部门低成本、日常化实施过程监督。

2.强调审计部门的依法监督，并公开审计结果；确立政府部门的监督责任；增设并保障公民、法人或者其他组织的监督权，使监督主体多元化、社会化。

3.罗列问责行为、明确纠正方案、实化责任承担者与相应处罚，使处罚具有威慑力和有效性，强化处罚的底线保障功能。处罚的威慑和有效来自处罚的及时和准确：不能遮、逃不脱、说不掉，若没有处罚的具体前提、受罚对象、具体处分，及时与准确也就失去发生的条件。

4.在《附则》中要求各级政府财政部门按年度编制以权责发生制为基础的政府综合财务报告，不仅有助于各级财政的可持续发展，还为评估、协调、约束政府的发展行为提供了一个工具。赋予省、自治区、直辖市人民代表大会或者其常务委员会制定执行性法规的权力，有利于共性与个性的结合，增强《预算法》的适应性与效力，又使分级治理结构增添活力，有助于财政体系高效发挥职能。

四、厘清政府间事权与支出责任、完善政府间收入，分级治理结构的有效性与法治性增强

依据十八大、十八届三中、四中、五中全会改革政府间财政关系的要求：各级政府事权与支出责任相适应、适度加强中央的事权和支出责任、各级政府事权规范化法律化，并针对新形势下，中央与地方现行的财政事权和支出责任划分还存在不同程度的不清晰、不合理、不规范等问题①，按照党中央、国务院的部署，国务院公开发布了《关于推进中央与地方财政事权和支出责任划分改革的指导意见》（国发〔2016〕49号）②，明确了中央与地方财政事权和支出责任划分改革的指导思想、总体要求与指导原则，提出改革的主要内容、保障与配套措施、职责分工和时间安排。

依照该文件的指引，并结合党的十九大和十九届二中、三中全会精神，以"中央领导、合理授权、依法规范、高效

---

① 这些问题突出表现在：政府职能越位与缺位并存，一些本可由市场调节或社会提供的事务，财政包揽过多，同时一些本该由政府承担的基本公共服务，财政承担不够；中央与地方财政事权和支出责任划分不尽合理，本应由中央直接负责的一些事务交给地方承担，宜由地方负责的一些事务，中央承担过多，地方没有担负起相应的支出责任；不少中央和地方提供基本公共服务的职责交叉重叠，共同承担的事项较多；省以下财政事权和支出责任划分不尽规范；有的财政事权和支出责任划分缺乏法律依据，法治化、规范化程度不高。

② 源自中国政府网—中央人民政府网站—国务院文件库（http://www.gov.cn/zhengce/zhengcewenjianku/index.htm）。

运转"为模式、以"权责清晰、财力协调、区域均衡"为目标，先后在基本公共服务、科技、教育、交通运输诸领域就具体事项^①展开了中央与地方事权与支出责任划分的改革，并按照国务院办公厅颁布的《基本公共服务领域中央与地方共同财政事权和支出责任划分改革方案》(国办发〔2018〕6号)、《科技领域中央与地方财政事权和支出责任划分改革方案》(国办发〔2019〕26号)、《教育领域中央与地方财政事权和支出责任划分改革方案》(国办发〔2019〕27号)、《交通运输领域中央与地方财政事权和支出责任划分改革方案》(国办发〔2019〕33号)^②进行。

---

　　① 　基本公共服务事项暂定为八大类18项：一、义务教育，包括公用经费保障、免费提供教科书、家庭经济困难学生生活补助、贫困地区学生营养膳食补助4项；二、学生资助，包括中等职业教育国家助学金、中等职业教育免学费补助、普通高中教育国家助学金、普通高中教育免学杂费补助4项；三、基本就业服务，包括基本公共就业服务1项；四、基本养老保险，包括城乡居民基本养老保险补助1项；五、基本医疗保障，包括城乡居民基本医疗保险补助、医疗救助2项；六、基本卫生计生，包括基本公共卫生服务、计划生育扶助保障2项；七、基本生活救助，包括困难群众救助、受灾人员救助、残疾人服务3项；八、基本住房保障，包括城乡保障性安居工程1项。科技领域事项包含科技研发、科技创新基地建设发展、科技人才队伍建设、科技成果转移转化、区域创新体系建设、科学技术普及、科研机构改革和发展建设等。教育领域包含义务教育、学生资助、其他教育（含学前教育、普通高中教育、职业教育、高等教育等）三个事项。交通运输领域包括公路、水路；铁路、民航、邮政、综合交通六个事项。

　　② 　源自中国政府网—中央人民政府网站—国务院文件库（http://www.gov.cn/zhengce/zhengcewenjianku/index.htm）。

（一）通过财政事权与支出责任的重定改革，政府间权责明晰、职与能匹配，中央政府财政事权适度加强

1. 在基本公共服务领域，以中央政府确定服务事项与标准为前提，针对不同事项、不同地区增加中央政府的支出责任，并依据影响地方财力的要素，公开、透明地增加对财力薄弱地区的一般转移支付，促成基本公共服务均等化。中央与地方分担明确且规范（见表5-4①）。

表5-4　基本公共服务领域中央与地方共同财政事权清单及基础标准、支出责任划分情况

财政事权 共同事项		基础标准	支出责任及分担
义务教育	1.公用经费保障	中央统一制定基准定额。在此基础上，继续按规定提高寄宿制学校等公用经费水平，并单独核定义务教育阶段特殊教育学校和随班就读残疾学生公用经费等。	中央与地方按比例分担。第一档为8∶2，第二档为6∶4，其他为5∶5。

① 表及其资料来自国务院办公厅颁布的《基本公共服务领域中央与地方共同财政事权和支出责任划分改革方案》（国办发〔2018〕6号）（http://www.gov.cn/zhengce/zhengcewenjianku/index.htm），其中第一档地区：内蒙古、广西、重庆、四川、贵州、云南、西藏、陕西、甘肃、青海、宁夏、新疆12个省（区、市）；第二档地区：河北、山西、吉林、黑龙江、安徽、江西、河南、湖北、湖南、海南10个省；第三档地区：辽宁、福建、山东3个省；第四档地区：天津、江苏、浙江、广东4个省（市）和大连、宁波、厦门、青岛、深圳5个计划单列市。

续表

财政事权 共同事项		基础标准	支出责任及分担
义务教育	2. 免费提供教科书	中央制定免费提供国家规定课程教科书和免费为小学一年级新生提供正版学生字典补助标准，地方制定免费提供地方课程教科书补助标准。	免费提供国家规定课程教科书和免费为小学一年级新生提供正版学生字典所需经费，由中央财政承担；免费提供地方课程教科书所需经费，由地方财政承担。
义务教育	3. 家庭经济困难学生生活补助	中央制定家庭经济困难寄宿生和人口较少民族寄宿生生活补助国家基础标准。中央按国家基础标准的一定比例核定家庭经济困难非寄宿生生活补助标准，各地可以结合实际分档确定非寄宿生具体生活补助标准。	中央与地方按比例分担，各地区均为 5∶5，对人口较少民族寄宿生增加安排生活补助所需经费，由中央财政承担。
	4. 贫困地区学生营养膳食补助	中央统一制定膳食补助国家基础标准。	国家试点所需经费，由中央财政承担；地方试点所需经费，由地方财政统筹安排，中央财政给予生均定额奖补。
学生资助	5. 中等职业教育国家助学金	中央制定资助标准。	中央与地方分档按比例分担。第一档地区分担比例统一为 8∶2；第二档地区，生源地为第一档地区的，分担比例为 8∶2，生源地为其他地区的，分担比例为 6∶4；

财政事权 共同事项	基础标准	支出责任及分担
学生资助		第三档、第四档、第五档地区，生源地为第一档地区的，分担比例为8:2，生源地第二档地区的，分担比例为6:4，生源地为其他地区的，与就读地区分担比例一致，分别为5:5、3:7、1:9。
	6.中等职业教育免学费补助	中央制定测算补助标准，地方可以结合实际确定具体补助标准。	中央统一实施的免学费补助所需经费，由中央与地方分档按比例分担。第一档地区分担比例统一为8:2；第二档地区，生源地为第一档地区的，分担比例为8:2，生源地为其他地区的，分担比例为6:4；第三档、第四档、第五档地区，生源地为第一档地区的，分担比例为8:2，生源地为第二档地区的，分担比例为6:4，生源地为其他地区的，与就读地区分担比例一致，分别为5:5、3:7、1:9。
	7.普通高中教育国家助学金	中央制定平均资助标准，地方可以按规定结合实际确定分档资助标准。	所需经费由中央与地方分档按比例分担。第一档为8:2，第二档为6:4，第三档为5:5，第四档为3:7，第五档为1:9。

续表

财政事权 共同事项		基础标准	支出责任及分担
学生资助	8.普通高中教育免学杂费补助	中央逐省核定补助标准，地方可以结合实际确定具体补助标准。	中央统一实施的免学杂费补助所需经费，由中央与地方分档按比例分担。第一档为8∶2，第二档为6∶4，第三档为5∶5，第四档为3∶7，第五档为1∶9。
基本就业服务	9.基本公共就业服务	由地方结合实际制定标准。	主要依据地方财力状况、保障对象数量等因素确定。
基本养老保险	10.城乡居民基本养老保险补助	由中央制定基础标准。	中央确定的基础养老金标准部分，中央与地方按比例分担。中央对第一档和第二档承担全部支出责任，其他为5∶5。
基本医疗保障	11.城乡居民基本医疗保险补助	由中央制定指导性补助标准，地方结合实际确定具体补助标准。	中央与地方分档按比例分担。第一档为8∶2，第二档为6∶4，第三档为5∶5，第四档为3∶7，第五档为1∶9。
	12.医疗救助	由地方结合实际制定标准。	主要依据地方财力状况、保障对象数量等因素确定。
基本卫生计生	13.基本公共卫生服务	由中央制定基础标准。	中央与地方分档按比例分担。第一档为8∶2，第二档为6∶4，第三档为5∶5，第四档为3∶7，第五档为1∶9。

续表

财政事权共同事项		基础标准	支出责任及分担
基本卫生计生	14.计划生育扶助保障	由中央制定基础标准。	中央与地方分档按比例分担。第一档为8:2,第二档为6:4,第三档为5:5,第四档为3:7,第五档为1:9。
基本生活救助	15.困难群众救助	由地方结合实际制定标准。	主要依据地方财政困难程度、保障对象数量等因素确定。
	16.受灾人员救助	中央制定补助标准,地方可以结合实际确定具体救助标准。	对遭受重特大自然灾害的省份,中央财政按规定的补助标准给予适当补助,灾害救助所需其余资金由地方财政承担。
	17.残疾人服务	由地方结合实际制定标准。	主要依据地方财力状况、保障对象数量等因素确定。
基本住房保障	18.城乡保障性安居工程(包括城镇保障性安居工程和农村危房改造等)	由地方结合实际制定标准。	主要依据地方财力状况度、年度任务量等因素确定。

2.在科技领域,依据事项的影响范围及外溢程度、投入需求及风险度,在中央政府、地方政府及市场、社会间进行划分。

具体而言:探索未知科学问题的自由探索类基础研究、

制约国家发展战略目标和整体自主创新能力提升的目标导向类基础研究、关系经济社会发展全局的重大理论和现实问题、哲学社会科学创新体系建设的重大基础理论问题、国家高端智库建设等事项分别通过国家自然科学基金与国家社会科学基金由中央财政承担主要支出责任；在应用与技术研发中，事关国家重大战略的产品和重大产业化目标、需发挥举国体制优势、要求在设定时限内进行集成式协同攻关的事项，由中央财政通过国家科技重大专项等承担主要支出责任，事关农业、能源资源、生态环境、健康等国计民生领域中周期长且公益性强的研究、事关产业核心竞争力、整体自主创新能力和国家安全的重大科学问题、重大共性关键技术和产品研发，由中央财政通过国家重点研发计划等承担主要支出责任；在科研创新基地建设发展中，依据科学发展前沿、国家战略需求、产业创新发展需要的国家实验室建设等国家科技创新基地建设发展，由中央财政承担财政负担资金的主要支出责任；在科研人才队伍建设中，由中央实施的科技人才引进、培养支持的人才专项，由中央财政承担支出责任；在科研成果的转移转化中，中央财政主要通过国家级基金的引导和杠杆作用，以市场机制吸引社会资本，促成关系国计民生和产业发展的科技成果转移转化和资本化、产业化；在区域创新体系的建设中，国家自主创新示范区、国家科技创新中心、综合性国家科学中心等区域创新体系建设，由地方财政承担财政负担资金的主要支出责任，中央财政通过转移支付统筹给予支持；在科学技术普及中，由中央层面开展的科普工作，中央财政承担主要保障责任；地方层面开展的科普工作，地方财政承担主要保障责任，中央财政通过转移支付统筹给予支持；在科研机构的改革和发展建设中，对中央级科研机构改革和发展建设的补助，确认为中央财政事权，由中央财政承担支出责任，中央级科研机构承担地方政府委托任务，由地方财政给予合理补助，对地方科研机构改革和发展建设方面的补助，确认为地方财政事权，由地方财政承担支出责任。

3.在教育服务领域，以基本国情为基础，依据教育公共服务的特点，遵循教育规律，按义务教育、学生资助、其他教育①三个方面进行事权和支出责任的划分，具体见表5-5②。

---

① 包含学前教育、普通高中教育、职业教育、高等教育等。

② 表中资料来自《教育领域中央与地方财政事权和支出责任划分改革方案》（国办发〔2019〕27号）（中国政府网—中央人民政府网站—国务院文件库，http://www.gov.cn/zhengce/zhengcewenjianku/index.htm），其中第一档地区：内蒙古、广西、重庆、四川、贵州、云南、西藏、陕西、甘肃、青海、宁夏、新疆等12个省（自治区、直辖市）；第二档地区：河北、山西、吉林、黑龙江、安徽、江西、河南、湖北、湖南、海南等10个省；第三档地区：辽宁、福建、山东等3个省（不含计划单列市）；第四档地区：天津、江苏、浙江、广东等4个省（直辖市）及大连、宁波、厦门、青岛、深圳等5个计划单列市；第五档地区：北京、上海等2个直辖市。

表 5-5　教育服务领域中央与地方财政事权与支出责任划分情况 ①

财政共同事权		事项细分及基础标准	支出责任分担
义务教育	3. 校舍安全保障	农村公办学校校舍单位面积补助测算标准由国家统一制定；城市公办学校相关标准由地方制定。根据城乡义务教育一体化发展进程，适时研究建立城乡统一的校舍安全保障机制。	农村公办学校校舍补助由中央与地方财政按比例分担：第一档、第二档中央财政分担比例由 50% 分别提高至 80%、60%；第三档、第四档、第五档中央财政由奖补支持调整为分别分担 50%、30%、10%。城市公办学校补助经费由地方财政承担。
	5. 其他经常性事项	农村义务教育阶段学校教师特设岗位计划教师补助、集中连片特困地区乡村教师生活补助；巩固落实城乡义务教育教师工资政策。	地方财政统筹安排，中央财政分别给予工资性补助和综合奖补；地方财政按规定统筹使用相关转移支付和本级财力按时足额发放，中央财政继续通过一般性转移支付对地方义务教育教师工资经费统筹给予支持。

---

① 义务教育中：1.公用经费保障，2.家庭经济困难学生生活补助，4.贫困地区学生营养膳食补助，5 项中教科书提供等事项的划分，以及学生资助中：2.普通高中免学杂费补助和国家助学金，3.中等职业教育免学费补助、国家助学金和国家奖学金的划分见表 5-4。

财政共同事权		事项细分及基础标准	支出责任分担
义务教育	6.涉及阶段性任务和专项性工作的事项	现阶段重点改善贫困地区薄弱学校基本办学条件；教师培训专项工作补助；国家统一制定边远贫困地区、边疆民族地区和革命老区人才计划教师选派专项标准。	地方财政统筹安排，中央财政通过相关转移支付统筹给予支持；工作补助经费由中央与地方财政按比例分担：第一档中央财政承担，第二档中央与省级财政按5∶5比例分担，其他由省级财政承担。
学生资助	1.学前教育幼儿资助	普惠性学前教育的家庭经济困难儿童、孤儿和残疾儿童资助。	现阶段由地方财政负责支出，中央财政给予奖补支持。
	4.高校国家助学金	国家制定本专科生国家助学金平均资助标准和研究生国家助学金资助标准。	中央部门所属高校由中央财政承担支出责任。地方高校所需经费不再区分生源地区，调整为中央与地方财政按比例分担：第一档中央财政继续负担80%；第二档中央财政继续负担60%；第三档、第四档、第五档中央财政由按省份确定分担比例，调整为分别负担50%、30%、10%。
	5.高校国家奖学金等资助	高校国家奖学金、国家励志奖学金、大学生服兵役资助、退役士兵教育资助、国家助学贷款奖补，由国家制定	中央事权所需经费由中央财政承担；中央与地方高校补助所需经费按照高校隶属关系分别由中央与地方财政承担支出责任。

财政共同事权		事项细分及基础标准	支出责任分担
学生资助		相关资助标准，划分为中央财政事权；研究生学业奖学金补助、师范生公费教育资助、高校毕业生赴基层就业补偿代偿，由中央和地方分别制定中央和地方高校补助标准。	
其他教育	学前教育、普通高中教育、职业教育、高等教育	以政府投入为主、受教育者合理分担、其他多种渠道筹措经费。	所需财政补助经费主要按照隶属关系等由中央与地方财政分别承担，中央财政通过转移支付对地方统筹给予支持。
	学前教育、普通高中教育、职业教育、高等教育中的义务教育、学生资助	国家统一制定和调整基础标准；地方在确保国家基础标准全部落实到位的前提下，可制定高于国家基础标准的地区标准，应事先按程序报上级备案后执行。	地方按照有关规定，结合实际和财力状况新增的事项，由地方财政承担支出责任。
	民族教育、特殊教育、继续教育、民办教育以及高校、军队、农垦、林场林区、国有企业所属学校	按照有关法律法规、现行体制和政策执行。	

4. 在交通运输领域，坚持"人民交通为人民"的理念，以交通运输业发展规律和地方积极性充分调动为遵循，按公路、水路、铁路、民航、邮政、综合交通六个方面进行中央与地方财政事权和支出责任的划分，具体见表5-6①。通过划分，完善了中央决策、地方执行的机制，并适度加强中央政府承担交通运输基本公共服务的职责和能力，明确地方政府在中央授权范围内的责任，充分发挥地方政府区域管理的优势和积极性。

表5-6　交通运输领域中央与地方财政事权与支出责任划分情况

交通事项	中央财政事权及支出责任	中央与地方共同财政事权及支出责任	地方财政事权及支出责任
公路	中央承担国家高速公路的宏观管理、专项规划、政策制定、监督评价、路网运行监测和协调，负责部分的建设和管理。承担建设资本金的相应支出。		地方承担国家高速公路的建设、养护、管理、运营、应急处置的相应职责和具体组织实施，负责筹集除中央财政出资以外的其余资金。

① 表中资料来自国务院办公厅发布的文件《交通运输领域中央与地方财政事权和支出责任划分改革方案》（国办发〔2019〕33号）（http://www.gov.cn/zhengce/zhengcewenjianku/index.htm）。

续表

交通事项	中央财政事权及支出责任	中央与地方共同财政事权及支出责任	地方财政事权及支出责任
公路	中央承担普通国道的宏观管理、专项规划、政策制定、监督评价、路网运行监测和协调，负责部分的建设、管理和养护等职责。承担建设、养护和管理中由中央负责事项的相应支出。		地方承担普通的国道建设、养护、管理、运营、应急处置的相应职责和具体组织实施。负责建设、养护、管理、运营中除中央支出以外的其余支出。
	中央承担界河桥梁的专项规划、政策决定、监督评价职责，委托地方实施建设、养护、管理、运营等具体执行事项，承担支出责任。	中央承担国家级口岸公路的专项规划、政策决定、监督评价职责，地方实施建设、养护、管理、运营等具体执行事项，央地共同承担支出责任。	地方承担省道、农村公路、道路运输站场的专项规划、政策决定、监督评价职责，负责建设、养护、管理、运营等具体事项的执行实施，并承担支出责任。
	中央承担边境口岸汽车出入境运输管理的专项规划、政策决定、监督评价职责，委托地方实施建设、养护、管理、运营等具体执行事项，承担支出责任。	中央承担国家区域性公路应急装备物资储备的专项规划、政策决定、监督评价职责，地方具体执行，央地共同承担支出责任。	地方承担道路运输管理的专项规划、政策决定、监督评价职责，负责具体事项的执行实施，并承担支出责任。

交通事项	中央财政事权及支出责任	中央与地方共同财政事权及支出责任	地方财政事权及支出责任
水路	中央承担长江干线航道的专项规划、政策决定、监督评价职责，并实施建设、养护、管理、运营等具体事项，承担支出责任。	中央承担京杭运河及其他内河高等级航道的专项规划、政策决定、监督评价职责，地方实施建设、养护、管理、运营等具体事项，共同承担支出责任。	地方承担其他内河航道、内河港口公共锚地、陆岛交通码头的专项规划、政策决定、监督评价职责，并实施建设、养护、管理、运营等具体事项，承担支出责任。
	中央承担西江航运干线的专项规划、政策决定、监督评价职责，随改革进展，逐步实施建设、养护、管理、运营等具体事项，承担支出责任。	中央承担沿海港口的专项规划、政策决定、监督评价职责，地方实施沿海港口公共基础设施的建设、养护、管理、运营等具体事项，共同承担支出责任。	地方承担客运码头安全检测设施、农村水上客渡运管理的专项规划、政策决定、监督评价职责，并实施建设、养护、管理、运营等具体事项，承担支出责任。
	中央承担国境、国际通航河流航道的专项规划、政策决定、监督评价职责，实施或委托地方实施建设、养护、管理（包括航运管理）、运营等具体事项，承担支出责任。	中央承担重大海上溢油应急处置和海（水）上搜救的政策决定、监督评价等职责，具体执行由中央与地方共同实施，强化地方政府的相关职责，共同承担支出责任。	

交通事项	中央财政事权及支出责任	中央与地方共同财政事权及支出责任	地方财政事权及支出责任
水路	中央承担中央管理水域水上安全监管和应急救助打捞的专项规划、政策决定、监督评价职责，并实施具体执行事项，承担支出责任。	中央承担水运绿色发展的专项规划、政策决定、监督评价职责，地方实施具体事项，共同承担支出责任。	地方承担地方管理水域的水上安全监管和搜寻救助的具体事项的执行实施，并承担支出责任。
铁路	中央承担全国铁路的专项规划、政策决定、监督评价、路网统一调度和管理等职责，并负责相应支出。		地方实施或由地方委托中央企业实施城际铁路、市域（郊）铁路、支线铁路、铁路专用线的建设、养护、管理、运营等具体事项，并承担支出责任。
铁路	中央承担中央决策的铁路公益性运输的管理职责，并由中央（含中央企业）具体实施，承担支出责任。		地方承担地方决策的铁路公益性运输的管理职责，由地方实施或地方委托中央企业实施，并承担支出责任。
铁路	中央承担国家及行业标准制定，铁路运输调度指挥，国家铁路、国家铁路运输企业实际管理合资铁路的安全保卫，铁路生产安全事故调查处	中央（含中央企业）与地方共同承担于线铁路的组织实施职责，其中干线铁路的运营管理由中央企业负责实施。中央（含中	地方承担铁路沿线（红线外）环境污染治理和铁路沿线安全环境整治，除国家铁路、国家铁路运输企业实际管理合资铁路外的其

交通事项	中央财政事权及支出责任	中央与地方共同财政事权及支出责任	地方财政事权及支出责任
铁路	理，铁路突发事件应急预案编制，交通卫生检疫等公共卫生管理，铁路行业科技创新等职责，由中央（含中央企业）承担支出责任。	央企业）与地方共同承担支出责任。	他铁路的安全保卫职责，并负责相应支出。
民航	中央承担空中交通管理的专项规划、政策决定、监督评价职责，并具体实施，承担相应支出。		
	中央承担民航安全管理的政策决定、监督评价职责，由中央（含中央企业）具体执行实施，并承担支出责任。		
	中央承担专项任务机队建设和运营的管理职责，由中央（含中央企业）具体实施并承担支出责任。	中央承担运输机场布局、建设规划、政策决定和相关审批工作等职责，地方依据全国运输	地方承担本行政区域内通用机场布局和建设规划、相关审批工作，并负责实施通用机场（民航局

交通事项	中央财政事权及支出责任	中央与地方共同财政事权及支出责任	地方财政事权及支出责任
民航		机场布局和建设规划，制定本行政区域内的运输机场建设规划，并负责实施建设、运营、机场公安等具体事项，中央（含中央企业）与地方共同承担支出责任。	及其所属企事业单位所有的通用机场除外）建设、维护、运营等具体事项，承担相应支出责任。
	中央承担重大和紧急航空运输的政策决定、监督评价等职责，中央（含中央企业）具体实施，并承担支出责任。		
邮政	中央承担邮政普遍服务和特殊服务主干网络的专项规划、政策决定、监督评价职责，中央（含中央企业）实施建设、维护、管理、运营等具体事项，并承担支出责任。	中央承担邮政业安全管理和安全监管的专项规划、政策决定、监督评价职责，中央（含中央企业）与地方共同实施具体事项，共同承担支出责任。	地方负责邮政普遍服务、特殊服务和快递服务末端基础设施，邮政业环境污染治理等的规划、建设、维护、运营等具体事项，承担相应支出责任。

交通事项	中央财政事权及支出责任	中央与地方共同财政事权及支出责任	地方财政事权及支出责任
邮政	中央承担邮件和快件进出境设施的专项规划、政策决定、监督评价职责，中央（含中央企业）实施或委托地方实施建设、维护、管理、运营等具体事项，并承担支出责任。	中央承担专项规划、政策决定、监督评价职责，中央（含中央企业）与地方共同实施具体事项，共同承担支出责任。	
	中央承担保障邮政通信和信息安全等方面的职责，并由中央（含中央企业）负责相应支出。		
综合交通	中央履行交通行业管理职责所开展的全局性、战略性和前瞻性重大问题研究，发展战略、规划、政策、标准与相关法律法规制定，基础类、公益类国家及行业标准制定，行业监管、行业统计与运行监测，开展国际合作等事项由中央承担财政事权和支出责任。	中央承担运输结构调整、全国性综合运输枢纽与集疏运体系的专项规划、政策决定、监督评价职责，中央（含中央企业）与地方共同实施建设、养护、管理、运营等具体事项，共同承担支出责任。	地方履行交通行业管理职责所开展的重大问题研究、地方相关政策法规及地方标准制定，本行政区域内行业监管、行业统计与运行监测，应急性交通运输公共服务等事项由地方承担财政事权和支出责任。

续表

交通事项	中央财政事权及支出责任	中央与地方共同财政事权及支出责任	地方财政事权及支出责任
综合交通		中央与地方共同承担国家应急性交通运输公共服务、军民融合和国防交通动员能力建设与管理、国家特殊重点物资运输保障等职责，共同承担支出责任。	地方承担一般性综合运输枢纽相关职责，主要包括专项规划、政策决定、监督评价等，并负责建设、维护、管理、运营等具体事项的执行实施，承担相应支出责任。
		中央承担综合交通行业管理信息化的专项规划、政策决定、监督评价职责，地方实施建设、维护、管理、运营等具体事项，中央与地方共同承担支出责任。	

（二）完善分税收入，稳定分配格局，健全地方税制，促使政府财权与事权相匹配

在经济新常态下，为了转换发展动能，增强消费与创新创业活力，推动供给侧结构改革，中央政府推行"营改

增"，实行大规模减费降税，并布局地方税制与地方主体税的形成。为了缓解对各级政府收入带来的影响，国务院发布并执行了《实施更大规模减税降费后调整中央与地方收入划分改革推进方案》（国发〔2019〕21号）[①]，稳定增值税"五五分享"比例：中央分享50%、地方按税收缴纳地分享50%；稳定增值税留抵退税中央与地方"五五"分担，但地方分担的部分（50%），由企业所在地先负担15%，其余35%暂由企业所在地一并垫付，再由各地按上年增值税分享额占比均衡分担，垫付多于应分担的部分由中央财政按月向企业所在地省级财政调库，并合理确定省以下退税分担机制，切实减轻基层财政压力；将部分在生产（进口）环节征收的现行消费税品目随征管条件的改善，逐步后移至批发或零售环节征收，核定存量部分基数，由地方上解中央，增量部分原则上将归属地方，拓展地方收入来源。

《预算法》的改进，健全并完善分级治理结构的基本框架，明确并规范分级治理结构的运行，为分级治理结构和功能的转变提供了保障，也为分级治理结构效果的提升奠

---

① 源自中国政府网—中央人民政府网站—国务院文件库，http://www.gov.cn/zhengce/zhengcewenjianku/index.htm。

定了基础，但分级治理结构效果的实现以治理主体的行为为支撑，而主体行为的效果不仅与《预算法》确立的行为模式相关，还与受制于主体的禀赋、动机、能力与事项的匹配，为了充分发挥分级治理结构的效果，离不开依据各主体基本特性与禀赋，进行事权、支出与收入的划分。以中央文件方式在政府间进行具体事项和收入的公开划分，逐成立法，使之严肃化，能明确各级政府的职能与事项、支出与收入，稳定他们的行为预期，并事能相符，为公共品的有效供给提供了基础条件，在激励机制作用下，能实现分级治理结构运行效果的提升，各级政府事权、支出责任和收入的厘清，也为分级治理结构的进一步演进奠定了基础。

五、创新基层预算参与、健全基层预算规范，分级治理结构的包容性与自适性增强

随着乡镇街道社会经济结构及民众诉求的变化、乡镇街道政府职能及收支规模与缺口的扩大，促动一些乡镇街道进行政府资金安排的改革。

2005 年浙江温岭市新河、泽国等乡镇把已推行的"民

主恳谈会"引入政府预算，进行"参与式预算"①试验。通
过人大代表与民意代表的反复讨论与协商，综合而成预算
安排，并实施全过程的监管审查，增加了基层财政支出的
有效性，推动着善治的实现。2008 年温岭市在乡镇推行财
政预算民主恳谈的基础上，把民主恳谈引入市级部门预算，
2009 年市级部门预算民主恳谈进入常态，2010 年实现普通

---

① 参与式预算是指辖区内公众成为政府预算形成、执行、监督、评估过
程的一部分、而形成制约部分或全部政府资金分配及效果的协商机制，依据
参与的组织形式、实施的程序与方法、参与预算的范围不同，而有不同的具
体模式。阿恩施泰因（Arnstein,1969）从公民权利维度，把公民参与按程度差
异分成三层次八模式：第一层次的参与为"公民权利"（citizen power），由参
与的最高形式"公民控制"（citizen control），和次之的"代表权"（delegated
power）、"伙伴关系"（partnership）构成，第二层次为"象征"（tokenism），
包含"纳谏"（placation)、"咨询"（consultation)、"知情"(informing) 三个等
级，虽由公民参与，但决策与选择权均在政府，第三层次仅具形式意义而不
具有公民权利的"非参与"（nonparticitation），有"训导"（therapy)、"操
纵"（manipulation）两种形式。(来自 Arnstein,S.R.(1969), A Ladder of Citizen
Participation. Jaip35(4):216-224)。卡巴纳（Cabannes,2004）从参与要素来分析
和区分参与模式，提出参与模式的七要素：直接民主、参与式决策层级、谁
主导参与式的决定、多少预算纳入参与式的过程、谁做出最后决定、预算批
准后的社会控制与监督、规范化与制度化的程度（来自 Cabannes, Y .(2004),
Participatory Budgeting:A Significant Contribution to Participatory Democracy,
Environment and Urbanization,16(1):27-46)。贾西津（2014）总结出参与模式
分析的三维度（参与的组织机构、参与程序中的权力配置、参与的制度属性）
十要素（改革层次、预算层次、参与结构、民主流程、代表产生、预算范畴、
预算决策、过程控制、公民直接参与、参与流程等）。（贾西津：《参与式预算
的模式：云南盐津案例》,《公共行政评论》2014 年第 5 期）。参与式预算推动
更多的公众成为政府决策的一部分，促成平等理念的确立与实现，让公众受到
公民教育，增加政府开支的公开性、决策的透明度及政府的责任性，提升财政
收支的效益效率与效果，但也受制于政府的政治责任心、民众的专业素质与公
共精神。

市民进入市级部门预算民主恳谈制度化，2015 年市本级预算实现民主恳谈。

2006 年初江苏省无锡市北塘区北大街街道实施参与式预算试点，以打造"阳光财政"，按照会前政府推荐项目、会上群众票决项目、会后监督项目进行，"通过政府提供菜单，公众点菜"的方式，把公众纳入预算过程。2007 年推广至 16 个街道和乡镇，2008 年在全市推行。2006 年黑龙江省哈尔滨市也在道里区、阿城区、香坊区街道和乡镇推行参与式预算试点，2008 年推行至全市街道和乡镇，并且把市本级财政预算纳入其中，参与式预算的项目和资金规模不断扩大，且参与形式也多样，有群众代表会、论证会、协商会、听证会、研讨会等。

2009 年 12 月上海市闵行区试行参与式预算，以听证会方式，按照：以民意精心选择听证项目、宣传发布听证会信息、确定参与听证会人员、预算项目陈述、听证陈述人询问、互动辩论、记录意见并反馈到预算修改七步骤实施。2012 年云南省盐津县庙坝镇和豆沙镇以群众议事会形式试点财政参与式预算，2014 年进一步完善程序和规则后，群众参与预算模式在乡镇预算中推广。

参与式预算由乡镇至县市、由点至面、由预算部分至预算全体、由环节至过程、由单一至多样的演进，以及在《中共中央关于全面深化改革若干重大问题的决议》（十八届三中全会通过）[①]中、《预算法》2014年修改后的实质性纳入，使参与式预算由试行、创新、规范化、合法化、制度化走向深化与广化，带来分级治理结构及效果的改进。基层参与预算使辖区民众成为预算的主体，则含之的分级治理结构具有有限参与型（CA）的特征，相比技术治理型（TG），由于基层民众参与预算过程，并对基层预算发生作用，该型分级治理结构带来了这样一些效果：

（一）基层财政预算绩效与制度包容性的改进

基层预算参与的规范化与过程化，使普通民众能平等有效地参与预算的编制、执行、监督和评估，带来预算的公开与透明，民众有了参与财政资金分配决策与使用监督的广阔空间和具体路径，形成的预算安排能广纳民意、集结民智，获得广泛认同；激活的多维监督也能降低资金的浪费。

[①] 该文件第五部分（深化财税体制改革）指出"财政是国家治理的基础和重要支柱"，要"实施全面规范、公开透明的预算制度"，要求"在党的领导下，以经济社会发展重大问题和涉及群众切身利益的实际问题为内容，在全社会开展广泛协商，坚持协商于决策之前和决策实施之中"（第八部分：加强社会主义民主政治制度建设，（28）推进协商民主广泛多层制度发展）。2014年修改后的《预算法》新增："第四十五条 县、自治县、不设区的市、市辖区、乡、民族乡、镇的人民代表大会举行会议审查预算草案前，应当采用多种形式，组织本级人民代表大会代表，听取选民和社会各界的意见。"

（二）基层公权受到有效制约与监督、人大职能得以激活与强化、社会内发动力有序展开，政府治理实现合作化、协商式转变

财政资金是公权力运行的基础，没有资金保障，公权力犹如无能源之船舶，寸步难行，基层政府全部收支纳入预算，而预算的安排与实施通过参与式来进行，则公权力的行为与行为过程，就受到"主人们"（辖区内公众）的约束与监督，人大作为常设的合法的民意机构，在参与式预算中有了实质性而不仅是程序性的审查和监督权，权力的具体与实效，不仅激励人大代表对自身职责的倾注，也要求对财政收支专业修养的提升，人大代表职责的激活也推动人大职能与结构的进一步完善。在参与式预算中，人大代表与人大机构也是吸附、组织、容纳、综合民众及其活动的基础，确保民众参与的有序和有效，在政府活动所需资金、资金使用、资金效果全方位受制于民众的参与式预算时，"公仆们"（辖区公职人员）主动或被动地改变自己和组织的运作模式，把民众或社会组织纳入，或合作或协商，以求认同和高效。

（三）民众组织性与公共精神的培育、基层公务员行为模式与理念的转变，分级治理结构的自我调整能力增强

基层参与式预算中，与民众切身利益相关的事项由民众

来决定和监督，吸引民众的关注与参与，利益的实现不仅强化参与民众进一步参与的动力，其他民众的期冀与尊重也激发普遍民众参与的热情，参与机会公正地获得、参与过程中的表达、争论、妥协、遵规与尊重、方案的执行与监督评估，能激活、培养、锻炼民众的公共意识、公共能力与公共精神，树立规则意识、学会诉求的表达与实现、懂得尊重与妥协、坚守诚信与契约，通过参与的固化、深化与广化，促成以规则、共识、守约为基础、既有序又有活力的社区共同体，推动社区的自我发展。基层参与式预算的全覆盖改变了基层公务员做事、用钱的方式，做什么事、怎么做事、做事的效果如何，以及需多少钱、钱怎么用、钱的效益效果如何再也不是"替民做主"或"为民做主"、"自说自话"，而由民众决定，他们不过是倡导者、组织者、实施者，把基层公务员的绩效收入、职务晋升与以参与式预算为基础的辖区发展完全结合，使他们的行为机制与模式完全改观，不仅使参与式预算的发展有了内动力，也使基层政府职能的转变、效能的提高有了行为基础，基层"官与民"的契合、"民与民"的沟通，带来分级治理机构自我调节、自我演进能力的增强与治理效果提升的实现。

第六章 结论与引申

本书以社会主义财政体系的独立性及分级治理的存在性为前提，展开分级治理结构演进的研究。研究中以微观主体及其行为为视角，依据治理主体及其行为规则即财政收支的剩余控制权、决策权、管理权及执行权的配置，并结合演进的实际，分级治理结构被区分出政治全控型、有限控制型、技术治理型、有限参与型、完全参与型等型式。结合中国的政治社会制度，结构演进的装置被设定为中央政府的结构选择和构建，因此结构的演进机理表现为中央政府在治理环境、治理绩效及结构型式本身制约下对结构的选择。

第一节 主要结论及理论意义

上述设定构成结构演进研究的前提。以方法论的个人主义、结构的人工制品及结构的开放性为公理性假设，以制度分析理论和博弈论为理论基础，以治理主体的行为为中心，提出了演进研究的理论工具："环境—行为—结构"分析框架，认为社会主义财政分级治理结构的演进一方面受制于结构本身，另一方面受制于治理环境，表现出结构型式逻辑与外部环境逻辑，两种逻辑是相互嵌套在一起的，结构型式逻辑是外部环境逻辑实现的手段，外部环境逻辑制约着结构型式逻辑作用的发挥。以分析框架为理论工具、以理论实证和经验实证为研究方法，展开对结构演进的研究，获得了如下的结论。

一、分级治理结构的演进在"环境—目标—行为—结构—绩效"的循环作用中发生

治理环境内生出治理目标，包括体现价值取向的应然目标以及以现实为基础的实然目标，治理目标呼应相应行为，结构是规则集中表现，是影响主体行为的直接变量，结构的改进使主体行为选择发生改变，并受嵌入其间的社会关系影响，产生出实际的绩效，其可能与目标要求偏离，也可能使治理环境发生改变，当然其间环境也可能发生外生的或输入性的变化，由此滋生出新的治理目标，使结构发生进一步的改进。

二、分级治理结构演进的结构型式逻辑

第一，当地方政府的收入超过工薪集团从财政获得的预期收益时，选择完全参与型与利得集团方向的财政支出晋升为占优策略。

第二，当地方政府收入低于工薪集团从财政获得的预期收益且资本的增长与收入贡献超过其获得超额利润而引起的维稳成本时，选择技术治理型为弱占优策略。

第三，当地方政府收入低于工薪集团由财政获得的预期收益且资本的增长与收入贡献低于其获得超额利润而引起的维稳成本时，选择政治全控型与利得集团财政支出晋升为占优策略。

以"环境—行为—结构"框架为分析演进的理论工具。结合实际把各主体的相互行为纳入序贯博弈中，设定了各主体为风险中性者时在财政收支体系中的行为模式与支付函数，结构参数作为行为的参数包含其中，中央政府行使结构选择权处在博弈的机会点。不同的结构表现出不同的结构参数，地方政府与公众在不同结构及不同的治理方式下有不同的支出行为选择，依据支付效用最大化，中央政府进行结构和治理方式的策略选择，以此实现序贯博弈均衡，使选择的策略能纳什实施。

三、分级治理结构演进的外部逻辑

为了分析的简洁把治理环境归结为生产组织和产权构成、经济与收入增长、收入差距、租金收益等四要素，其中收入差距、租金收益体现在中央政府对社会发展的偏好中。分析这四要素对结构演进的影响，是以结构演进的结构型式逻辑为基础，把环境要素嵌套在各主体的支付函数中，来分析中央政府纳什选择的变化。

第一，随着生产组织型式由集中、集体生产型向传统家庭生产型、企业型生产型转变，中央政府选择政治全控型与利得集团支出晋升的可能性减少，相应地选择技术治理型的可能性会增加，同时实施工薪集团支出晋升策略的可能性也会增加，政府会偏向对工薪集团的支出。

随着产权配置及生产组织的变化，生产与收益函数发生变化，引起各主体支付函数的改变，在财政支出安排的空间内，中央政府选择均衡治理策略的区间也会发生改变，与此相应能纳什实施的结构选择所对应的财政支出安排范围或增加或缩小，使得不同结构能纳什实施的可能性发生变化。

第二，当中央政府偏好收入增长时，有中央政府不具有实施工薪集团支出激励策略的动机；当地方政府收入超过工薪集团由财政获得的预期收益时，选择完全参与型为占优策略；当地方政府收入低于工薪集团由财政获得的预期收益时，选择技术治理型为占优策略。中央政府偏好经济增长，对利得集团支出所内含生产技术具有充分效率时，配置空间不存在实施工薪集团支出激励策略的区间；当地方政府收入超过工薪集团由财政获得的预期收益时，选择完全参与型与利得集团支出晋升为占优策略；当地方政府收入低于工薪集团由财政获得的预期收益时，选择技术治理型为占优策略；追求经济增长的中央政府不具有实施政治全控型的动机。

政府组织虽超越经济组织和社会组织，但其强制力由民所赋，提供私人组织和社会组织不能、不愿或供给不足但社会成员又必需的物品、服务品，并在与社会组织、私人组织的融合中改进供给效率和效果，为此政府组织是以职能为依据，以支定收，不应具有追逐收入增长的目的，但结合社会发展的路径，私人组织与社会组织的发育与分化依赖于政府组织，同时政府行为的规则约束与公共约束不足，使政府的逐利性得以放大；政府组织与私人组织、社会组织的行为边界不明晰，政府组织介入微观资源配置，特别是竞争性领域，导致政府职能与支出不确定，有些行为具有经营性，使逐利性植根于政府组织的行为。政府的收入偏好改变了中央政府的支付函数，引起不同结构中激励策略实施边界的变化，结构选择能纳什实施的财政支出空间也随之变化。经济的高速增长并不必然带来社会的全面进步及人的自由全面发展，这一应然目标取向在中央政府的效用函数中体现为支付收益是收入差距与租金收益的减函数，由此引起治理方式与结构的纳什选择在财政支出空间的变化。

第三，当中央政府偏重社会发展时，收入差距的扩大使中央政府实施工薪支出晋升、选择技术治理型的可能性增加，当地方政府的收入超过工薪集团从财政获得的预期收益时中央政府选择完全参与型与利得集团支出晋升可纳什实施，当地方政府收入低于工薪集团从财政获得的预期收益时，中央政府选择技术治理型为弱占优策略。在政府偏好不变时，租金收益的增加能增加中央政府实施工薪集团支出晋升激励的可能性，并且与技术治理型相结合。

经济的高速增长并不必然带来社会的全面进步及人的自由全面发展，这一应然目标取向在中央政府的效用函数中体现为支付收益是收入差距与租金收益的减函数，由此引起治理方式与结构的纳什选择在财政支出空间的变化。

四、分级治理结构演进逻辑的经验实证结论

本书结合我国社会主义财政分级治理结构演进的实践，验证了演进理论实证结论的逻辑自洽性与解释力，获得了如下的结论。

第一，"全收全支"作为政治全控型的实践型式，是中央政府在治理环境和目标制约下，理性选择的结果，遵循演进的逻辑，它的调整在绩效及意识形态的约束中进行。

新生政权成立之初，要利用并改造旧的政治与旧的经济，而旧的经济与旧的政治中缺乏"数目字管理"，政府财政能力低下，使得新生政权成立时没有获取分配主导权，治理私营经济的经验也缺乏，而"全收全支"型能使中央政府通过财政渠道集中和分配社会的全部剩余，如意地实现社会经济中的主导作用。新生政权的执政能力及其集团成员私产的缺乏使政治全控型的构建有了强势的行动集团，意识形态的现实界定制约着结构的现实选择，私营经济的个体理性与国外的强权威胁也制约着结构的选择及建构的路径。"全收全支"虽使中央政府能集中全部的社会剩余，以此稳定政权、加快经济的恢复与发展，但支出重建设、轻消费，结构不合理，并且束缚了地方政府与微观组织利用自身信息配置资源的主动性，同时也滋生出体制内的机会主义行为，使资源配置难以优化，受意识形态及控制权的约束，调整仅在各级政府间进行，属于科层组织中不同层次间执行权的重新配置，调整未改变模式的集中统一性，经济增长陷于"一放就乱、一收就死"的怪圈，意识形态的刚性约束与政治性治理手段使怪圈得以强化与恶化。

第二，"分级包干制"作为有限控制型的实践型式，渐进地突破了原有意识形态与体制的束缚，缓解了"全收全支"的固有缺陷，但又滋生出新的缺陷，在原有意识形态及体制的桎梏消解后，其不再是均衡选择。

"分级包干制"不属于理论实证中中央政府的均衡选择集，但在中央政府的收益函数中加入结构变迁的社会成本，修正其支付函数，不同结构变迁成本的差异会使"分级包干制"成为理性选择，其通过承包契约及政府间的行政性分权，把地方政府及工薪集团塑造成相对独立的利益主体和生产主体，激活了生产组织及地方政府增产与增收的积极性，渐进地突破了原有意识形态与体制的束缚，但生产经营组织与地方政府的资源配置仍然缺乏有效的激励与约束，其短期行为使增长缺乏持续性，这种治理结构还未根除政治全控型的缺陷，宏观经济依然表现出大起大落的波动，地方政府的逐利行为也阻隔了资源配置的地区优化，加大了对农村税费式的汲取，承包契约中基数和分成比例核定不科学不规范，增加了治理结构运行中的交易成本，降低了结构的激励效应，最迫切的现实威胁是中央政府收入占比下降，对地方政府的激励与调控乏力。

第三，"分税制"作为技术治理型的实践形式，提高了中央财政的收入占比，改变了地方政府的创收行为，实现了治理手段的多样化、技术化，但使基层财力弱化，工薪集团负担持续增加，治理中存在寻租与经营的空间。

技术治理型中各级政府以税种组织收入，促进了微观主体的产权改革与统一市场的形成，转移支付也使中央政府获得了多样的调控手段，但地方政府作为利益主体的性质并未改变，增收压力的强化，使其以权力和所掌控的资源在市场中获取地方性收益，预算外收入与制度外收入膨胀，同时技术治理中的考核指标与程序规则受嵌入的社会关系的影响未能出现预期的约束作用。

第四，分级治理结构演进的基本趋向是完全参与型。规范政府的收支形式、改进预算的管理与技术强化了过程的控制与能力的建设，提高了公共品供给效率；考核指标结构的改进与程序技术的规范、问责制的建立，改善了财政的支出安排，但满足公共需求的激励与约束机制的缺乏，治理成本的增加，使治理手段与技术的改进未能实现预期的目标，突出地表现在公共品的供给中总量不足与结构过剩相伴而生。技术治理经营化根源于政府和政府部门的经营性、独立产权成为主体要求财政支出定位于公共需求、社会均衡发展及社会主义基本价值取向的要求，治理环境的这些表现与完全参与型相呼应，完全参与型自身能压缩"设租寻租"的空间、能消除政府的逐利性、能使政府受"公利"价值的激励与约束，使经营性财政收支植入公共属性。

五、分级治理结构演进逻辑的理论意义

中国社会主义财政体系以财政分级治理结构为基本呈现，秉持"以人民为中心"，适从"每个人自由全面发展"，服务国家治理现代化，要求价值、效率、协调的统一。面对过度的效率取向，集权－分权不过是其中一个可察可量的指标。

1. 分级治理结构演进逻辑使财政分权研究增添了一个视角

以由行政性分权、经济性分权、社会性分权转向综合性分权，不仅突破了单一分权的局限，还能使财政体系价值、效率与协调的融合有适宜可行的实施路径：彰显行为主体及其行为的激励协调，构建的"路线图"有实现的微观基础。

2. 分级治理结构演进逻辑为政府行为机制的生成与改进提供了一个新解释

以分级治理结构为视角探究财政体系的演进，使政府行为机制研究既有效率因素，又有制度与文化因素，既有宏观目标，又有与目标有效性现实性相关的微观基础，克服了以效率为取向、以行政为主导或以目标为依据进行形式建构等研究框架的缺陷。中央财政增加财力性转移并进行事权调整能增强地方政府的行为动力，但在其行为依然具有逐"利"的相似性时，考核与竞争会使其行为产生新的失衡，民生支出的低效与差别成为社会不公的指向标。这些问题

的背后无不与地方政府直接相关，一方面彰显了地方政府行为的经营性，另一方面也突出了社会参与与协商的缺乏。在地方政府的行为中植入公共性：财政向社会分权，进行社会协商，完善单纯的政府收支调整，规范兼容激励政府的收支行为则成为应急之议。

第二节　结论的实践指向

以中央政府选择结构为结构的演进装置，结合结构演进的内外逻辑，已分析得出治理结构将由技术治理型向完全参与型演进，即面对技术治理型的自身缺陷和外部环境的要求，理性的中央政府选择完全参与型和晋升激励 $(\overline{G}_u, 0)$ 为占优策略（当然以地方政府有相应的自主支配的财力为基础），那如何推进完全参与型破土而出呢？结合现有的制度与组织存量以及原有治理结构的路径依赖，应该从以下几方面努力。

一、健全基层参与制，重塑基层政府的预算机制与模式

通过基层民主来推动基层政府预算的公众参与，实际上是推进有限参与型的建立，有限参与型不是中央政府的理性选择，但此策略符合实践理性，一方面能低成本地打破

"仪式锁定",消解路径依赖;另一方面可通过学习机制积累建立完全参与型的经验。除此外基层预算的公众参与能实现当地居民公共需求主权,提高基层财政支出的效率和效果,使财政分权有良好的微观基础。

1. 基层参与制与基层财政资金配置

预算与税费改革倒逼基层政府的机构改革和财政收支的调整,在新的税费制度约束下,基层政府职责重新定位,通过定岗、定编、撤并机构来实施机构的重组,体现行政组织的职能与效率逻辑,上级财政加大转移支付,即把以前由工薪者支出的责任转移到上级政府,同时依据社会均衡发展的要求加大了分配性转移支付。执行机构与执行工具的调整以技术治理为模式体现组织的效率目标,虽减轻了工薪者的负担、减少了行政的直接成本,但技术治理的缺陷表现突出:基层政府热衷于管控土地资源供求以获取地方基金收入、管控经营项目以获取补助收入。以财政参与制为基础健全基层协商民主,使政府官员受到以公众参与为基础的公共需求的激励与约束,改变基层政府的行为模式,使财政参与制的效力得以充分发挥,使财政收支效率、效果最大化。当然随着基层财政配置模式的改变,中央政府的晋升策略、转移支付等治理方式与手段也要进行调整。

2. 基层参与制的演进效应

基层参与制的推进不是中央政府建构的理性策略，但可成为建立完全参与型的现实路径。基层参与制不仅具有提高基层财政支出的效率、效果的直接效应，还能推动治理结构演进。首先基层参与制的建立从演进的动态看属边际变革，阻力小，并且与民众的距离近、直接影响民众诸多利益，民众能成为积极的行动集团，居民自治也储备了组织与知识基础；其次基层参与制可为完全参与制带来组织的准备、知识的储备；最后基层参与制能推动完全参与制的建立。基层参与制改变了基层政府的行为模式，以此倒逼上级政府治理方式的改进及行为的规范，同时还推动上级政府与基层政府间支出责任的界定，间接地对上级财政建立参与制起着示范效应。

二、改进分级治理结构中的权力配置

分级治理结构的改进实际上是主体间权责利的重新配置，不同的结构有不同的配置，完全参与型中各级政府间权力的配置体现着财政收支效率、效果的最大化，使"每一级政府只做自己最擅长的事，尽可能最完美地解决公共部门存在的经济理由中的众难题"（Oates,1972），匹配的责权利配置可通过演进来实现，但存在既得利益集团的阻碍，时间长、成本高，以中央政府的选择主导权为基础可主动推进责权利配置。职责是政府存在的基础，更是其唯一目标，依据各级政府的信息结构及行为能力、按照效率原则及区域激励协调原则划分各级政府的职责，如中央政府承担稳定与分配职责、地方政府承担资源配置职责，以此划分为基础确定各级政府的支出责任；利益包括晋升、收益与惩罚等，是政府官员履行职责的动机；权力是履行职责的手段，与其对应的有事权、财权。为了使政府高效地履行职责，事权与财权在各级政府中该如何配置呢？

1. 事权与支出责任的配置

事权具体而言就是公共品供给种类、数量及方式的决定权及相应的管理权，其范围体现支出的责任，与支出责任一致。责任与事权的配置一方面受制于政府与市场、社会组织的分工及社会价值与发展的要求；另一方面受制于公共品供给的受益范围，前者决定应由政府提供公共品的范围与方式，后者决定应由哪级政府提供。社会成员需求的满足有三个基本方式政府、市场与社会（如图 6-1），结合中国公共品供给方式的变革，政府首先为市场和社会的出现与

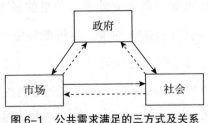

图6-1　公共需求满足的三方式及关系

运行提供制度公共品，随着市场与社会组织的发育，政府逐渐缩减、调整其支出责任，一方面为市场和社会腾出空间与资源，另一方面弥补新的不足，包括不能实现的外生的价值取向和内生的发展要求；市场与社会的进一步完善也促进政府履行支出责任方式以及政府本身组织结构的改进，如以市场为体、以市场为伴、以市场为用等改革政府组织及改革履行职责方式的主张。支出责任与履行责任方式的变化既能引起公共品种类的变化，也可能使公共品受益范围发生改变，这些都需要事权与相应支出责任在各级政府间的再配置。

2. 财权与财力的配置

财权与财力是行使事权的保障和支撑，但各级政府就组织的属性和优势，其运行的唯一目标是履行社会成员赋予的职责和支出责任，即高效地行使事权，因此财权适从于事权，财权的配置应以事权的配置为参照，同时考虑具体财权的行使效率，行使效率是调控效率、努力激励、征管成本、社会损失与发展激励等的综合反映。为了保障中央政府的调控能力，在财权的具体配置中常常是非对称的即中央政府是财权大于事权、地方政府是财权弱于事权，如税收的立法权一般集中于中央政府，中国还把地方政府的债权也集中于中央政府，同时把流动的、宏观调控与社会公平保障需要的税种划为中央政府的收入来源，由中央政府分配与使用；相应地把分散的、税源固定的、波动小的、与当地环境发展有关的税种划为地方政府的收入来源，它们与地方政府的信息优势、行为动力等匹配，由地方政府管理、分配、使用；当然除了税权外，财权还有基金、费、财产利得及转让收入、债务收入等相关权利。为了保障地方政府具有行使事权的财力，中央政府进行转移支付，依据命题2-16，为了使完全参与型与发展激励为理性选择，应使地方政府的财力与其承担的公共支出责任相当。

三、完善分级治理结构中的治理方式

分级治理结构中的治理方式是中央政府激励各主体实现调控意图的手段，是通过改变各主体的行为约束和支付函数而发生作用的，在不同的治理结构中各主体的行为选择结构不一样，相应地激励或协调方式也不同，在完全参与型中中央政府有与之相应的治理方式。

1. 转移支付

转移支付既是分税制的主要内容之一，也是中央政府重要的治理手段，具有方式多样、功能多样的特征，它既可以均衡各地提供基本公共品的财力、调控地方政府的财政收支行为，也可激励地方政府的财政努力，还可以解决外部性对地方性公共品有效供给的影响，通过转移支付集中财力，实现公共品供给的规模经济。为了使转移支付不被利用为设租寻租的手段，因此要求其运作公开透明、公正科学规范地确定其数量与方式，使地方政府有稳定的收入预期，且能满足履行地方的支出责任。

2. 激励性约束

激励性约束是选择性的激励手段，即为了实现某一特定意图而协调主体行为的手段。在财政运行中上级政府为了实现某一目标，可通过行政性法规来明确财政收支的安排以体现意图，并与问责相结合来对下级政府的财政收支进行约束，使之符合目标要求，但这种约束是外在的静态的刚性约束，具有黏性，一般用于趋势性目标的实现；弹性的激励与约束一般以考核机制为模式，把目标要求具体化为指标体系、以此为考核和评估的依据，并结合组织人事权和行政管理权为激励和约束的手段，该治理方式虽具有弹性，能激发组织的活力与创造性，但在结果可察可量、程序及行动明确时才具有效力。

3. 一般性约束

一般性约束是没有特定目标和特定对象的约束，用于约束所有主体的所有行为，以体现对财政运行的基本要求及价值取向。如通过财政预算公开透明，以实现、强化社会约束；通过财政纪律、法规与预算技术的改进建立预算的规范；为了减少设租寻租，建立官员个人财产申报制度及配套的财产登记制度与现金使用制度等。

第三节　结论的理论延展

分级治理结构的演进是社会综合体内外政治的、经济的、社会的、技术的、自然的等因素共同作用下通过治理主体的行为呈现出的动态表现，在研究中为了获取演进的基本规律与基本趋势，对其中起作用的因素进行了合理的抽象与取舍，同时以静态的比较研究方法来模拟动态的演进，使研究及研究的结论存在着一些局限，引出需进一步探究的理论问题，突出地表现在以下几方面。

一、治理环境及其影响方式的简化与协同性、策略性推进的理论依据

治理环境在研究中被抽象为产权结构与生产组织、经济与收入增长、收入差距、租金收益四要素，但其实际表现为与治理结构相对而存在的政治、社会、经济、技术及自然环境，按照两分法，除治理结构外都属于治理环境，包含了基本制度、经济组织与社会组织存量、自然与技术条件、经济结构与生产基础、意识形态及文化、国际环境等要素。演进研究中只注重对治理结构影响明显、影响直接的要素，这固然有助于揭示演进的本质，但也降低了理

论的解释力。在分析中对要素的影响方式也进行了简化处理，把它们对结构的影响归结为孤立的元作用。实际上各要素是在相互作用中影响结构的演进，同时各要素既是结构演进的前提，又是结构演进的结果。环境与结构间是互动，环境要素作为变量也是内生的，而在分析中把环境要素仅作为外生因素，未能将其纳入与结构的互动中而内生化与动态化，把互动关系也简化为环境对结构演进的单向作用。在理论实证中若把环境要素作为内生变量，建立结构型式与环境要素的动态模型，以此为基础对结构演进提供全景式的动态的过程分析，可能更有助于对结构演进的理解。

在实践中，不乏以要素间交互作用及环境与结构间互动作用为依据，采取迂回的策略性的措施，或准备条件、或积累跬步、或平滑障碍，并着力联结点，协同激励行为，以持续高效地推进结构的转变。

二、演进方式的简化及演进过程类型、治理结构间对应关系的分析

演进就价值取向而言有建构式演进与偶发式演进之分，就演进方式而言有渐进式演进和激进式演进之分。建构式演进存在演进的价值原则，并以此为方向、尺度或基本遵循，来评估结构现状及确定改进的方向；偶发式演进虽有特定

的演进意图，但意图源自结构的失衡或来自环境和一些非线性因素的侵扰，表现出不连贯、不一致的改进。渐进式演进和激进式演进是演进目标或意图确定后结构改进的方式，渐进式演进中结构的变革呈现出次序和阶段（可能是事先的确定也可能是事后的表现），激进式演进表现为结构的突变，在实现变革目标的过程中，与激进式演进相比，渐进式演进中存在一个问题：如何维持和激活变革的过程、机制或动力。以演进的两维度可把演进过程区分为四个基本类型（如表 6-2），不同的过程类型，演进绩效与结构会有不同的表现，它们有怎样的不同、为什么不同，书中缺乏分析，并笼统为中央政府的结构选择。对演进过程与治理结构间映射机制的分析，能深化对演进过程及演进逻辑的进一步理解。

表 6-2　演进过程的基本类型

演进方式 价值取向	渐进式演进	激进式演进
建构	I	II
偶发	III	IV

参考文献

陈池波、胡振虎:《整合财政支农资金的模式构建》,《中南财经政法大学学报》2007年第6期。

陈共:《关于"公共财政"的商榷》,《财贸经济》1999年第3期。

陈锡文:《中国农村公共财政制度:理论、政策、实证研究》,中国发展出版社2005年版。

财政部财政科学研究所:《60年来中国财政发展历程与若干重要节点》,《改革》2009年第7期。

财政部综合计划司:《中国财政统计1950—1985》,中国财政经济出版社1987年版。

杜春林、张新文:《乡村公共服务供给:从"碎片化"到"整体性"》,《农业经济问题》2015年第7期。

戴卫平、顾海英:《制度、绩效与经济组织:来自中国的经验》,《上海行政学院报》2003年第2期。

丁菊红、邓可斌:《政府偏好、公共品供给与转型中的财政分权》,《经济研究》2008 年第 7 期。

丁学东、张岩松:《公共财政覆盖农村的理论和实践》,《管理世界》2007 年第 10 期。

邓子基:《略论财政本质》,《厦门大学学报》(哲学社会科学版)1962 年第 3 期。

胡锦涛:《高举中国特色社会主义伟大旗帜,为夺取全面建设小康社会新胜利而奋斗——在中国共产党第十七次全国代表大会上的报告》,人民出版社 2007 年版。

冯俏彬、贾康:《权益−伦理型公共产品:关于扩展的公共产品定义及其解释》,《经济学动态》2010 年第 7 期。

黄仁宇:《十六世纪明代中国之财政与税收》,生活·读书·新知三联书店 1997 年版。

黄文夫:《民营企业全方位推动中国经济发展》,《人民论坛学术前沿》2011 年第 2 期。

国家统计局:《中国农村统计年鉴 2000 − 2007》,中国统计出版社 2009 年版。

高培勇:《公共财政:概念界说与演变脉络》,《经济研究》2008 年第 12 期;《论国家治理现代化框架下的财政基础理论建设》,《中国社会科学》2014 年第 12 期;《中国财税改革 40 年:基本轨迹、基本经验和基本规律》,《经济研究》2018 年第 3 期。

国务院:《基本公共服务领域中央与地方共同财政事权

和支出责任划分该和方案》,《人民日报》2018 年 2 月 8 日。

杰瑞·斯托克:《地方治理研究:范式、理论与启示》,楼苏平译,郁建兴校,《浙江大学学报》(人文社会科学版)2007 年第 2 期。

贾康:《关于财政理论发展源流的概要回顾及我的公共财政观》,《经济学动态》2008 年第 4 期;《促进经济发展方式转变的公共财政建设与改革》,《中共中央党校学报》2010 年第 3 期。

蒋省三、刘守英、李青:《土地制度改革与国民经济成长》,《管理世界》2007 年第 9 期。

匡小平、赵丹:《县级基本公共服务供给与财政分权体制研究——以江西省为例》,《当代财经》2015 年第 7 期。

吕冰洋:《政府间税收分权的配置选择和财政影响》,《经济研究》2009 年第 6 期。

凌 岚:《论财政分级治理》,博士学位论文,厦门大学财金系, 2003 年。

李凡:《中国基层民主发展报告:2009》,华文出版社2009 年版。

李岚清:《健全和完善社会主义市场经济下的公共财政和税收体制》,《 人民日报》2003 年 2 月 22 日。

李明、李慧中、苏晓馨:《财政分权、制度供给与中国农村基层政治治理》,《管理世界》2011 年第 2 期。

李萍：《中国政府间财政关系图解》，中国财政经济出版社 2006 年版。

李实、奈特：《中国财政承包制的激励和再分配效应》，《经济研究》1996 年第 5 期。

刘荣：《中国村庄公共支出与基层选举》，《中国农村观察》2008 年第 1 期。

刘世定：《嵌入性与关系合同》，《社会学研究》1999 年第 4 期。

刘尚希：《公共财政：公共化改革的一种转轨理论假说》，《财贸经济》2010 年第 8 期。

林万龙：《乡村社区公共产品的制度外筹资：历史、现状及改革》，《中国农村经济》2002 年第 7 期。

林毅夫：《关于制度变迁的经济理论：诱致性变迁与强制性变迁》，载陈昕主编：《财产权利与制度变迁》，上海三联书店、上海人民出版社 1994 年版。

林毅夫、蔡昉、李周：《中国奇迹：发展战略与经济改革》，上海三联书店 1994 年版。

李永友、沈玉平：《财政收入垂直分配关系及其均衡增长效应》，《中国社会科学》2010 年第 6 期。

马俊：《实现政治问责的三条道路》，《中国社会科学》2010 年第 3 期。

马晓河、刘振中、郭军：《财政资金结构性改革的战略思路与对策》，《宏观经济研究》2016 年第 7 期。

彭克强：《财政支农资金整合试点的阶段性反思》，《农村经济》2008 年第 10 期。

渠敬东、周飞舟、应星：《从总体支配到技术治理——基于中国 30 年改革经验的社会学分析》，《中国社会科学》2009 年第 6 期。

沈艳、姚洋：《村庄选举和收入分配：来自 8 省 48 村的证据》，《经济研究》2006 年第 4 期。

王群：《奥斯特罗姆制度分析与发展框架评价》，《经济学动态》2010 年第 4 期。

王绍光：《分权的底线》，中国计划出版社 1997 年版；《国家汲取能力的建设》，《中国社会科学》2002 年第 1 期。

王淑娜、姚洋：《基层民主和村庄治理》，《北京大学学报》（哲学社会科学版）2007 年第 2 期。

项怀诚：《中国公共财政体制框架初步形成》，新华网 2002 年 11 月 21 日。

习近平：《决胜全面建成小康，夺取新时代中国特色社会主义伟大胜利》，人民出版社 2017 年版。

席鹏辉、梁若冰：《省以下财政分权对县级公共产品供给水平的影响研究》，《现代财经》2014 年第 6 期。

许廷星、谭本源、刘邦驰：《财政学原论》，重庆大学出版社 1986 年版。

郁建兴、高翔：《农业农村发展中的政府与市场、社会：一个分析框架》，《中国社会科学》2009 年第 6 期。

俞可平：《治理与善治》，社会科学文献出版社 2000 年版。

杨其静、聂辉华：《保护市场的联邦主义的批判》，《经济研究》2008 年第 3 期。

杨帅、温铁军：《经济波动、财税体制变迁与土地资源资本化》，《管理世界》2010 年第 4 期。

叶汝贤：《每个人自由发展是一切人自由发展的条件》，《中国社会科学》2006 年第 3 期。

叶兴庆：《论农村公共产品供给体制的改革》，《经济研究》1997 年第 6 期。

周飞舟：《分税制十年：制度及影响》，《中国社会科学》2006 年第 6 期。

周刚志：《财政转型的宪法原理》，中国人民大学出版社 2014 年版。

周黎安：《中国地方官员的晋升竞标赛模式研究》，《经济研究》2007 年第 7 期。

中央全面深化改革领导小组：《深化国税、地税征管体制改革方案》，《人民日报》2015 年 12 月 24 日。

张成、吴能全：《财政交易、意识形态约束与激进公有化：中国 1950 年代的政治经济学》，《经济研究》2010 年第

2 期。

张馨:《论公共财政》,《经济学家》1997 年第 1 期;《中国财政体制改革的理论探索与实践创新》,载刘溶沧、赵志耘主编:《中国财政理论前沿》,社会科学出版社 1999 年版。

张卓元、郑海航编:《中国国有企业改革 30 年回顾与展望》,上海三联书店 2006 年版。

[美]奥利弗·E. 威廉姆森:《治理机制》,王健、方世建等译,中国社会科学出版社 2001 年版。

[美]埃利诺·奥斯特罗姆:《公共事务的治理之道》,余逊达译,上海三联书店 2000 年版。

[美]道格拉斯·C. 诺斯:《制度、制度变迁及经济绩效》,刘守英译,上海三联书店 1994 年版。

[美]道格拉斯·C. 诺斯:《理解制度变迁的过程》,钟正生、邢华译,中国人民大学出版社 2008 年版。

[英]弗里德利希·冯. 哈耶克:《自由秩序原理》(上、下),邓正来译,生活·读书·新知三联书店 1997 年版。

[德]菲利普·弗兰克:《科学的哲学》,许良英译,上海人民出版社 1985 年版。

[德]理查德·A. 马斯格雷夫:《财政理论与实践》,邓子基、邓力平译,中国财政经济出版社 2003 年版。

[美]罗杰·B. 迈尔森:《博弈论:矛盾冲突分析》,于寅、费剑平译,中国经济出版社 2001 年版。

［美］罗尔斯：《正义论》，谢延光译，上海译文出版社 1991 年版。

［美］迈克尔·麦金尼斯编：《多中心治道与发展》，毛寿龙译，上海三联书店 2000 年版。

［德］马克思、恩格斯：《共产党宣言》，《马克思恩格斯选集》第 1 卷，人民出版社 1995 年版。

［美］曼瑟尔·奥尔森：《集体行动的逻辑》，陈郁、郭宇峰、李崇新译，上海三联书店、上海人民出版社 1995 年版。

［英］亚当·斯密：《国民财富的性质与原因的研究》，郭大力、王亚南译，商务印书馆 1981 年版。

［美］詹姆斯·M. 布坎南：《民主过程中的财政》，唐寿宁译，上海三联书店 1992 年版。

Acemoglu,D.and Robinson J.A.（2000），"Political Loses as a Barrier to Economic Development"，*American Economin Review*,90（2）.

Acemoglu,D.and Robinson J.A.（2001），"A Theory of Political Transitions"，*American Economin Review*,91（4）.

Bardhan, P.and Dilip Mookerjee（1998），"An Expenditure Decentralization and the Dlievery of Public Service in Developing Countries",typescript.

Besley,T.and M.Ghatak（2001），"Government Versus

Private Ownership of Public Goods" ,*Quarterly Journal of Economics* ,Vol.116（4）.

Besley,T.and Stephen Coate（2003）, "Centralized Versus Decentralized Provision of Local Public Goods:A Political Economy Approach" ,*Journal of Public Economics*, Vol.87.

Clower, R. W.（1966）:*Growth Without Development, An Economic Survey of Liberia,* Northwestern University Press.

Faguet,J.（2004）, "Does Dcentrlization Increase Government Responsiveness to Local Needs:Evidence from Bolivia" ,*Journal of Economics*,Vol.88.

Humplick,Frannie and Antonio Estache（1995）, *"Does Decentralization Improve Infrastractures Perfomance?"*in *Decentralizing Infrastractures:Advantages and Limitations*,The World Bank Discussions Papers Series, No.290.

Huther,Jeff and Shah（1998）, *"Applying a Simple Measure of Good Govermence to the Debate on Fisical Decentralization"*,The World Bank Policy Research Working PaPer,No.1894.

Jean–Jacques Dethier, "Some Remark on Fiscal Decentralation and Governance", paper prepared for presentaion at the conference on decentralization sequencing, Jakarta, march,20, 2000.

Jun Ma（2009）, "The Dlilemma of Developing Fiancial

Accountability without Election", *Australian Journal of Public Adiministrtion*,Vol.68,.

Jun Ma & Yilin Hou (2009), "Budegting for Accoutability", *Pubulic Administation Review* (Special Issue,Dec.) .

Luiz de Mello and Matias Barenstein (2001), *"Fiscal Decentralization and Governance:A Cross-CountryAnalysis"*,IMF WorKing Paper WP/01/71.

Manor,James (1999), *"The Political Economy of Democratic Decentralization"*,The World Bank,Washingdon. D.C..

Montinola,G.,Qian,Y.,Weingast,B. (1995), "Federalism,Chinsese Style,the Political Basis for Economic Success in China", *World Politics* 48.

Musgrave, R.A (1959), *The Theory of Public Finance*,New York:MacGraw–Hall.

Oates, W.E (1972), *Fisical Federalism*,New York:Harcourt Brace Jovanovich.

Omar Azfar et al (2001), *"Condition for Effetive Decentralized Governance:A Synthesis of A Research Findings, "* (Research result 2001) IRIS Centre, University of Maryland U.S.A, the World Bank, Netherlands Trust Fund.

Ostrom, E. (1989), *"Institutional Incentives and Rural Infrastructures"*,Draft state-of-the-art paper Produced for USAID founed Decentralization:Finance and Management Project,April 1989.

Ostrom,E. (1990), *Governing the Commons:The Evolution of Institution for Collective Action,*Cambrige University Press.

Ostrom,E. (2005), *Understanding Institutionnal Diversity.*Princeton University Press, Princeton and Oxford.

Ostrom,E. (2010), "Byond Market and States:Polycentric Governance of Complex Economic System" , *American Economic Review,*Vol.100 (3) .

Qian Yingyi and Roland (1998), "Federalism and the Soft Budget Constraint", *American Economic Review,* (December) 88 (5) .

Rawski,T. (1989), *Economic Growth in Prewar China* ,Berkeley:Univercity of California Press.

Remy Prud' Homme (1995), "The Dangers of Decentralization" ,*The World Bank Research Observer* August,1995.

Renfu Luo, Linxiu Zhang, Jikun Huang , Scott Rozelle (2007): "Elections, Fiscal Reform and Public Goods Provision in Rural China", *Journal of Comparative Economics* 35 .

Tibout,C.M (1956), "A Pure Theory of Local

Expenditures", *Jounal of Political Economy* Vol.64 (October).

Xiaobo Zhang (2006), "Fiscal Decentralization and Political Centralization in China: Implications for Growth and Inequality", *Journal of Comparative Economics* 34.

Yingyi Qian and Barry R. Weingast, " Federalism As a Commitment to Preserving Market Incentives", *Journal of Economic Perspectives* 11 (4)(Fall 1997).

后 记

国家治理现代化是全面深化改革的总目标，而财政既支撑国家的治理行为，又反映国家治理的全貌，是国家治理的基础与重要支柱，国家治理现代化必然要求财政现代化。财政现代化不仅仅表现为财政制度的现代化，更是体现为财政收支各主体行为的现代转变，没有主体行为的转变也就没有财政现代化的呈现，财政现代化的推进以主体既有的低效均衡行为为基础，落实在财政主体行为的转型上。社会主义财政不仅服务国家治理现代化，还坚守"以人民为中心"，遵从"每个人自由全面发展"，以财政分级治理结构为基本呈现，要求价值、效率、协调的统一。面对过度的效率取向，"集权—分权"不过是其中一个可察可量的指标。为了实现财政主体行为的改进与体系多目标的融合，了解财政分级治理结构如何演进、存在什么规律、将来的趋向如何则很有必要。

本书在博士论文中成型的分析框架基础上，以主体行为关联为视角，探究中国财政分级治理结构演进的逻辑与趋势，得出财政主体行为转变的现实遵循，可为中国改革的关注者、研究者、决策者与执行者提供参考，也可为财政、社会保障、行政管理等专业的学习者理解与认识中国社会主义财政提供一个较为规范的读本。

2021 年 2 月 15 日

责任编辑:宰艳红

责任校对:白 玥

图书在版编目(CIP)数据

中国财政分级治理结构演进的逻辑与趋向/杨小东 著. —
北京:人民出版社,2021.8
ISBN 978－7－01－022797－9

Ⅰ.①中… Ⅱ.①杨… Ⅲ.①财政管理-研究-中国
Ⅳ.①F812.2

中国版本图书馆 CIP 数据核字(2020)第 248981 号

中国财政分级治理结构演进的逻辑与趋向

ZHONGGUO CAIZHENG FENJI ZHILI JIEGOU YANJIN DE LUOJI YU QUXIANG

杨小东 著

人民出版社 出版发行
(100706 北京市东城区隆福寺街 99 号)

中煤(北京)印务有限公司印刷 新华书店经销

2021 年 8 月第 1 版 2021 年 8 月北京第 1 次印刷
开本:880 毫米×1230 毫米 1/32 印张:10
字数:185 千字

ISBN 978－7－01－022797－9 定价:42.00 元

邮购地址 100706 北京市东城区隆福寺街 99 号
人民东方图书销售中心 电话 (010)65250042 65289539